KB263805

병원브랜딩 · 마케팅 실무

Hospital Branding
Marketing Business

병원 브랜딩 마케팅 실무

정혜연 지음

리즈앤북
ries & book

2011년 낸 책《다시! 알아야 할 병원마케팅》이 4년 이상 꾸준한 사랑을 받아왔습니다. 마케팅에서 소외된 지방 중견 병원들이 단체 구매를 했고 개원을 준비하는 원장들의 러브콜을 받기도 했습니다. 병원 운영의 문제점을 고민하던 원장들과 마케팅 담당자들과의 미팅이 꾸준히 이어졌고 병원장들과 의료진 대상 강의도 여력이 닿는 한에서 진행했습니다. 의료계 각 매체들에 소개되고 병원 마케터나 실무자들의 카페나 블로그에서 리뷰가 상세히 소개된 바도 꽤 있습니다. 대학의 보건행정학과나 병원관리학과 학생들이 교수님의 추천이나 리포트 과제 때문에 읽게 되어 메일을 보내오기도 했고 제가 몸담고 있는 병원브랜딩 회사 투비원의 홈페이지와 네이버 카페《전략을 세울 수 있는 병원마케팅》에도 방문자들이 꽤 늘었습니다. 전자책까지 출판한 덕에 해외 교포 의사와 한의사들에게도 연락이 왔죠.

이 책을 쓰고 있는 2015년까지도 꾸준히 판매되고 있다는 것이 새삼 병원마케팅, 병원브랜딩에 대한 절실함과 갈증의 깊이를 말해주는 것 같습니다. 《다시! 알아야 할 병원마케팅》 출판 이후 '병원브랜드'란 말이 자연스럽게 회자되고 '병원브랜드'이란 단어들이 많이 보이게 된 것 역시 의미 있는 일입니다. 그 책에서 강조한 메시지는 병원이 브랜드로서 성장하기 위한 인식의 변화와 다각적인 노력이 중요하다는 것이었으니까요.

그러나 책의 내용들에 대해 큰 공감을 표해준 독자들의 반응과 별도로 병원 내부의 움직임은 여전히 제자리인 경우들이 많았습니다. 《다시! 알아야 할 병원마케팅》을 가지고 직원들과 세미나도 하고 밑줄 쳐 가며 읽었다지만 정작 병원을 운영하고 병원마케팅을 집행하는 데 충분히 적용되지는 못하는 현실을 보며 이제 병원에 필요한 병원브랜딩과 병원마케팅의 실무 가이드가 절실하다는 생각을 하게 되었습니다.

바쁜 업무 스케줄 속에서 이제야 그 책을 내게 되었네요. 그간 병원 경영과 행정 관리, 고객 상담 등에 대한 실무서들은 있었지만 병원브랜딩과 마케팅에 대한 실무서는 찾아보기 힘들었습니다. 또 병원브랜딩을 기업 브랜드 이야기를 통해 피상적으로 접근한 책이나 개인적 경험에 치중한 병원마케팅 책은 있었지만 병원들이 직접 공감할 수 있는 사례들로써 전략적으로 병원브랜딩과 병원마케팅을 하는 방법을 알게 하는 실무 가이드는 없었습니다. 온라인에서도 넘쳐나는 것은 병원마케팅 업체들의 자사 홍보성 글들이었습니다. 그래서 이 책을 내게 되었습니다.

2000년부터 병원브랜딩과 병원마케팅을 해오면서 정립하고 클라이언트 병원들에 적용한 병원브랜딩과 병원마케팅 실무 경험을 바탕으로 병원이 제대로 브랜딩을 하기 위해 알아야 하는 것들을 가장 본질적인 것에서부터 체계적으로 설명하고자 했습니다. 무엇보다 제가 잘 이해하고 있는 병원 원장들과 마케팅 담당자들의 인식 수준을 감안해 최대한 구체적으로 이해시키고자 했습니다.

아울러 《다시! 알아야 할 병원마케팅》이 출판된 2011년보다는 변화된 지금의 병원마케팅 환경을 반영해 적용이 확대된 의료광고법, 모바일 마케팅 환경의 성장, SNS 커뮤니티 활성화 등에 따른 병원마케팅 실무 가이드도 소개하고 있습니다.

그러나 여전히 책의 한계는 남습니다. 분량의 한계, 특정 병원들에게 누가 되지 않게 희석해서 설명하는 한계, 사례를 통한 이해 과정에서 생긴 오해를 방지하기 위해 자료 활용을 최소화한 한계, 독자의 브랜딩에 대한 이해 수준을 감안해 전문적이거나 보다 복잡한 의미의 과감한 생략, 마케팅 환경의 시의적 변화 등…. 그럼에도 이 책은 병원이 광고 하나를 집행할 때도 이제는 손실을 최소화하고 효과를 제고하는 전략적 진행을 할 수 있게 하는 현실적인 가이드를 제공해 줄 것이라 확신합니다.

이 책은 병원마케팅에 대한 실무와 공부 경험이 좀 있으신 분들, 그리고 《다시! 알아야 할 병원마케팅》을 읽으신 분들에게 보다 적합합니다. 병원브랜딩과 마케팅에 대한 기초개념부터 시작하는 것이 아니라, 병원브랜딩과 병원마케팅에 대한 기초지식을 바탕으로 다양한 실무 가이드를 설명하고 있기 때문입니다. 만약 병원마케팅에 대해 별 관심이 없다가 최근 알아야겠구나 하고 이 책을 보시는 분이라면 《다시! 알아야 할 병원마케팅》을 먼저 보시길 권해드립니다. (이 책이 알려질 시점에도 그 책이 판매중인지는 잘 모르겠습니다.) 그게 어려우시다면 적어도 두 번은 읽어 보시고 잘 이해가 되지 않는 것은 제게 메일을 주세요.

단, 이 책을 요리책처럼 병원에 그대로 적용하기를 기대하는 분들은 주의하시기 바랍니다. 마케팅은 레시피처럼 동일한 방법을 적용해서 동일한 맛을 내게 하는 것이 결코 아니니까요. (그래서 전 개인적으로 마케팅과 관련해 레시피란 단어를 함부로 쓰는 콘텐츠들을 경계합니다. 마케팅을 정말 이해한다면 그런 용어를 쓰지 않으니까요.) 이 책은 병원이 브랜딩과 마케팅을 해나가는 데 실질적인 레퍼런스가 될 뿐이죠. 병원마다 고유한 전략과 실행이 이루어지는 것은 이 책을 마스터한 분들의 창의적 고민에서 나옵니다.

이 책이 나올 수 있도록 도와주신 투비원의 하춘근 대표님, 리즈앤북스 출판사 김제구 대표님, 16년간 투비원과 인연을 맺어주신 클라이언트 병원 원장님들과 성실한 담당자분들, 투비원을 함께 이끌어가는 의리의 멤버들, 병원마케팅 자료수집에 큰 도움을 준 김빛나래 양께 특히 감사드립니다.

어려움 속에서 굳건히 성장시켜 주신 부모님과 늘 변함없는 애정으로 큰 힘이 되어주는 가족들에게 지면을 빌려 부족한 감사와 사랑의 마음을 전합니다.

2016. 1. 13 집필을 마치며

Contents
목 차

Part I 브랜딩으로 병원 성장시키기

보다 효과적으로 타깃 소비자가 우리병원을 다르게 인식하고 더 신뢰하도록 모든 접점을 '전략적으로' 관리해야 합니다. 브랜드 매니지먼트(브랜딩, 브랜드로서 경영하기)를 해야 한다는 것입니다.

병원브랜딩 확실히 알기

　브랜딩은 브랜드 매니지먼트의 약자입니다. '브랜드 운영하기' 정도의 의미로 이해할 수 있는데요. 그렇다면 '병원브랜딩'이란 '병원을 브랜드로서 운영 또는 경영하기'라 할 수 있겠습니다.

　병원을 왜 브랜드로서 경영해야 하는가에 대해 아직 의문을 가진 분들이 계신가요? 병원이 브랜드가 되어야 성장할 수 있다는 이야기를 《다시! 알아야 할 병원마케팅》 책에서 누누이 강조한 바 있습니다. 병원이 지향하는 시장(지역)에서 타깃 소비자가 우리병원을 많은 경쟁병원들과 다르게 인지하도록 해야(브랜드가 되어야) 고객의 병원 선택과 그로 인한 병원 성장이 가능해진다는 이야기들을 병원상황과 병원사례들을 동원해 다양하게 했었죠. 병원 현장에 계신 독자분들은 이 책이 그런 점에서 병원 경영과 마케팅 운영에 도움이 되

었다고 말씀하시더군요. 혹 아직 못보신 분들은 병원마케팅의 기초를 쌓기 위해 읽어보시길 권합니다.

자 이제 본론으로 돌아가서, 병원브랜딩은 병원이 브랜드가 되는 과정에서부터 브랜드로서의 가치와 생명을 유지하기 위한 일에 이르기까지 일련의 활동과 제반 노력이라 할 수 있습니다.

이미 많은 경쟁병원들이 마케팅 활동을 하고 있는 시장에 후발로 뛰어드는 개원 상황이거나 경쟁력의 미비로 고객 유입률이 떨어지고 있다면 더더군다나 브랜드가 되기 위한 노력을 치열하게 또 치밀하게 해야 합니다. 브랜드로 성장한 병원들 역시 경쟁상황에서 브랜드로서의 입지를 굳건히 유지하고 성장해가기 위해 브랜딩을 게을리할 수 없습니다. 다시 말해 경쟁병원들과 차별화된, 그리고 '차별적으로 인식되는' 가치를 제공함으로써 차별적 신뢰를 형성해서 타깃 소비자가 우리병원을 경쟁병원과 자발적으로 구별하도록 하는 브랜딩에 대해 계획적인 노력을 해야 합니다.

그 차별적 인식의 근간이 되는 차별적 가치는 중장기적인 것이어야 합니다. 개원 상황이나 경영난에 의한 조급함으로 경쟁병원보다 시술비를 낮추는 것은 브랜딩에서 말하는 차별적 가치에 해당될 수 없습니다. 비용 경쟁력은 가변적이기 때문입니다. 언제든 더 낮은 비용의 경쟁병원이 등장할 수 있으며 장비의 발달과 진료시스템의 변화로도 시술비는 변동될 수 있습니다. 또한 시술의 신뢰성을 의심하는 언론보도나 주위 병원들의 견제로 인해 타격을 받을 수도 있고 다시 정상적 비용을 받으려 할 때 고객들의 불만과 불신을 받게 되는 등 병원브랜드 성장에 오히려 악영향을 줄 수 있습니다.

브랜드가 되기 위한 필요조건, 차별적 가치

그럼 병원이 브랜드로 성장하기 위해 장기적으로 갖추어야 할 차별적 가치란 어떤 것일까요?

한 클라이언트 치과병원은 여느 치과들처럼 임플란트, 교정, 보철, 심미 치과치료들을 두루 하지만 특히 심한 잇몸염증(치주질환) 치료에 대한 특별한 가치를 형성하고 있습니다.

치주질환은 국민병이라 할 만큼 흔해서 수요층도 넓고 대부분의 치과진료에서 결합될 수 있는 것이 치주진료이기 때문에 시너지효과도 큰데 아직 경쟁이 치열하지 않습니다.(다수의 치과는 수익을 높일 수 있다는 임플란트나 교정, 치아성형 등 비보험 시술에 집중하고 보험과 진료를 등한시하는 경향이 있죠. 물론 치과만의 얘기가 아니죠. 그러나 경쟁상황에서 우리병원이 시장을 선점하고 차별적 가치를 제공하는 브랜드로 자리매김하려 한다면 그런 눈앞의 이익에 집중해 레드오션에서 고전하게 하는 협소한 관점을 탈피하는 것이 필요합니다.)

앞의 치과처럼 시장과 병원의 성장 측면에서 꽤 유의미한 가치는 병원의 훌륭한 경쟁력에 의해 만족을 이끌어낼 수 있을 때 비로소 병원브랜드로서의 생명을 얻습니다. 이 치과병원의 축적된 치주질환 치료 노하우는 훌륭하고, 장기적으로 안정적인 진료를 만족스럽게 제공할 수 있는 인적 자원도 있습니다. 발치나 임플란트 수술보다 보존치료에 신경을 쓰는 '(소비자 관점에서) 믿을 수 있는' 치과 이미지를 형성함으로써 소비자의 차별적 신뢰를 받을 수 있습니다. 그래서 이 치과병원은 지역에서 치과브랜드로 성장할 수 있었습니다.

소비자 입장에서 살펴보면, 그 지역이나 인접지역의 잠재고객층은 심한 잇몸질환을 잘 치료하는 치과를 만나기 위해, 또는 잇몸염증으로 치아가 흔들려 임플란트 수술을 생각하더라도 우선 자연치아를 살릴 수 있는지 확인해보기 위해 기꺼이 이 치과병원에 옵니다. 결국 임플란트 수술을 하게 되더라도 이곳에서 받게 되는 경우가 많습니다. 이 치과병원에 대해 경쟁병원과 구별하여 인지하고 신뢰합니다.

이렇게 되기까지는, 병원의 경쟁력과 가치요소, 시장 상황 등을 진단한 후 단순히 진료상품 중 하나로 운영할 수도 있었던 치주진료상품을 병원브랜드의 차별적 가치로 설정하고 자연치아 살리기에 집중하는 치과브랜드로 일련의 브랜딩전략을 세워나간 것이 주효했습니다. 병원홈페이지 리뉴얼을 비롯해 병원마케팅 역시 이를 전제로 전략적으로 집행했습니다.

개원 당시 비만치료 한의원에게 단순히 약이나 시술로 비만치료

수년 전 개원 클리닉의 브랜딩전략 기획서 일부. 브랜딩전략 개발은 병원브랜드 운영 전반에 대해 다루기 때문에 기획서가 결코 간단하지 않습니다.

를 하는 많은 경쟁 병의원들과 달리 비만치료 후 대표적 부작용인 요요까지 케어하는 비만 컨설팅이란 차별적 가치를 접목할 것을 주문하고 브랜딩전략을 세워나간 후 비만치료 브랜드로 성장하게 된 경우도 마찬가지 맥락으로 차별적 가치의 개발을 통한 브랜딩이 얼마나 병원 성장에 중요한지를 말해줍니다.

병원브랜딩은 이렇듯 병원이 경쟁상황에서 안정적인 차별화를 이루도록 해서 병원이 성장할 수 있게 하는, 병원브랜드 아이덴티티를 바탕으로 한 일련의 지속적이고 다각적인 노력들입니다.

그런데 상기 예들을 보고 특정 진료상품을 개발하는 것만 병원 차별화에 해당된다고 이해하셨다면 제대로 아신 게 아닙니다. 병원이 차별적인 선택을 받기 위한 차별적 가치는 다양할 수 있습니다.

어떻게 차별적 가치를 통해 병원을 경쟁병원과 구별되게 할 것인가, 병원브랜딩을 위해 어떤 노력을 해야 하는가의 답을 찾기 위해 우선 생각해야 할 것이 병원브랜딩전략입니다.

병원브랜딩 전략 세우기의 필요성

병원이 브랜드가 된다는 것이 어떤 의미와 효과를 지니는 것인지, 그래서 브랜딩이 얼마나 중요한지 이해했다 해도 "그래서 우리는 어떻게 해야 하나?" 하는 물음 앞에 막막해 하실 것 같은데요.

병원이 고객의 지속적 사랑을 받으며 성장하기 위한 노력은 앞서 들어드린 사례에서처럼 결코 단순하지 않습니다. 치열한 경쟁 속에 처해 있기 때문이죠. 친절하고 배려하는 직원들의 행동, 일사불란한 진료 진행, 시술비용의 네고 등은 병원 진료서비스의 상식이 되어서 이 정도 노력으로 병원 소비자들이 경쟁병원과 우리병원을 구별해주기는 힘듭니다. 이렇게 안하는 게 이상할 정도죠.

우리병원이 경쟁병원들과 구별되는 일은 마케팅만으로 되는 것도 아니고 단기간에 이루어지는 것도 아닙니다. 병원의 마케팅 상황은 우리에게 끊임없이 변화를 요구합니다. 어느새 경쟁병원이 우리병원과 유사한 가치를 모방하고 가격경쟁을 할 수도 있고 지금의 차별적 가치만으로 더 이상 시장에서 니즈를 창출하기 어려워질 수도 있습니다.

그럼에도 장기간 우리가 이 어려워 보이는 노력을 해야 하는 이유는 그래야 병원이 안정적으로 성장해가기 때문입니다. 하루하루 치열해만 가는 의료시장에서 말이죠.

그럼 어떻게 해야 할까요?

우선 우리병원은 어떠한 병원인가 하는 병원의 브랜드 아이덴티티를 정립하고 그와 관련한 중장기적인 차별적 가치를 개발해야 합니다. (《다시! 알아야 할 병원마케팅》 안에 이에 대한 상세한 설명이 되어 있습니다.) 병원이 브랜드가 되는 준비를 하는 것이죠.

그리고 브랜드의 생명력을 끊임없이 불러일으킬 전략적인 노력을 하는 것이 중요합니다. 보다 효과적으로 타깃 소비자가 우리병원을 다르게 인식하고 더 신뢰하도록 모든 접점을 '전략적으로' 관리해야 합니다. 브랜드 매니지먼트(브랜딩, 브랜드로서 경영하기)를 해야 한다는 것입니다.

병원이 알아야하는 병원브랜딩전략

이렇게 병원이 브랜드로서 성장해가기 위해서는 정확한 방향을 설정하고 실행의 기준이 될 수 있는 '브랜딩전략'을 고민해야 합니다. 브랜딩전략은 집을 짓기 위해 설계도가 필요하듯 우리병원에 대한 인식을 형성하기 위해 필요한 설계도인 셈이죠.

그러나 이 병원브랜딩전략의 개발은 사실 매우 전문적인 것입니다. 현실적으로 병원 내부에서 전략을 세우는 것은 쉽지 않을 것입니다. 브랜딩에 대해 알지 못하는 마케팅 실행업체들 역시 마찬가지입니다.

　그런데 왜 여기서 브랜딩전략을 이해해야 하나 하면, 병원 성장의 주체인 병원 원장과 직원들이 병원브랜딩전략을 직접 개발하기는 어렵지만 잘 이해하고 있다면 병원마케팅이든 고객관리든 진료상품 운영이든 병원을 안정적으로 성장시키기 위한 모든 행위들(브랜딩)을 제대로 수행할 수 있기 때문입니다.

　가령, 지금 우리병원이 마케팅을 해야 하는 것이 무엇인지를 결정하는 것도 브랜딩전략 하에 이루어집니다. 지금까지 진료 구매를 유도하는 상담만 알았다면, 브랜딩전략을 이해하는 순간 병원브랜드의 차별적 가치와 브랜드 철학을 바탕으로 훨씬 더 설득력 높은 상담을 하게 됩니다. 병원이 진료확장을 할 때나 변화를 꾀할 때 역시 병원브랜딩전략을 고려해야 효율성을 높일 수 있습니다. 시술비용의 결정, 직원 교육, 고객 응대 매뉴얼, 고객관리 시스템 구축 등 병원 경영의 상당부분이 브랜딩전략에 영향을 받습니다.

　그래서 이 책에서 병원브랜딩전략의 개발에 대해 굳이 소개하는 것입니다. 병원이 브랜딩을 잘 하기 위해서는 반드시 브랜딩전략이 있어야 하고 그 전략이란 어떤 것이어야 하는지 이해하고 전략적 행동을 하기 위한 방향과 가이드를 아는 것이 필요합니다.

　그리고 병원의 브랜딩전략을 개발하기 위해 병원의 사전 준비가 매우 중요합니다.

병원브랜딩 전략 개발을 위한 준비

병원이 브랜드가 되기 위해서는, 《다시! 알아야 할 병원마케팅》에서 소상히 말씀드린 바처럼, 가장 먼저 우리병원의 아이덴티티를 규정해야 합니다. 장기적으로 일관된 가치를 제공하는 병원으로서의 정체성(우리병원은 소비자에게 어떤 의미가 있는 브랜드인가에 대한 정의)은 개원 준비과정에서부터 잘 정립되어야 합니다.

그러나 현실은 개원의의 진료과, 또는 제공하려는 주요 시술상품만 정한 채 어디에 어느 규모의 병원을 운영하고 마케팅을 어떻게 운영한다는 정도만을 가지고 개원이 진행되기 때문에 병원 운영을 하면서 이에 대해 깨닫게 되는 경우들이 적지 않습니다.

병원의 브랜드 아이덴티티 개발에 대해서는 《다시! 알아야 할 병원마케팅》에서 상세히 다루었으므로 이곳에 지면 할애를 하진 않겠습니다. 다만 한 번 더 강조해드리는 것은, 주관적으로 정하는 것이 아니고 비전(병원 경영의 목표와 의의), 핵심 요소(병원이 비전을 이루기 위해 빠져서는 안되는 가장 기본적인 가치요소), 구별 요소(경쟁군과 구별되는 가치요소), 상징 요소(병원브랜드 네임, 브랜드 슬로건, 로고, 심볼, 광고의 Visual Identity같이 시각적으로 전달되어 브랜드 인식을 형성하게 하는 아이덴티티 그래픽 요소) 등을 통해 개념적으로 정립되어야 한다는 것입니다.

브랜딩전략 개발을 위한 자료 준비

개원을 준비하는 중이든 정체된 병원 운영의 문제를 겪게 된 상황이든 병원의 브랜딩전략을 개발하기 위해서는 병원에 대한 다양한 가치요소들을 파악하고 가치의 수준과 경쟁력을 진단하는 일이 우선되어야 합니다.

저 역시 병원브랜딩 회사 투비원에서 병원에 대한 사전 파악을 위해 경영진과 주요 병원실무자들에게 설문과 인터뷰를 진행하고 병원경영과 마케팅 관련 자료들을 요청하고 있습니다.

경영자가 병원을 어떤 목표로 운영하고 싶어 하는지, 그를 위해 어떤 구체적인 노력들을 했는지, 그 결과는 어떤지(진료상품의 매출 추이, 고객 유입과 내원고객의 이탈률, 구매행태, 고객 불만율과 소개율, 재구매율 등 객관적인 데이터도 함께 파악해야 합니다.), 주요 진료상품과 관련한 시장상황(목표시장의 상황, 경쟁상황, 경쟁병원들의 움직임, 타깃 소비자의 관련 인식과 행태 등)에 대해 어떻게 파악하고 있는지, 진료 경쟁력 및 진료 상담 경쟁력에 대한 평가는 어떤지, 진료가치와 비용의 상관성은 어떻게 평가하는지, 고객의 다각적인 병원 체험을 어떻게 구성하고 관리하고 있는지, 병원과 진료별 각 강점과 취약점은 무엇인지, 그 이유는 무엇인지, 향후 병원 운영상의 변화 계획과 그 이유는 무엇인지 등 브랜딩과 관련해 다양하고 본질적인 질문들을 통해 글로 정리하

TwobeOne
communications

투비원 커뮤니케이션 TEL.02-540-3101 FAX.02-540-3138

서울 마포구 상암동 1654 상암MDC여안 2601호

제 목 : ■■■■■클리닉 브랜드 아이덴티티 및 포지셔닝 전략 개별을 위한 기초조사
수 신 : ■■■■ 원장
제 안 : 투비원 정혜연 기획팀장
작성일 : 2012. 8. 23
제출일 : 2012. 8. 27 오전

* 이 설문 내용은 오직 저만 보는 것이기에 비밀이 보장됩니다. 바람직한 전략을 개발하기 위해 최대한 솔직하고 구체적으로 답변해주시기 바랍니다. 간혹 질문내용상 현 병원 스탭에게서 들어야 할 것이 있다면 들은 대로 기술해주십시오. 아직 생각하지 않았거나 잘 모르는 것은 인터뷰 때 말씀 나누셔도 됩니다.
* 제가 이해할수 있도록 쉽게 설명해주세요.
* 답변은 되도록 해당 문항 아래 표기해주십시오.. 첨부자료는 파일명을 답변란에 알려주십시오.

1 ■■■■■■교정술에 대해 다음의 사항들을 각각 알려주십시오.

- 시술(전후 포함) 전과정. 각 과정별 소요시간. 과정중 고객의 통증이나 불편감 정도
- 절개와의 비교시 구체적 장단점(불편감. 비용. 결과의 차이. 소요시간의 차이? 등)
- 적용의 한계(신체상황의 특징. 나이. 직업특성. 통증민감성 등?)
- 절개와 비절개 적용 비율. 반드시 절개로 해야 하는 경우
- 주고객층(연령. 직업. 소득. 거주. 내원동기 등). 시술가능 대상
- 상담. 시술과정. 시술후 등 각 단계별로 고객들이 많이 묻거나 의견을 말하는 것들(빈도순으로)
- 수술 후 통상적 결과, 1년내 변화과정. 각 단계별 소요시기, 만족도, 가능한 부작용
- 삭발없이. 대량 이식가능하다는 경쟁군■■■■의 이야기에 대한 진실. 원장님의 경우는?
- 비절개는 맞지 않다거나 삭발을 해야 한다는 경쟁군■■■■■의 이야기에 대한 진실. 원장님의 경우는?

2 병원 운영에 대해 다음의 사항들을 각각 알려주십시오.

- 경영목표와 비전. 경영에서 특히 역점을 두는 부분
- 인력구성 상황이나 계획(각 업무. 인원. 경력 및 개인경쟁력 등). 직원 교육 및 관리 시스템
- 진료구성과 각 진료시스템. 시설. 인테리어 컨셉과 분위기

수년 전 개원 클리닉의 브랜딩전략을 위한 경영진 설문지 일부(병원명 등 일부 가림 처리). 병원 운영 상황에 대한 꽤 많은 질문들을 일차 설문지로 구성하고 피드백을 받습니다.

게 하는 일은 의미가 매우 큽니다.

클라이언트 병원 원장들 다수는 처음에는 어렵다고 느끼지만 이 정리 과정을 통해 새삼 현재까지 운영해온 병원과 자신의 모습을 들여다보게 되었다고 합니다. 이러한 과정은 병원브랜딩이 어떻게 운영되는지 또는 어떻게 운영되어야 할지의 근거자료 일부가 되는 중요한 것입니다.

유사 설문을 병원마케팅 담당자나 행정 실무자, 고객접점의 다양한 직원들에게도 적정하게 진행할 수 있습니다. 각 업무나 집중되어 있는 관련 정보, 설문에 대한 접근성의 차이를 고려해 그들에게 얻을 유용한 답변을 고려한 설문을 작성하는 것이 필요하겠죠.

설문의 답변을 회수하고 검토해서 미진한 부분, 구체적인 확인 및 추가 질문이 상세히 이루어져야 하는 경우는 인터뷰를 진행할 수 있습니다. 경험적으로 보니 이 과정이 의외로 글에 담기지 못한 유용한 정보들을 얻는 기회가 되더군요.

그러나 충실한 답변들을 파악했다 해도 이것만으로 병원의 브랜딩전략을 개발할 수는 없습니다. 이 답변들은 주관성이 클 수 있기 때문입니다. 경영 원장의 개인적 성향과 추상적 의지, 아전인수(我田引水)격의 인식, 안일한 병원 파악에서 비롯된 것일 수도 있습니다. 병원 내부 직원들의 답변 역시 자신의 직무, 개인적 성향, 관계에서 비롯된 주관적 판단에 국한될 수 있습니다.

물론 이러한 주관성 역시 병원브랜딩에 영향을 미치는 요인이기 때문에 브랜딩전략 개발자라면 파악해 두어야 합니다. 병원 비전과 운영에 대한 공유 정도, 조직문화, 인적 자원의 경쟁력 등을 진단하고 이를 통해 병원브랜딩에 필요한 인적 역량 강화를 어떻게 해야 할지 방향을 세우는 근거가 되기도 한답니다.

병원브랜딩전략을 잘 개발하려면 실제 병원의 운영상황 및 경쟁력을 객관적으로 파악할 데이터들 역시 중요합니다. 병원 상황마다 차이가 있습니다만, 가령, 진료상품별 구매율, 최근 1년간 월별 매출추이, 최근 3년간 매출추이, 병원마케팅 운영상황(마케팅툴, 운영기간, 콘텐츠, 전환율, 매체별 집행비용, 마케팅 연간 예산, 내부마케팅자료, 상담자료 등)

에 대한 구체적 데이터들이 대표적입니다.

병원의 고객 관련 자료들도 매우 중요한 브랜딩전략 개발의 전제가 됩니다. 병원 타깃소비자들의 각 마케팅별 반응, 상담 유입률, 내원율, 내원 경로, 구매결정률, 재내원이나 소개율, 고객 관리 상황, 고객들이 자주 의식하는 경쟁병원들의 마케팅 상황, 고객들의 의료진에 대한 평가, 병원에 대한 이미지나 선입견 및 체험 후의 평가, 고객이 언급하는 만족요소와 불만요소, 그 비중 등에 대한 병원의 정리된 자료들을 확보하는 것이 병원브랜딩전략을 짜는 데 매우 중요합니다.

그런데 실제로 병원 내에서 이런 고객상황에 대한 지속적 파악과 데이터 관리, 활용의 예를 만나기가 힘듭니다. 병원이 브랜딩을 모르고 대외 마케팅만 신경쓰면서 업체 관리 위주로 해온 현실 때문이겠죠. 그러나 특히 병원 내원고객과의 대면관계를 통해 얻는 병원브랜드에 대한 고객 인식과 평가, 감정 등 객관적 데이터로 축적하기 어려운 정보들을 담당자가 매뉴얼을 갖추어 지속적으로 파악해두고 브랜딩 과정에서 공유한다면 병원브랜드가 실질적으로 발전하는 계기가 됩니다.

병원이 제공하는 자료 확보 외에도 병원이 모르는 병원 관련 시장상황에 대해 병원브랜딩전략 개발회사에서 자료조사를 실시합니다. 병원이 지향하는 지역의 병원 경쟁상황, 마케팅 상황뿐 아니라 중장기적으로 유의미한 마케팅 환경을 염두에 둔 자료조사가 이루어질 수 있습니다. 또한 병원브랜딩과 상관성이 있을 것으로 보이는 타깃 소비자 트렌드, 진료상품이나 병원 관련 소비자의 커뮤니케이션 상황, 병원브랜드 성장의 위협요소들, 기회요소들도 파악해두어야 합니다.

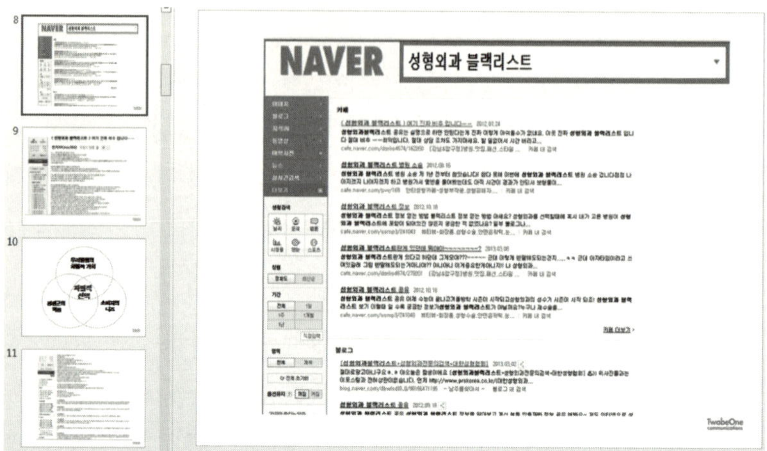

수년 전 성형외과 소비자 조사 자료 일부. 병원과 관련한 소비자 자료를 최대한 수집하는 것도 중요합니다.

이러한 브랜딩전략 관련한 자료조사는 정기적으로 진행할 필요가 있습니다. 브랜딩전략이 중장기적 병원 성장을 위해 필요한 것은 분명하지만 한 번 개발된 브랜딩전략이 불멸의 무기가 되지는 않습니다.

브랜딩전략 개발에서 가장 중요한 것이 병원의 자료 협력입니다. 상기의 자료들을 참조로 해서 지금부터라도 병원 내부에서 유의미한 데이터들을 정리해 보관하고 지속적으로 업데이트 하는 시스템을 갖추시길 바랍니다.

병원브랜딩 전략 개발하기

　병원브랜딩전략을 위한 자료조사를 마쳤다면 본격적으로 전략을 개발합니다. 병원의 브랜딩전략 개발 경험이 축적된 노련한 전문가라면 자료조사 과정에서부터 병원브랜딩전략의 윤곽을 잡을 수 있습니다.

　자료들을 취합, 정리하고 체계를 잡아서 전략기획서 초안을 작성해보면 초기 윤곽이 구체화됩니다. 전략을 개발한다는 것은 단순히 자료 정리를 통해 보고서를 작성하는 것과 차원이 다릅니다. 자료들을 체계적으로 이해하는 것에서 나아가 이를 근거로 새로운 방향과 해결책을 제시하기 위한 통찰력이 필요한 것입니다.

　가령, 특정진료에 고객 내원율이 정체되고 있다는 데이터를 통해 이 진료를 병원이 투자해서 주력상품으로 가져갈 것인가, 과감히 포기하고 생산성을 높일 곳에 집중할 것인가를 판단하는 일 역시 이 진료상품의 경쟁상황과 병원의 경쟁력, 생산성 등 관련 데이터들을 토대로 통찰해 브랜딩전략 개발에서 다루어집니다. 또 지금의 주력 진료상품 시장이 성숙시장이어서 지속 발전가능성이 낮아지고 있다면 지금부터 준비하고 진입해야 할 새로운 목표 진료상품 시장은 어디인지를 제시할 수도 있습니다.

이처럼 병원브랜딩전략은 병원이 브랜드 아이덴티티를 바탕으로 향후 성장, 변화해나가는 준거자료이며 브랜딩을 위한 실제적 노력의 가이드가 됩니다. 병원의 '생산적인 성장'에 없어서는 안 될 기본인 것이죠.

병원의 브랜딩전략 개발 과정

한편 대부분의 병원이 앞서 말씀드린 바처럼 브랜드 아이덴티티가 정립되지 않은 채 특정 지역의 진료과 주력 병원(가령 강남 성형외과, 강북의 척추 관절 전문병원)이란 카테고리 안에 머물러 있는데요. 브랜딩전략 관련 자료들을 통해 병원이 지향하는 궁극적 가치와 비전, 그리고 핵심 가치요소와 차별적 가치요소, 현실적 경쟁력과 앞으로의 발전 가능성을 염두에 둔 병원브랜드 아이덴티티부터 정립해야 합니다.

가령, 자연치아 살리기에 주력하는 치과병원, 여성 헤어라인의 새로운 가치를 창조하는 병원, 장기 입원 치료까지 성인의 모든 재활치료가 가능한 재활종합병원, 고령의 만성질환 산모도 안심 출산할 수 있는 산부인과병원, 피부관리 컨설팅으로 근본적 피부변화를 추구하는 피부과, 심신의 원인부터 치료해 요요를 예방하는 비만클리닉, 한 사람의 지속적인 시력 케어 시스템을 갖춘 안과 등 어느 지역의 특정 진료에 주력하는 병원이 아니라 소비자에게 특별한 가치가 있어서 다른 경쟁군과 구별되는 병원으로서의 아이덴티티를 데이터들을 근거로 합리적으로 정립하게 됩니다.

병원브랜드 아이덴티티에 대한 자세한 내용은 《다시! 알아야 할 병원마케팅》에 소개되었기에 여기서는 이 정도로만 정리하겠습니다.

병원브랜딩전략 개발의 다음 단계는 그 브랜드 아이덴티티가 고객의 다각적인 병원브랜드 체험을 통해 구현되도록 브랜딩 주요 항목별로 세부 전략을 짜는 일입니다.

브랜드 아이덴티티가 구현된 진료상품 세팅(개원이 아니라면 리세팅이 되겠죠), 병원브랜드와 진료상품에 대한 고객 접점별 체험을 구성하고 관리하는 MOT(Moment Of Truth. 병원브랜드의 신뢰성과 이미지가 고객의 병원 체험에서 형성되도록 신경 써야 하는 다양한 고객 접점) 가이드, 병원브랜드와 진료상품별 포지셔닝 전략, 소비자 인식 형성에서 구매까지 실질적으로 관여하는 대외적 또 내부적 마케팅 전략 등이 순차적으로 개발됩니다.

이상의 각 세부항목별 전략과 가이드에 대해서는 이 책에서 하나하나 다루고 있으니 조금만 기다리세요.

그간 이렇게 병원의 브랜딩전략을 개발해오면서 병원들의 명확한 변화를 볼 수 있었습니다.

최근 내원 고객의 정체가 체감되자 주력하던 피부진료 외에 비만진료상품을 확장하려던 클리닉은 브랜딩전략 개발 후, 레드오션의 치열한 경쟁 속에 후발로 비만진료에 뛰어드는 일을 그만두고 피부시술의 경쟁력을 높이는 전략적 마케팅을 강화해 시장 점유율을 높

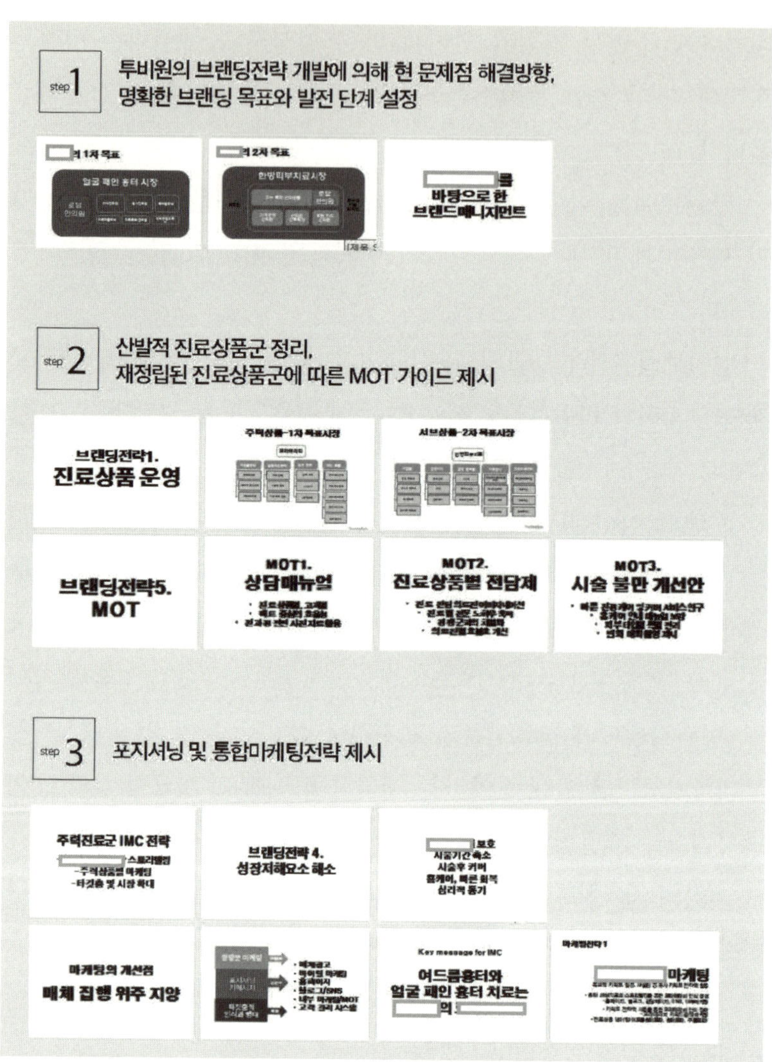

수년 전 한 피부 클리닉의 브랜딩전략 개발 과정 일부(병원명 등 일부 가림 처리)

이고 연관성 높은 피부시술의 2차 목표시장을 선정해 기존 인프라를
바탕으로 진료확장을 성공적으로 하고 있습니다.

다양한 진료과를 유기적 결합도가 미비한 상태로 운영해 효율성이 낮았던 재활병원은 브랜딩전략 개발 후 주력 진료상품과 병원 성장에 기여도가 큰 진료상품에 집중하는 구조로 정리하면서 그 외 진료과들이 주력 진료상품과 유기적으로 접목되도록 진료상품을 리세팅하고 리포지셔닝을 하고 있습니다.

개원 당시 여성 헤어라인 모발이식 수술에만 집중하려던 클리닉은 브랜딩전략 개발 후 헤어라인 교정수술과 연관성이 높으면서 구매 결정에 영향을 미칠 수 있는 두피케어 프로그램과 과학적인 헤어라인 분석 시스템을 도입해 높은 구매결정률을 보이면서 예상보다 훨씬 빠르게 시장 진입에 성공했습니다. 개원 때 고품격 산부인과로 아이덴티티를 정립하고 브랜딩전략을 개발, 실현해온 산부인과는 올해 성공을 기념하는 10주년 프로모션을 했습니다.

가격경쟁이 치열하던 라식 안과들과의 마케팅 경쟁을 포기하고 시력케어 시스템을 통해 저변을 확대하고 노안교정술과 백내장수술로 리포지셔닝을 한 안과, 치과 수술을 위해 선택하는 대학병원급의 경제적인 치과로 포지셔닝한 치과병원, 재수술을 비롯한 고난이도 성형수술에 집중하는 성형외과, 부인과 수술 및 여성 검진의 경쟁력으로 고객 유입 다변화를 추구하는 여성병원, 대중적으로 잘 알려지지 않은 신경과 질환 진료 외에 쁘띠성형까지 무리한 진료확장을 했다가 본래의 주력 진료상품들의 경쟁력을 제고하고 타깃 세그먼트 마케팅으로 자리를 잡은 신경과 클리닉 등 다양한 병원들의 명확해진 브랜딩은 브랜딩전략 개발에 의해 시작되었습니다.

진료상품 전략적으로 세팅하기

소비자가 우리병원 브랜드를 만나게 되는 이유는 진료상품 때문입니다. 병원의 진료상품을 구매할 의사를 잠재적으로 가지고 있는 소비자가 진료상품 탐색의 과정에서 우리병원을 특별히 인지하게 되면서, 또는 인지되어 있던 병원브랜드를 떠올리면서 병원브랜드와의 관계가 형성되는 것이죠. 진료상품의 세팅이 병원브랜딩과 무관할 수 없는 이유입니다.

병원의 브랜드 아이덴티티를 정립하면 이를 염두에 두고 진료상품을 점검하고 필요하다고 판단되면 기존 진료상품을 전략적으로 수정, 리세팅하게 됩니다. 개원이라면 개원을 준비하는 원장의 진료상품 운영 계획을 점검하고 마찬가지로 브랜딩전략에 따라 진료상품을 최종 세팅하게 되겠죠. 브랜드 아이덴티티를 반영한 전략적인 진료상품 개발은 병원브랜딩의 성공 여부를 좌우하는 매우 중요한 시작 단계입니다.

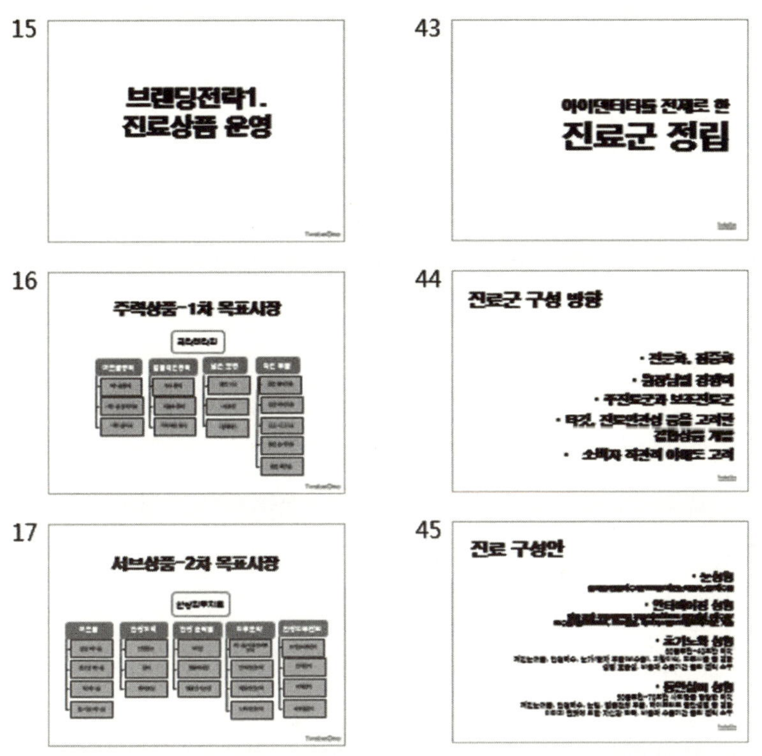

진료상품의 개발은 관행에 의해서가 아니라 병원만의 브랜딩전략을 바탕으로 이루어집니다.

그러나 개원이나 진료확장을 하는 과정에서 흔히 범하는 진료상품 운영에 대한 오류는 첫째, 주변 선배들의 조언을 듣거나 경쟁병원 진료상품을 참조해 판에 박힌 진료상품을 세팅하고 마케팅만 열심히 하려 한다는 것, 두 번째, 수요가 많고 병원 입장에서 빨리 시행할 수 있는 비보험 시술상품으로 쉽게 확장하는 것입니다.

만약 목표시장 내에서 경쟁군이 미비하거나 압두적인 진료 경쟁력을 입증할 수 있다면 이런 방향도 무리가 없습니다만, 현실은 그와 거리가 멀죠. 개원병원이나 진료확장 상황의 병원들 다수는 진료상품별로 쟁쟁한 경쟁병원들보다 입증할 마케팅 자료들과 노하우가 부족한 수준에서 진료상품을 운영하게 되기 때문에 진료상품에 대한 마케팅을 해도 목표에 도달하기가 쉽지 않습니다. 또는 저가마케팅의 늪에 빠져 비생산적인 상황이 될 수 있고 심지어 특정 진료상품 운영에서 고객 불만이 쌓여 병원브랜드 전체에 리스크를 초래할 수도 있습니다.

진료상품 전략적 세팅을 위해 알아야 할 것들

진료상품을 개발하려면 진료상품에 대한 브랜딩 관점에서의 이해가 우선되어야 합니다. 브랜딩 관점에서 진료상품은 주력 상품, 보조 상품, 단기 유입 상품 등으로 운영될 필요가 있습니다.

주력 상품은 병원의 브랜드 아이덴티티를 반영해 장기적으로 잘 운영해야 할 핵심적인 진료상품이며 우리병원의 브랜드 이미지를 형성하게 되는 주요소입니다.

보조 상품은 주력 상품에 시너지 효과를 내는 상품이면서 병원브랜드로 성장하기 위해 저변을 확충할 수 있는 진료상품들입니다. 가령, 척추 관절 전문 병원이 운영하는 내과 진료상품, 지방흡입과 이식을 주력상품으로 운영하는 클리닉의 쁘띠성형 상품 등이 그런 것이죠. 이 진료상품들은 병원브랜딩의 핵심은 아니지만 보다 많은 이들에게 병원브랜드에 대한 인식을 형성할 '거리'를 줄 수 있습니다. 또 진료상품과의 유기적 연계성을 고려한 운영을 했을 때 핵심진료상품에 대한 차별적 가치를 형성할 수 있습니다.

가령, 지역민들이 양질의 내과진료를 받기 위해 우리 척추관절전문병원을 이용하는 비율이 증가하면서 핵심진료상품에 대한 인식도

확장되어 지역 내 척추관절전문병원의 포지셔닝이 용이해지고 만성 질환자의 척추관절치료 내과 협진을 통해 시너지를 낼 수도 있는 것이 그 예가 되겠죠.

단기 유입상품은 특수시즌의 매출 증대와 병원브랜드 이미지 확산을 위해 시의적으로 운영하는 진료상품 패키지나 타깃 세그먼트 상품들이 대표적입니다. 경쟁병원들의 이러한 상품 운영에 따른 잠재고객 이탈을 방어하는 측면도 있죠.

방학 특수나 수능 후 특수를 염두에 둔 치과의 청소년 교정상품, 성형외과 패키지 상품, 가정의 달에 운영되는 가족 타깃의 '노안교정술 · 드림렌즈 · 시력교정술' 패키지 상품 등이 그 예가 되죠. (이상에서 언급된 사례들은 실제 병원들의 사례긴 하지만 개념을 이해시키기 위한 예일 뿐 권장하는 것이 아니니 오해는 금물입니다.)

이상에서 보듯 병원의 진료상품 개발은 단순히 경영 원장의 경험이나 의료진으로서의 선지식에 의해 또는 주위 병원들의 관행처럼 다루어져서는 안됩니다. 무엇보다 우리병원의 브랜드 아이덴티티, 진료상품의 객관적인 경쟁력, 진료상품의 발전 가능성(시장성), 진료운영의 생산성 및 효율성, 매출과 성장 효과 등 다양한 요소들을 고려해 핵심진료상품 외에 보조상품, 단기유입상품 등을 전략적으로 구성해야 합니다.

가령, 핵심진료상품인 피부시술상품의 매출이 감소하고 병원 성장이 둔화되어 새로운 진료상품 확장을 고려할 때 손쉽게 할 수 있다는 생각으로 비만치료 상품을 도입한다면 레드오션의 비만치료 성숙시장에서 오히려 고전할 가능성과 투자의 비생산성을 야기할 수 있습니다.

산부인과나 비뇨기과에서 상기의 진료상품 운영 조건의 충분한 고려 없이 피부나 비만 상품을 도입하는 것 역시 마찬가지입니다.

그런데 이처럼 전략적인 진료상품 개발 조건에 미흡한 진료상품들을 운영하는 경우 이 진료상품을 대의를 위해 포기할 것인지 보조상품 차원으로 리뉴얼할 것인지 브랜딩전략 차원에서 검토하고 리세팅할 수도 있습니다.

가령, 산부인과의 피부·비만 상품은 시술이 어려운 임산부용 프로그램으로 리세팅해서 보조상품으로 운영함으로써 차별적인 브랜드가치를 형성했습니다.

영양상태와 면역력을 검사하고 처방하는 익숙하지 않은 진료상품은 소비자가 쉽게 지갑을 열기 어렵고 시장성도 그만큼 낮지만 기존 진료상품들과의 연계진료시스템을 구축하고 치료효과 증진과 면역력 강화 상품으로 리세팅해 보조 진료상품으로 운영하게 된 경우도 있습니다.

물론 이 모든 진료상품들은 실제로 고객의 만족을 이끌어 낼 수준을 전제로 하거나 빠르게 그 경쟁력을 갖출 수 있다는 객관적 진단에 의해, 또 운영의 생산성과 기대효과에 대한 면밀한 분석을 통해 확정되는 것입니다.

진료상품의 효율적 운영이 꼭 진료 확장을 의미하는 것은 아닙니다. 주력상품이나 보조상품을 타깃 세그먼트를 통해 세분화해 효율적으로 운영할 수도 있습니다.

가령, 치과에서 임플란트 수술을 앞니 심미 임플란트, 고령자 임플란트, 만성질환자 임플란트, 원데이 임플란트, 맞춤형 어버트먼트를 이용한 개인맞춤 임플란트 등으로 세분화하는 것은 임플란트 수술의 경쟁력 높은 치과 브랜드로서의 신뢰성을 높이고 타깃별 니즈를 창출해 매출과 브랜드 이미지 강화에 영향을 줍니다.

내과에서 소화기 진료 외에 만성질환 관리, 면역력 관리, 체계적인 비만 관리 상품들을 운영하는 경우도 그렇습니다.

병원의 브랜딩전략 개발을 위한 다양한 자료조사를 통해 진료상품 운영 상황과 미래의 경쟁력을 고려해서 전략적으로 진료상품을 세팅 또는 리세팅하면 그에 따른 진료별 마케팅, MOT 등 병원브랜딩이 체계적이고 구체적으로 실현될 수 있습니다.

병원브랜딩 지속적 운영 가이드

병원브랜딩은 앞서 말씀드린 것처럼 한 번 개발되면 고정적으로 운영되는 것이 아닙니다. 중장기적 병원 운영에 필요한 전략이지만 브랜딩 실현과정에서 피드백 되어야 하고 그에 따라 수정 보완되어야 하는 것입니다.

데이터를 바탕으로 노련한 병원브랜딩 전문가 그룹이 전략을 개발했다 해도 병원 내부 사정이나 정책적 변화, 급속한 시장의 변화 등 다양한 변수들은 상존하기 때문입니다.

가령, TV 방송에서 라식수술의 과도한 운영상황이나 부작용을 집중 보도하면서 커진 여론을 의식한 안과들은, 대량 수술 고객 유치와 빠른 회전 위주의 운영시스템을 바탕으로 가격 경쟁력을 어필하는 시력교정술의 브랜딩 방향에서, 엄격한 수술 기준 적용 및 안전한 수술을 지향하는 브랜딩 방향으로 수정했습니다. 그래서 한동안 정밀검사와 진단 시스템에 더 신경 쓰고 그에 대한 마케팅을 통해 진실을 입증하려 애쓰게 되었고 하루에 소수만 수술하는 안과들이 경쟁력을 어필하는 상황이 되었습니다.

IT 의료장비의 발달은 기존 병원 진료상품을 홈케어 상품과 경쟁하게 함으로써 병원의 브랜딩에 본질적 변화를 초래하기도 합니다. 제모시술을 주력으로 했던 피부과는 홈케어용 제모기의 시장점유율이 높아짐에 따라 더 이상 제모시술 상품의 브랜딩을 할 의미를 잃게 되었습니다.

장기적 경제 불황과 취업난으로 20~30대의 구매력이 떨어지는 사회현실은 병원 진료시장에도 영향을 미치게 되었고 고가 수술상품의 구매력은 전같지 않습니다. 가령, 양악수술 상품을 주력으로 한 성형외과 병원들은 이제 다른 성형수술 상품이나 해외환자로 판로의 다변화를 모색하고 리포지셔닝을 하고 있기도 합니다.

언론매체를 통해서나 SNS를 통해 병원브랜드 이미지가 실추되고 신뢰성에 타격을 입은 사건들을 통해 병원은 브랜드 신뢰의 회복을 위한 브랜딩에 더 집중할 수밖에 없습니다.

개원 당시의 동업 관계가 깨지고 그로 인해 병원브랜딩 역시 방향을 전환해야 하는 경우들도 있습니다. 함께 일하던 의료진이 인접지역에 카피 병원을 차려 가격경쟁으로 압박해오는 경쟁관계가 형성되기도 합니다.

이처럼 예측하기 어려운 다양한 변수와 외부요인에 의해 병원브랜딩이 부분적으로 변화하는 경우들도 있지만 병원브랜딩전략의 실현 결과에 따라 부분 보완과 수정을 해야 하는 경우도 있습니다.

진료 리세팅을 마치고 진료별 브랜딩을 실행할 때 다양한 접점별 직원들과 의료진의 실행 능력 차이가 발생할 수도 있습니다. 병원 경영 원장의 독단적인 의지 표명으로 실행한 병원브랜딩이 예상했던 기대효과를 내지 못할 수도 있습니다. 그런가 하면 단계별 브랜딩의 예상 효과들이 빨리 이루어져 다음 단계로의 발전된 브랜딩을 신속히 진행해야 하는 상황들도 있습니다.

병원브랜딩에 필요한 피드백 시스템

병원이 브랜드가 되기 위해 준비하고 브랜드로 성장해 가는 단계별 브랜딩전략은 브랜드 아이덴티티를 바탕으로 한 큰 방향과 원칙하에 이런 다양한 변수들과 실행결과의 피드백을 통해 세부 조정됩니다.

이를 위해 브랜딩에 대한 점검과 피드백 시스템을 운영하는 것이 바람직합니다. 가령, 진료상품 리세팅(또는 세팅), 병원 및 각 진료별 브랜드 포지셔닝 전략과 마케팅 전략 운영에 따른 진료상품별 고객 유입, 반응, 매출, 시장(지역) 점유율, 병원브랜드에 대한 인지도 등을 측정한 데이터들을 정기적으로 정리하고 그를 토대로 병원브랜드와 진료별 경쟁력을 예측하고 브랜딩 세부 운영안을 점검 수정하는 식입니다.

또 병원 전체와 진료시스템 별 MOT 진행 결과에 따른 고객 반응, 만족도, 불만율의 변화, 구매결정률의 변화, 병원브랜드 이미지와 고객 평가, 고객의 재내원율과 2차 구매율, 직원들의 브랜딩에 대한 인지상태와 실행수준 등에 대해서도 정기적으로 측정한 데이터들을 정리합니다. ('병원브랜드 포지셔닝'이니, 'MOT'니 하는 개념이 어려우시다면 곧 이 책에서 상세히 다루는 챕터들을 만나게 되니 기다리세요.)

이 브랜딩 피드백에 대한 자료와 개선안을 병원 내에서 공유하고 함께 브랜딩 방향을 모색해나가는 정기적 협의 테이블을 운영하는 것이 바람직합니다. 병원브랜딩 대행사와 진행하고 있다면 마찬가지로 병원브랜딩에 대한 피드백과 협의를 정기적으로 함께 해나가면서 분기별 브랜딩전략을 개발, 보완해 나가는 것이 병원브랜딩에서 중요한 과정입니다.

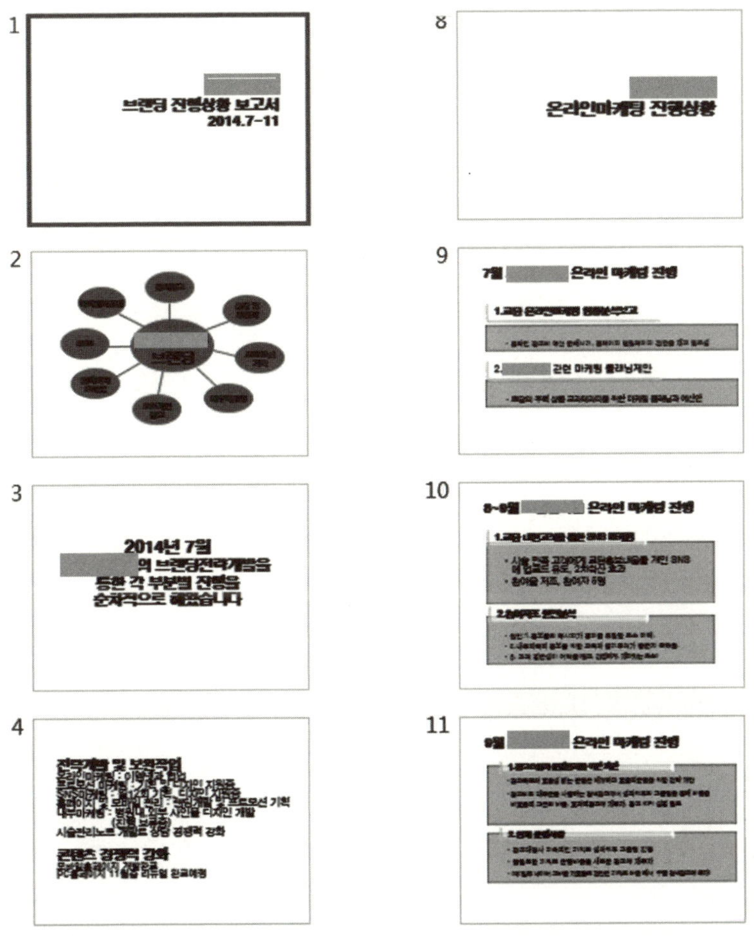

진행한 브랜딩과 세부 마케팅 업무에 대한 피드백을 문서로 정리해 공유하고 관련 대안을 모색하는 정기 회의가 필요합니다.

Part Ⅱ 병원브랜드 포지셔닝하기

"브랜드 포지셔닝(positioning)" 이란 말 그대로 브랜드를 위치시킨다는 것입니다. 어디에 무엇으로 위치시키느냐가 중요한 것인데요. "어디에" 에 해당하는 것은 타깃 소비자의 인식입니다. "무엇으로" 에 해당하는 것은 병원브랜드에 대해 전략적으로 유의미한 카테고리를 말합니다.

병원브랜드 포지셔닝이란?

《다시! 알아야 할 병원마케팅》 책 이곳저곳에 병원이 알아야할 브랜드 포지셔닝에 대해 병원 사례들과 함께 설명을 해놓았습니다만, 병원의 브랜딩과 마케팅 실행을 위해 이해해야 할 핵심을 다시 짚어 드리죠.

"브랜드 포지셔닝(positioning)"이란 말 그대로 브랜드를 위치시킨다는 것입니다. 어디에 무엇으로 위치시키느냐가 중요한 것인데요. "어디에"에 해당하는 것은 타깃 소비자의 인식입니다. "무엇으로"에 해당하는 것은 병원브랜드에 대해 전략적으로 유의미한 카테고리를 말합니다.

브랜드 포지셔닝이 필요한 이유는, 소비자가 수많은 경쟁관계의 병원들 중 자신의 니즈에 적합한 병원을 효율적으로 빠르게 선별해내고 선택하는 과정에서 작용하는 '인식 속 카테고리' 에 우리병원브랜드가 자리잡고 있어야 진료상품을 구매할 가능성이 높아지기 때문입니다.

병원브랜드 포지셔닝의 필요성

'소비자의 인식 속 카테고리'란 많은 병원들을 소비자의 기준으로 분류한 범주를 말합니다. 성형외과, 대장항문외과, 피부진료 한의원과 같은 진료과의 일반적 카테고리 외에 특정 진료상품에 대해 유명한 병원으로 그만큼 인지도가 높은 병원, 진료비용이 저렴하거나 이벤트가로 제공하는 병원, 치료사례나 의료진 실적을 통해 신뢰성이 큰 병원, 고가의 진료지만 품질과 서비스가 만족스러운 병원 등 소비자 개개인이 고려하는 기준별로 그에 해당하는 병원들을 범주화한 것입니다.

소비자들은 그러한 범주화를 통해 많은 병원들 중에서 자신이 원하는 병원브랜드를 적은 노력으로 빠르게 선택하려 합니다.

가령, 여드름치료 때문에 인터넷 검색을 하는 소비자 중 피부과에서 여드름치료를 받고 불만이 생긴 소비자라면 레이저시술 중심의 피부과 카테고리의 병원들을 기피하고 여드름 한방치료 실적을 어필하는 한의원 카테고리에서 선택할 가능성이 높아집니다. 주머니 사정이 넉넉지 못한데 여드름 때문에 사회생활이 고민인 젊은층이라면 저가 시술 패키지를 내세우는 피부클리닉들에 관심을 보일 수도 있습니다. 유명 피부과브랜드 네트워크를 선호하거나 신뢰할 수 있는 경력의 피부과 전문의가 있는 병원 카테고리에서 선택하려는 소비자들도 있죠.

이처럼 다양한 병의원들은 소비자 나름의 선택기준들을 전제로 분류된 다양한 카테고리 내에 저마다 존재하게 됨으로써(병원들이 선

택한 상황이 아니어도 소비자들의 인식에 의해 말이죠.) 선택을 받을 가능성
이 높아집니다.

그래서 우리병원의 목표시장과 타깃소비자, 경쟁관계, 우리병원
브랜드의 가치요소 등을 전제로 우리병원 브랜드가 지향해야 하는,
소비자 인식 속의 카테고리를 전략적으로 설정할 필요가 있습니다.
즉, 우리병원은 소비자의 병원 선택 행태에서 작용하는 인식의 카테
고리들 중 어떤 범주에 속하게 할 것인가를 전략적으로 고민해서 그
렇게 되도록 하는 일이 '병원브랜드 포지셔닝' 이라 이해하시면 되겠
습니다.

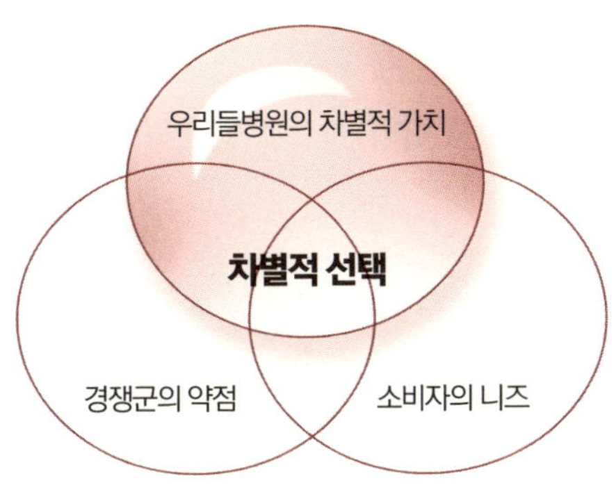

우리병원의 목표시장과 타깃소비자, 경쟁관계, 우리병원 브랜드의 가치요소 등을 전제로 우리병원
브랜드가 지향해야 하는 차별적 카테고리를 설정하는 것이 병원브랜드 포지셔닝입니다.

오해하실까봐 좀더 말씀드리자면 소비자의 기존 인식의 카테고리
내에서 우리병원을 어떤 카테고리에 자리잡게 할까 생각하는 것만이
포지셔닝의 전부가 아닙니다. 때로는 기존에 없는 카테고리를 만들
어 우리가 최초, 1위 브랜드로 선점하는 것 역시 포지셔닝의 하나입
니다.

후자는 병원브랜드의 새로운 가치 개발에 의한 차별화를 통해 블루오션에서 보다 안정적으로 성장하는 전략적 포지셔닝으로 마케팅계에서 더 각광받고 있죠. 가령, 여성 헤어라인교정만 집중하는 병원으로 포지셔닝한 사례는 모발이식 시장에서 새로운 카테고리를 정립해 1위 브랜드가 된 좋은 예입니다.

병원브랜드 포지셔닝은 마케팅 커뮤니케이션보다 상위의 개념으로 마케팅의 성공을 이끌어내는 고도의 전략적인 것입니다. 다수의 병원마케팅 업계에서는 아직 포지셔닝을 전략적으로 고민해서 마케팅을 진행하지 못하고 심지어 포지셔닝에 대한 정확한 이해조차 하지 못하는 경우들이 다반사(병원브랜드 포지셔닝을 "특정 진료상품은 이 병원" 하는 식의 진부한 광고메시지로 오해하고 왜곡된 설명을 하는 병원마케터들도 있더군요.)지만 마케팅 진행 이전에 정립되어야 합니다.

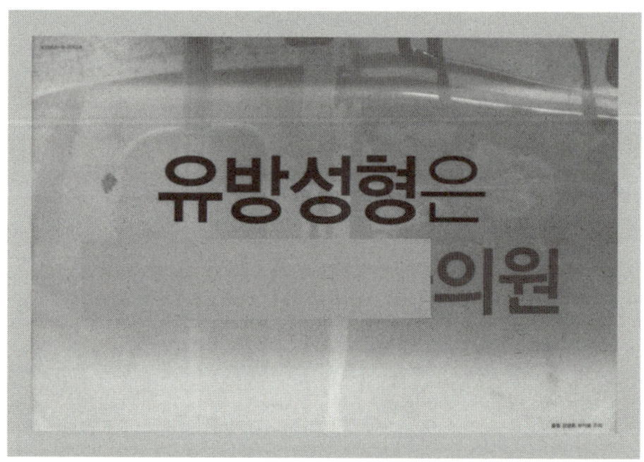

경쟁이 치열한 진료상품군에서 일반적 진료 카테고리와 병원을 매칭하는 것을 브랜드 포지셔닝으로 오해하고 그런 광고들을 양산하는 경향이 있습니다만, 경쟁이 치열할수록 차별적인 가치를 어필할 수 있는 브랜드 포지셔닝이 주효합니다.

혹시 병원에 대해 브랜드 포지셔닝을 하면 시장이 좁아지는 것이 아닌가 생각하시는 분들이 있을까봐 한 말씀 드리자면, 전 세계 마케팅계에 역사적으로 입증돼온 진실처럼 전략적으로 포지셔닝 되어야 비로소 소비자가 자신의 니즈와 관련해 브랜드를 주목하고 선택하게 되기 때문에 브랜드 성장에서 포지셔닝은 필수적입니다. 전략적으로 포지셔닝이 이루어지지 않으면 수많은 병원들 속에 묻혀 존재감이 드러나지 않거나 왜곡된 인식을 형성하게 되어 소비자의 선택을 받기 어려워집니다.

이 포지셔닝은 병원의 브랜드 아이덴티티와도 다릅니다. 상기석 병원성장에서 기본 전제가 되는 병원의 정체성인 아이덴티티보다 시의적인 경쟁관계상의 병원에 대한 개념 정립이라고 할 수 있습니다.

가령, 건강한 출산문화를 선도하는 병원브랜드로서의 아이덴티티를 갖고 있는 산부인과가 고급스러운 산부인과, 지역에서 오래 되어 인지도 상위를 차지하는 산부인과 등 쟁쟁한 경쟁병원들과 경쟁하는 상황에 놓여 있다고 합시다. 병원 역사가 오래되지도 않았고 고급스러운 인테리어를 자랑하지도 못하지만 의료진의 스펙과 노하우가 우수하다면 고령 산모나 고위험군 산모들이 주목해야 할 병원으로 포지셔닝하는 것이 시장 점유율을 높이는 전략일 수 있습니다. 지역 산부인과의 일반적 카테고리에서 벗어나 안전성이 높은 병원으로 차별적 카테고리를 형성해서 타깃 소비자들이 주목하게 하는 일이 포지셔닝의 한 사례입니다.

그런데 포지셔닝은 병원마다 다양할 수 있고 현재의 병원브랜드 포지셔닝이 고정화되지도 않는다는 사실을 염두에 두어야 합니다. 포지셔닝 전략은 병원의 현실을 합리적으로 고려하면서도 새롭게 개발될 수 있는 것입니다.

포지셔닝 전략을 개발하지는 않았지만 그간의 마케팅 결과에 의해 또는 병원의 브랜딩에 의해 특정 이미지가 형성된 병원의 경우(사실 이런 병원들이 상당수죠.) 그로 인해 향후 병원브랜드 성장에 제한이나 악영향을 받게 될지를 빨리 진단해 제대로 포지셔닝 전략을 개발해서 실현해야 합니다.

병원브랜드 포지셔닝 전략 개발하기

소비자는 진료상품을 통해 우리병원을 만나게 됩니다. 특정진료나 시술에 대한 정보를 검색하면서 우리병원을 발견하거나 떠올리며 (병원이 브랜드로 인지되어 있다면 말이죠.) 선택을 고려하게 되는 식이죠. 병원이 소비자에게 '고려된다'는 것은 '발견된다'는 것과는 차원이 다른 얘기죠. 진료에 대해 병원 소비자의 검색망에 발견된 많은 병원들 중 우리병원이 유용한 가치로 느껴질 때 소비자가 선택을 위해 우리병원을 적극적으로 인지하는 것입니다.

이때 소비자가 고려할 가치는 병원브랜드 포지셔닝, 즉 소비자에게 의미 있는 병원 카테고리에 의해 기본적으로 나타납니다. 가령, 30대 후반 임산부들이 안전한 출산을 고려해 산부인과를 찾고 있는데 우리병원이 안전한 출산을 위한 산부인과로 포지셔닝하고 고령 산모 케어 시스템 등 관련 병원정보를 어필하는 마케팅을 진행한다면 이 타깃 소비자들은 우리병원을 고려할 가능성이 높아집니다.

따라서 병원브랜드 포지셔닝은 진료상품에 대해 우리병원이 어떤 이유로 고려되는지에 대한 '전략적으로 마련한 답'일 수 있습니다.

그래서 병원브랜드 포지셔닝은 단순히 병원에 대한 표면적인 요소들, 가령 거점지역, 목표시장, 주력 진료상품 정도를 고려하는 것이 아닙니다. 가령, '여드름 시술하는 강남의 피부과의원' 정도의 포지셔닝은 타깃소비자로 하여금 많은 경쟁군 속에서 우리병원을 선별하게 할 수 없습니다.

포지셔닝의 전제는 경쟁군으로부터 우리병원 브랜드를 구별하게 하는 차별적 가치입니다. 일반적인 카테고리가 아니라 우리가 목표로 할 소비자가 경쟁병원들보다 우리병원을 주목할 이유와 그 차별적 가치가 내포된 전략적 개념의 병원으로 인식시키는 일이 "병원브랜드의 포지셔닝"입니다.

병원브랜드 포지셔닝 전략 개발 과정

그렇게 하기 위해서 병원브랜드 포지셔닝 전략을 제대로 개발해야 하는데요. 여기에는 앞서 "병원브랜딩전략 개발을 위한 준비" 장에서 언급한 정도의 병원 자료와 관련 조사 분석 과정이 필요합니다.

사실 병원브랜드 포지셔닝은 병원브랜딩의 장에서 언급한 것과 같이 병원브랜딩전략의 한 부분입니다. 다만 병원브랜드 포지셔닝은 앞서 말씀드린 바와 같이 진료상품에 대한 경쟁관계를 전제로 이루어져야 하기 때문에 이 점을 염두에 두어야 합니다.

진료상품별 병원에 대한 상세한 상황조사가 이루어졌다면 분석과 통찰을 통해 어떤 카테고리를 설정할 것인가를 고민하게 되는데요. 이때 객관적으로 병원을 평가하는 일도 중요한 선행과정이 됩니다.

진료상품에 대해 소비자가 선택할 브랜드로서 우리병원의 강점은 정말 경쟁관계에서 강점이 되는가, 그 영향력은 지속성이 있는가, 우리병원의 약점(경쟁병원들과의 경쟁의 측면에서 취약한 요소가 소비자 선택에서 마이너스로 작용하는 점)은 어떤 것들이고 단기간에 극복이 가능한가, 진료상품에 대해 경쟁병원들의 취약점은 무엇인가, 만약 병원브랜드의 보다 강력한 가치 개발이 요구된다면 빠른 시간 내 장기적 차별가치를 형성하도록 병원을 변화시키는 것은 가능한가, 진료상품 브랜드로서 병원의 인지도는 어느 정도인가, 우리병원에 형성돼온 이미지는 무엇인가, 그것은 병원브랜드 경쟁관계에서 어떻게 작용하는가, 우리병원의 진료상품별 타깃소비자 설정은 제대로 되어 있는가, 변경 또는 확대할 필요성이 있는가, 우리의 목표시장은 바람직한가 등등 진료상품 브랜드로서 병원의 현재 경쟁 상황과 포지셔닝 가능성을 진단하고 포지셔닝에 필요한 준비를 하기 위한 다양하고 신중한 물음과 그에 대한 객관적인 자료 분석을 통해 병원의 포지셔닝 전략을 설계해 나가는 것입니다.

그렇게 객관적 분석을 통해 병원브랜드의 경쟁 상황에 최적의 차별화를 이루게 하는 병원브랜드 포지셔닝 전략은 병원마다 다양하게 개발됩니다. 가령, 특정 타깃으로 세그먼트해서 시장 분화를 하고 거기서 1위 브랜드가 되거나, 대학병원이나 강력한 리더 브랜드 병원과 동급수준으로 포지셔닝하거나 확실한 2위 병원브랜드로 자리매김해 1위 병원브랜드의 대안으로 위상을 형성하거나, 고퀼리티 진료를 보장하면서 생산성을 높여 합리적 비용을 제시하는 실속형 병원이 되거나, 적어도 시술 전단계의 정밀진단을 위해 고려해야 하는 병원으로 인식시켜 저변확대에 성공하거나, 고난이도 수술 위주의 병원으

로 전국권으로 시장을 형성하는 등 다양한 방향의 병원브랜드 포지
셔닝 전략을 개발할 수 있습니다.

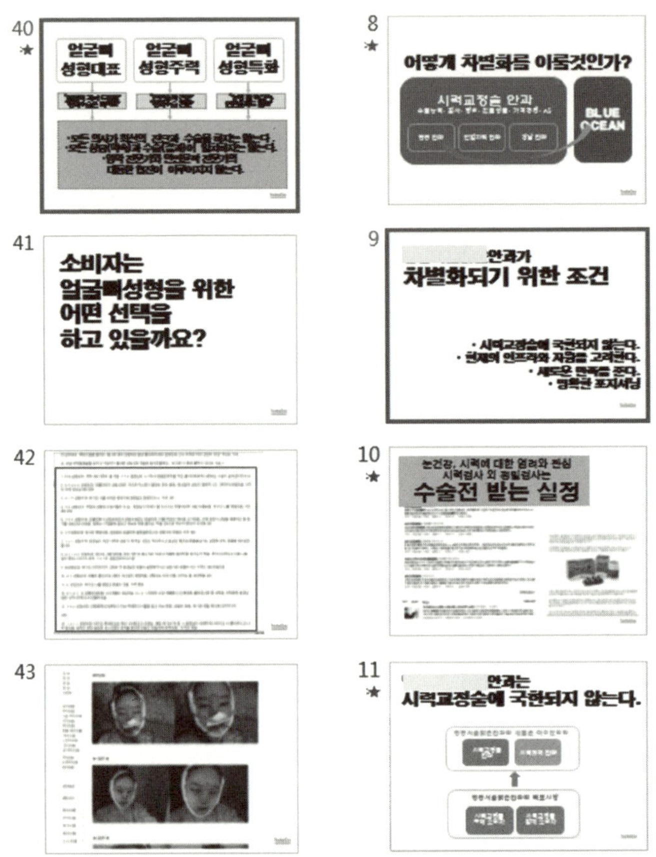

수년 전 병원브랜드 포지셔닝 전략을 개발한 사례. 병원브랜드의 가치요소와 경쟁상황, 소비자 니즈
등 다양한 요소들을 고려해 병원브랜드 성장에 유리한 포지셔닝 전략을 짜는 것이 주효합니다.

이상의 사례들에서 눈치를 채셨는지 모르겠습니다만, 병원브랜드
포지셔닝이 반드시 병원의 큰 변화를 전제로 하는 것은 아닙니다. (대
체로 그렇습니다.) 기존 병원 시스템과 진료상품, 마케팅의 문제가 그닥

크지 않다면 인식을 바꾸거나 제대로 강화하는 포지셔닝 전략을 통해 병원의 마케팅 목적에 도달할 수 있습니다.

가령, 대학병원이나 리더 병원브랜드와 동급, 또는 2위 브랜드로 인식시키는 포지셔닝 전략은 내부의 경쟁력은 충분히 존재하는데 그에 대한 인식이 제대로 형성되지 못했을 때, 효과적인 마케팅 콘텐츠와 광고, 병원 내부 마케팅 등을 통해 실현할 수 있습니다.

병원브랜드 포지셔닝 전략은 마케팅을 통해 구체적으로 실현되어 결과에 도달하게 되고 다시 피드백 되는 순환과정을 거칩니다. 대외적 마케팅뿐 아니라 브랜딩 전반에 영향을 미지게 됩니다.

타깃 소비자의 병원 선택을 위한 인식 카테고리에서 어떤 병원으로 포지셔닝 되어 있느냐 하는 것은 상기의 예처럼 고도의 전략을 통해 이루어지는 것입니다. 그리고 포지셔닝 전략대로 고객의 인식이 형성되도록 일관되고 통합된 접점별 브랜딩 노력이 수반되어야 합니다. 그리고 병원브랜드 포지셔닝의 평가와 피드백 반영을 제대로 할 수 있어야 합니다.

병원브랜드 포지셔닝 전략 적용하기

병원브랜드 포지셔닝 전략대로 타깃 소비자가 우리병원에 대해 인식하게 해서 병원브랜드의 선택률을 높이려면 포지셔닝 전략을 반영한 마케팅커뮤니케이션 전략을 개발해 실현해야 합니다.

마케팅에 대해서는 다음 장에서 본격적으로 다루게 됩니다만, 여기서 한 번 더 강조하고 싶은 것은 병원마케팅은 포지셔닝 전략의 실행단계로서 포지셔닝 전략을 전제로 해야 한다는 것입니다. 이 포지셔닝 전략 없이 필요에 따라 주먹구구식으로 마케팅을 진행하면 많은 경쟁병원들의 마케팅 속에서 우리병원 브랜드에 대한 타깃 소비자의 명확한 인식을 형성하기 어렵기 때문에 병원 선택률 제고라는 목표에서 멀어지게 될 뿐 아니라 효과에 도달하지 못하고 마케팅 비용만 소멸되는 '매몰비용'이 커지게 됩니다. 또한 바람직한 병원브랜드 이미지 형성이 되지 못하는 등 장기적 성장에도 문제가 될 수 있습니다.

병원브랜드 포지셔닝 전략 적용시 고려할 점들

병원브랜드 포지셔닝 전략을 개발하면 기존에 병원이 생각한 것과 다른 병원의 위상, 이미지, 특별한 가치가 형성될 수 있습니다. 목표 시장과 메인 타깃 소비자의 설정도 달라질 수 있습니다. 또 포지셔닝의 단계별 계획이 수립될 수도 있습니다. 가령, 1차 공략 시장과 2차 공략 시장 식으로 말이죠. 그에 따라 경쟁군, 핵심 경쟁병원, 경쟁관계 역시 새롭게 구성될 수 있습니다.

예를 들어, 우리병원이 특정 시술 후 효과 불만족자들에게 확실한 재치료를 제공할 수 있는 병원으로 포지셔닝 전략을 개발했다면 재치료가 필요한 타깃 소비자에게 시술 실패경험에 따른 의심을 해소시키고 우리병원 브랜드의 재치료법에 대한 관심도를 제고할 수 있는 마케팅커뮤니케이션 플랜을 짤 필요가 있겠죠.

효율적 마케팅을 진행하기 위해 메인 공략 시장은 수도권, 2차 공략 시장은 지방 어디 정도로 설정해 마케팅 플랜을 단계별, 또는 동시에 전개할 수도 있습니다. 또 핵심 경쟁병원을 우리병원과 유사한 시술을 하는 병원이나 기존 시술에 대해 활발한 마케팅 활동을 벌이는 병원으로 정할 수 있는데 이 경쟁군의 마케팅 행태를 파악해 그를 함께 고려한 마케팅을 전개해야 합니다. 타깃 소비자는 경쟁군과 우리병원의 유사점과 차별점을 비교 탐색하기 때문이죠.

포지셔닝을 소비자의 직접적 접점에서 실현하는 병원마케팅 콘텐츠들은, 병원마케팅 툴들을 선별해 매체 집행 계획을 짠 후 각 매체 특성을 고려해 개발될 수도 있고, 반대로 포지셔닝 전략을 반영한 메인 콘텐츠를 개발해 이를 효율적으로 전달할 매체들을 계획할 수도 있습니다.

  PC와 모바일 환경을 기반으로 검색광고, 검색상황에서 노출되는 블로그나 카페, 지식인, 뉴스 등의 콘텐츠들, 관련 커뮤니티 내 광고, 그 외 매체별 광고, 홈페이지, 광고의 랜딩페이지, 영상 등 다양한 마케팅 플랜과 관련해 최적의 전달력과 설득력을 갖춘 마케팅 콘텐츠들을 개발해야 합니다.

  대외적 마케팅에 의해 소비자가 상담과 내원이라는 액션을 취할 때의 각 접점별로도 일관된 포지셔닝이 실현되도록 내부마케팅과 MOT(Moment Of Truth. 고객 접점마다 병원브랜드가 지향하는 가치, 약속, 신뢰를 일관되게 경험하게 하는 일이라고 이해하시면 되겠습니다. 이 책 후반에 각각 상세히 다루니 조금만 참고 계세요.), 진료시스템, 고객 관리 등이 잘 이루어져야 합니다.

  이처럼 진료상품에 대한 병원의 경쟁관계에서의 위치를 명확히 하는 병원브랜드 포지셔닝 전략에 의해 타깃 소비자에게 효과적으로 차별적 가치를 공감시키기 위해 체계적이고 통합적인 마케팅 커뮤니케이션 전략(IMC : Integrated Marketing Communications 통합마케팅 전략)을 수립해서 포지셔닝 전략을 실현하게 되는데요. 마케팅에 대해서는 다음 장에서 보다 상세히 공부하기로 해요.

  마케팅 실행에 의한 포지셔닝의 구현 후 피드백을 통해 결과를 제대로 파악해서 만약 문제가 발생했다면 그것이 마케팅의 문제인지 포지셔닝 전략의 문제인지 판단해야 합니다. 각 문제를 정확히 진단해 포지셔닝 전략을 조정하거나, 마케팅 전략을 수정하거나 집행단계의 세부사항들을 조정해 포지셔닝을 강화할 수도 있습니다.

  병원브랜드 포지셔닝 전략이 개발되고 이를 실현할 때는 성공을 위해 과감한 투자가 필요할 수 있습니다. 간혹 포지셔닝 전략에 따른 마케팅 리플래닝을 하고 그로 인해 병원홈페이지 등 주요 마케팅 콘텐츠들의 리뉴얼, 또는 진료시스템 개발 등 크고 작은 변화들을 진행해야 할 필요가 있을 때 홈페이지를 제작한 지 얼마 안되었다거나 하며 기존 마케팅 상태을 유지하려 하는 병원들이 있는데요. 포지셔닝의 실행은 일시적·부분적인 것이 아니고 병원브랜딩 전반에 영향을 주고받는 중요한 것이며 소비자의 쉽지 않은 인식을 우리가 원하는 방향으로 형성하기 위한 것이므로 제대로 리세팅, 리뉴얼이 될 수 있도록 투자해야 합니다.

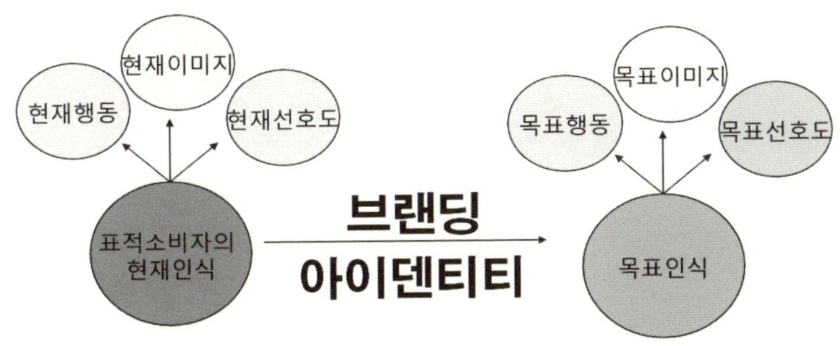

타깃 소비자의 쉽지 않은 인식을 병원이 원하는 방향으로 형성하기 위해서는 병원브랜드 포지셔닝 전략을 기반으로 마케팅과 MOT 등 병원브랜딩을 전략적으로 실행해야 합니다.

병원브랜드 리포지셔닝 하기

리포지셔닝이란 말 그대로 브랜드의 기존 포지셔닝을 바꾸는 것입니다. 가령, 햇반이 간편하게 먹을 수 있는 밥으로 포지셔닝되어 있다가 집밥에 대한 소비자 니즈와 유사 경쟁제품들과의 경쟁을 의식해 '맛있는 집밥' 으로 리포지셔닝 한 것이 한 예입니다.

병원의 경우에는 기존 포지셔닝이 더 이상 병원브랜드 성장에 도움이 되지 않는다거나 브랜드 인식을 왜곡시키는 심각한 문제가 있다고 판단할 때 주로 리포지셔닝을 하게 됩니다.

가령, 개원 당시부터 임플란트 수술에 우선 집중해온 치과가 임플란트 치과라는 포지셔닝으로 인해 또 하나의 핵심진료인 교정치료의 경쟁력이 약하게 인식될 수 있다면 리포지셔닝이 필요합니다. 이미 성형외과로 포지셔닝 되어 있어 피부치료 같은 브랜드 아이덴티티와의 연관성이 약한 진료상품 확장시 새로운 진료상품에 대한 포지셔닝이 잘 이루어지지 않는 경우, 양방 시술과 한방 시술의 비교에서

호불호가 갈리는 경우, 중년층에서 젊은 층으로 메인 타깃 소비자를 변경 또는 확대해야 하는 경우 등 다양한 이유로 병원브랜드의 기존 포지셔닝을 변경하는 리포지셔닝이 필요할 수 있습니다.

그런가 하면 포지셔닝 후 경쟁상황의 변화에 따라 리포지셔닝이 이루어져야 할 수도 있습니다. 가령, 주력 진료상품 시장이 성숙시장이 되어 더 이상 새로운 가치를 어필하기도 어렵고 시술 경쟁력이 평준화되어 타깃 소비자의 진료 구매 행태가 가격에 민감한 행태로 변화해서 지역의 강력한 경쟁군이 바뀌고 가격경쟁 속에 들어가게 되어 있다든가 하는 마케팅 상황의 변화를 예의주시하면서 전략적으로 리포지셔닝을 하거나 포지셔닝을 보강하는 일이 필요하게 됩니다. (물론 병원이 성숙시장의 진료상품에만 의존한다면 병원브랜드의 성장은 어려워집니다. 사전에 성숙시장으로 가는 진료상품 외의 리노베이션이 준비되어야 합니다.)

이런 상황을 감지하면 최대한 빨리, 기존 우리병원에 대해 고객층에게 인식시켜온 병원브랜드 포지셔닝(또는 고객들이 자발적으로 인식해 온 병원에 대한 고정화된 인식의 내용)을 새롭게 리포지셔닝 하거나 제대로 수정해야 합니다.

예로 든 경우들처럼, 병원이 경쟁상황에서 상대적으로 어떤 위치에 놓여 있는가, 타깃 소비자가 선택할 이유가 차별적이며 명확한가에 대한 전략적 포지셔닝을 하지 못한 채 그저 특정 진료과의 병원으로 인지되는 수준의 포지셔닝이 이루어지고 있다면 결국 병원 고객의 선택을 받기가 점점 어려워지고 병원 성장에 문제가 생기게 되기 때문입니다.

타깃 소비자가 우리병원을 어떤 병원으로 인식해왔는지, 그리고 진료상품별로 어떤 경쟁군들을 함께 고려하게 되는지를 고려해 전략적 포지셔닝이 이루어지지 못하고 병원브랜드 인식의 왜곡이 일어난다면 병원브랜드의 리포지셔닝을 고려해야 합니다.

리포지셔닝에서 고려할 것들

리포지셔닝은 포지셔닝보다 더 고려할 것이 많아집니다. 포지셔닝 전략을 짜기 위한 것과 마찬가지로 사전에 필요한 자료들을 취합하고 분석하고 통찰하는 과정뿐 아니라, 그간의 병원마케팅과 MOT에 의해 기존 고객층에게 인식되어진 병원브랜드의 이미지, 고착된 인식의 내용 등을 정확히 파악하는 일과 그를 전제로 새로운 방향의 포지셔닝으로 바꾸는 과정에서 작용할 요소들까지 적극적으로 고민해야 하는 것이죠.

가령, 임플란트 전문 치과로 포지셔닝(혹 오해하실까봐 말씀드리는데 의료광고법에 의해 '전문'이란 표현을 사용할 수 없다는 것과 포지셔닝에서 병원브랜드 컨셉을 특정 진료 "전문" 병원으로 설정하는 것은 다른 차원의 이야기입니다. 브랜딩에 대해 잘 모르는 병원 원장과 마케터들이 이런 점을 혼동하는 경우들이 있더군요.) 해온 치과 브랜드 네트워크가 치아성형이나 교정 같은 젊은 층을 타깃으로 하는 진료상품의 브랜드로 리포지셔닝 한다면 한동안 기존 포지셔닝 된 이미지 때문에 시장 진입에 어려움을 겪을 수 있습니다.

그간 병원광고나 마케팅 콘텐츠들에서 중장년층 모델을 활용한 임플란트수술을 어필하는 데 치중해오는 등의 포지셔닝에 기반한 마케팅으로 인해 '나이 든 사람들의 임플란트수술을 하는 치과'라는 인식이 형성되어 있기 때문이죠.

또한 각 지역별 치과브랜드 네트워크 지점들의 경쟁군들이 교정치료나 치아성형으로 이미 자리를 잡고 있다면 확장 진료상품에 대한 치과브랜드의 리포지셔닝은 더 오랜 시간을 들여야 할 수 있습니다. (물론 그 전에 병원브랜딩 측면에서 진료상품 확장에 대해 전략적 고민을 해야겠지만요.)

이처럼 리포지셔닝을 해야 할 이유와 그 과정에서 작용할 요소들, 주요 문제 사안을 충분히 고려한 현실적인 리포지셔닝 전략을 짜지 못하면 목표 시장의 경쟁상황에서 병원이 목표로 하는 수익 증대와 성장의 효과를 기대하기 어려워집니다.

리포지셔닝 전략은 병원마다 다르게 설계되지만 큰 방향에서 몇 가지 유형을 든다면 우선 병원의 브랜드 아이덴티티와 차별적 가치 요소 등 병원브랜드의 본질적인 부분을, 리포지셔닝이 필요한 진료 상품에도 적용하는 경우를 생각할 수 있습니다.

가령, 임신과 출산을 위한 병원으로 브랜딩을 해온 산부인과가 수익성을 고려해 부인과 수술로 리포지셔닝을 해야 할 때 그간 병원브랜드의 주요 가치로 인식되어온 의료진의 신뢰를 리포지셔닝 대상인 부인과 수술에도 적용해 동일한 신뢰를 형성하면서 수술에 대한 경쟁력을 새롭게 어필할 수 있습니다.

또 한 가지 리포지셔닝 유형으로, 추가 확장하는 진료상품을 기존 진료상품과 유기적으로 결합해 기존 병원브랜드 포지셔닝에서 오버랩되는 식의 전략을 고려할 수 있습니다.

예를 들면 척추·관절치료 전문병원이 내과 진료상품에서도 병원브랜드로 포지셔닝을 해 지역 거점병원으로서의 성장을 꾀하고자 할 때 기존 척추·관절치료 분야와 내과의 유기적 결합에 의해 내과 질환이 있는 척추·관절 환자들에게 어필하는 병원브랜드로 리포지셔닝을 할 수 있습니다.

포지셔닝과 리포지셔닝은 타깃 소비자의 인식을 형성하거나 바꾸는 일이기 때문에 전략적 브랜딩으로 꾸준히, 충분한 시간을 가지고, 디테일한 접점마다 일관성 있게 체험하게 해야 하는 것입니다.

　지역 점유율이 낮은 병원이라면 소비자 인식상의 병원에 대한 문제점을 해결하고 장기적 성장이 이루어질 수 있도록 새로운 브랜드 아이덴티티로 리뉴얼하고 브랜딩을 활발히 해나가는 것이 바람직할 수도 있습니다.

　그런데 앞서 말씀드린 것처럼 포지셔닝과 리포지셔닝은 타깃 소비자의 인식을 형성하거나 바꾸는 일이기 때문에 단기간에 쉽게 이루어질 수는 없습니다. 대외·대내 마케팅과 MOT 등 전략적 브랜딩으로 꾸준히, 충분한 시간을 가지고, 디테일한 접점마다 일관성 있게 체험하게 해야 하는 것입니다.

Part Ⅲ 병원마케팅 전략적으로 하기

병원마케팅은 본질적으로 병원브랜딩전략에 기반해 체계적이고 일관된 운영을 해야 하는 것이어서 전략 수립과 통합적 운영의 노하우가 필요합니다. 대외적 마케팅과 병원 내부 마케팅 모두 전략적으로 일관성 있게 진행되어야 합니다. 소비자 인식이 형성되기까지 충분한 기간에 지속적으로!

"다시 알아야할 병원마케팅" 다지기

2011년 출판된 《다시! 알아야 할 병원마케팅》은 4년 넘게 판매되어온 스테디셀러가 되었는데요. 그것은 그간 병원마케팅을 피상적이고 기계적으로 집행해온 경험을 통해 문제점을 파악하게 된 병원들의 상황과 맞물려 있다고 봅니다.

전 그 책에서 병원마케팅은 일부 마케팅 대행사들에서 얘기하는 것처럼 공식화된 매체 집행 수준이어서는 안되며 브랜딩을 전제로 해야 한다는 이야기를 강조했습니다.

병원이 경쟁상황에서 차별적 가치를 개발하고 대외적 마케팅에서부터 내원시의 다양한 고객 접점에 이르기까지 일관되게 체험시키는 전략적 제반 행위들, 즉 병원브랜딩을 반드시 실천해야 병원이 지속적으로 성장하고 경쟁력을 갖춘 브랜드가 될 것이란 점을 다양한 병원사례들을 통해서도 역설했습니다.

《다시! 알아야 할 병원마케팅》이 출판된 이후 병원마케팅 계에서 브랜드, 브랜딩이 회자되는 상황이 일어난 것은 고무적이라 생각합니다만, 우려스러운 한 가지는 제대로 이해하지 못한 개념들을 남용하는 경우도 적지 않게 발견된다는 것입니다.

병원의 브랜드 포지셔닝 개념을 모르면서 그저 진료상품과 병원이름을 기계적으로 결합한 병원광고의 집행을 그 용어로 사용하는 이들이 있었고 브랜딩이 병원에서 어떻게 이루어지는지를 전혀 이해하지 못하면서 브랜드란 말을 병원마케팅의 한 방향인양 왜곡해 병원 마케팅 카페나 블로그에서 사용하는 경우들도 꽤 있었습니다.

그러면서 결국 병원마케팅이라 하면, 병원의 진료상품에 대해 키워드를 추출해서 예산에 맞춰 키워드광고를 배치하고 그 외 온라인 배너광고나 블로그나 뉴스, 카페 상위노출 등의 온라인마케팅을 집행한 후 광고 클릭과 전환율 등 집행한 마케팅 결과에 대한 피드백에 의해 부분적 수정(랜딩페이지 내용을 수정한다거나 상담 DB창을 조정한다거나 키워드광고 순위를 조정하는 식)을 하는 식이 대부분입니다. 여기에 지하철이나 버스, 신문 같은 오프라인 매체 광고와 페이스북광고 등이 추가 또는 다른 마케팅과 대체되는 식이죠.

이런 방식의 마케팅 실행을 병원의 성장에 필요한 대부분으로 이해하는 경우도 상당히 많습니다. 병원마케팅 대행사뿐 아니라 병원도 마케팅 비용 지불과 그에 대한 상담 수 증가 정도, 내원율 증가 정도를 체크하는 것에 머무는 경우가 많습니다.

그러나 병원마케팅은 정해진 매체들을 예산에 맞춰 집행하는 것만이 아니고 그 전후로도 매우 다양한 것들을 고려해야 합니다. 브랜딩을 전제로 말이죠.

다시 알아야할 병원마케팅의 핵심

우리병원의 타깃 소비자가 우리병원을 선택하고 체험하기까지의 경로를 도식적으로 정리하면 이렇습니다.

소비자의 니즈(병원 선택의 동기) 발생 ⇨ 진료나 질환 관련 검색, 또는 주위 탐문 ⇨ 후보 병원들 정보 탐색(홈페이지, 커뮤니티, 온라인상담 등) ⇨ 최종 후보 병원들 선정, 내원 탐문 ⇨ 최종 병원 결정, 진료와 병원 체험 ⇨ 경험에 대한 공유(병원홈페이지 후기 또는 불만 적시, 커뮤니티 공유, 주위 입소문) ⇨ 병원브랜드에 대한 로열티 형성 또는 악성 여론 형성

이상에서 보듯, 또 많은 병원들에서 체험했듯, 경쟁병원들을 비교 탐색해서 병원을 선택하는 것이 보편적 행태인데요. 이는 그만큼 선택할 유사 가치의 병원들이 많은데나, 경쟁에 의해 더 유리한 조건을 취하려는 소비자의 태도와, 잘못 선택하면 손해를 보거나 위험에 빠질 수 있다는 의식이 강화되었기 때문입니다.

따라서 소비자가 선택하려는 범주의 병원들 중 우리병원이 비교우위성을 갖추어야 선택의 고려대상이 됩니다. 다시 말하면 소비자가 목적에 두는 진료를 위해 병원을 검색하는 과정에 우리병원이 잘 노출될 뿐 아니라 경쟁병원들과의 비교에서 더 낫다는 생각이 들게 해야 한다는 것이죠.

또는 특정 진료상품을 생각하면 그 병원이 떠오르거나 적어도 검색상황에서 그 병원이름을 보면 "아, 이 병원이 있었지." 할 수 있는 병원, 정확히는 병원브랜드가 소비자 인식 속에 형성되어 있다면 병원의 경쟁적 마케팅에서 매우 유리한 상황이 됩니다.

이렇게 처음에는 인지도가 낮았더라도 소비자의 탐색과정에서 잘 노출되고 접점별로 비교우위성을 획득한 병원브랜드로 인식되어 고려의 우선 순위 병원이 되기 위해서는 1장에서 소개한 브랜딩을 전제로 2장에서 소개한, 어떤 병원브랜드로 인식시킬 것인가 하는 브랜드

포지셔닝 전략을 잘 갖추고, 병원브랜드 포지셔닝을 실제적으로 이룰 수 있는 통합마케팅 전략(IMC : Integrated Marketing Communication 전략이라 하죠.)을 설계해서 효율적인 실행을 지속적으로 해나가야 합니다.

우리병원이 어떤 병원으로 인식되어야 하는지에 대한 포지셔닝 전략 없이 다른 경쟁군과 유사한 마케팅 콘텐츠와 메시지를 가지고 일반적인 매체 집행을 한다면 진료별 상이한 경쟁력이나 강력한 경쟁군의 마케팅 상황 등을 고려하지 못해 비용 대비 효과를 거두지 못하는 매몰비용이 진료별로 높아질 수도 있습니다.

유사한 광고메시지를 전하는 동종 진료상품 병원들의 광고 행태 일부

또 대외마케팅을 통해 유입된 잠재고객층에게 차별적 신뢰를 일관되게 형성하는 병원 내부 마케팅의 전략적 노력이 없다면 구매 결정이 제대로 이루어지기 어렵습니다. 마케팅 비용을 지불하고도 경쟁병원으로 잠재고객이 이탈하는 일들이 일어나 역시 매몰비용이 발생할 수도 있습니다.

이처럼 병원마케팅은 본질적으로 병원브랜딩전략에 기반해 체계적이고 일관된 운영을 해야 하는 것이어서 전략 수립과 통합적 운영의 노하우가 필요합니다. 대외적 마케팅과 병원 내부 마케팅 모두 전략적으로 일관성 있게 진행되어야 합니다. 소비자 인식이 형성되기까지 충분한 기간에 지속적으로!

이는 앞서 말씀드린 대외적 마케팅의 단기적 집행에 따른 비용 대비 효과를 조절하는 정도의 행위와는 차원이 다릅니다. 앞서 예를 든 마케팅 툴들의 운영은 이 통합마케팅 전략의 부분적 전술에 해당하는 것이죠.

《다시! 알아야 할 병원마케팅》에서도 말씀드린 바 있듯이 마케팅은 '인식의 싸움'입니다. 쉽게 바뀌거나 형성되기 어려운 소비자 인식 속에 경쟁군 병원들보다 우리병원의 브랜드를 먼저 또는 우위의 위치에 심는 전략적 노력들입니다. 과대포장이나 허구가 아니라 소비자에게 진정성 있게 다가가는, 마케팅 목적의 전략적 커뮤니케이션입니다. 궁극적으로는 고객의 체험을 통해 입증시키고 그로 인해 자연스럽게 병원마케팅의 목표 인식이 타깃 소비자들에게 형성되게 하는 일이죠.

더군다나 제품과 다른 진료상품에 대한 마케팅은 그 특수성에 따른 심리적 요인을 고려해야 하고 고객의 다양한 세부 접점을 관리하고 조절하는 과정을 포함하기 때문에 병원에 맞는 전략을 세우는 것이 중요합니다.

병원마케팅은 어떠한 것이어야 하는지를 알았다면 이제 중요한 통합마케팅(IMC) 전략을 세우기 위한 준비를 해봅시다.

병원마케팅 전략 개발을 위한 준비

앞서 마케팅 전략을 세우기 위해서는 브랜드 포지셔닝 전략이 전제되어야 한다고 말씀드렸는데요. 그 전제가 되어 있다면 우리병원에 대한 포지셔닝 컨셉을 누구에게 어떻게 형성할 것인가에 대한 체계적인 마케팅 전략을 설계해야 합니다.

즉, 마케팅의 타깃소비자를 설정하는 일, 그 소비자들에게 포지셔닝 할 키메시지를 개발하는 일, 경쟁군의 마케팅 상황을 고려해 경쟁관계에서 유리하거나 적어도 불리하지 않은 마케팅 플랜을 설정하는 일, 효율적인 매체를 파악하고 마케팅 목표와 가용 예산을 고려해 효율적으로 운영하도록 계획하는 일, 매체별로 콘텐츠와 크리에이티브를 개발하고 적용하는 일, 마케팅 집행 후 결과를 파악하고 수정 보완하는 일 등 주요 마케팅 과정을 고려한 설계를 해야 하는 것이죠.

이때 주의할 것은 다양한 매체 속성에 따른 다양한 형태의 콘텐

츠를 타깃 소비자에게 전달하더라도 통합적인 마케팅 전략을 세워서
일관된 키메시지가 전달되도록 해야 효과적으로 마케팅 목표를 이룰
수 있다는 것입니다.

가령, 특정 진료상품에 대해 마케팅을 하고자 하는데 버스 광고와
온라인 배너광고가 다르고 블로그나 홈페이지 내용, 내원 고객 대상
의 내부마케팅에 그에 대해 빠져 있는 등 일관성이 없다면, 타깃 소
비자에게 보다 빠르고 확실한 인지가 일어나지 못하고 광고에서 전
달하고자 하는 메시지의 신뢰성마저 감소될 수 있습니다. 소비자의
다양한 접점별로 일관된 (마케팅의 목표로 심은) 메시지와 병원브랜드에
대한 인식을 형성하게 해 마케팅 목표에 보다 빠르게 그리고 확실하
게 도달해야 합니다.

이처럼 통합마케팅 전략에 대한 필요성을 인식하는 것이 병원마케
팅의 시작이라 하겠습니다.

통합마케팅 전략 개발에 필요한 것들

통합마케팅 전략을 세우려면 먼저 앞서 소개한 전략 개발 과정별
로 필요한 자료를 조사해야 합니다.

마케팅의 타깃 소비자를 설정하기 위한 조사를 할 때는 이들이
실제 내원하는 환자와 반드시 일치하지 않는다는 것을 이해하고 그
에 적절한 준비를 해야 합니다. 마케팅의 타깃 소비자 또는 표적 소
비자는 병원의 마케팅활동에 영향을 받아 내원을 일으킬 수 있는
주체를 말합니다. 가령, 고령자나 소아 환자를 내원시킬 자식이나
부모로서 30~40대가 마케팅의 타깃 소비자일 수 있죠. 또 병원에
오는 것을 좋아하지 않는 남자친구나 남자형제, 남편, 아들을 내원

시킬 여성 소비자들이 마케팅에서 더 의미있는 소비자가 될 수도 있는 것입니다. 그런가 하면 구매력은 떨어지지만 구매할 부모에게 영향력을 발휘할 청소년이나 대학생이 경우에 따라서는 표적소비자로 설정될 수도 있습니다.

표적소비자 설정에서 또 한 가지 중요하게 고려할 것은 소비자의 접근성입니다. 유사수준의 동종 진료를 하는 병원들이 많기 때문에 멀리서 시간과 비용을 더 들여 우리병원을 찾아올 가능성은 전반적으로 크지 않습니다. 특히 내과나 가정의학과 같은 생활 진료 위주의 의원들, 스케일링이나 충치, 틀니 치료를 하기 위해 찾는 치과, 산부인과같이 고객의 몸상태에 의해 장거리 이동이 불편하고 외래 진료를 종종 받아야 하는 경우 표적소비자는 병원의 인접성과 편리한 접근성을 중시합니다.

시술과 수술 위주의 병원들도 치열한 경쟁상황에 놓인 만큼 진료 경쟁력이 충분히 어필되고 접근성이 좋아야 보다 원거리의 소비자들을 어느 정도 내원시킬 수 있습니다. 가령, 두시간 KTX로 왔다 하루 시술 받고 내려가서 재내원을 하지 않아도 되거나 한두 번으로 최소화할 수 있는 경우죠.

이런 병원 접근성에 따라 어느 지역까지 표적소비자를 설정할 것인지 정해야 그에 따른 매체와 콘텐츠가 효율적으로 기획됩니다.

이렇게 표적소비자를 명확히 해서 그들의 진료상품과 병원에 대한 니즈와 선입견, 매체 이용 행태와 정보 탐색 행태 등 유의미한 자료를 조사하는 것이 필요하죠.

또 마케팅은 경쟁관계를 전제로 하는 것이므로 경쟁군의 마케팅 활동을 파악해야 합니다.

여기서 먼저 짚고 넘어갈 것은, 우리병원의 경쟁자는 동종 진료과나 동종 규모의 병원만이 아니라는 것입니다. 가령, 피부시술 상품에 대해 우리병원, 대형 강남 병원, 인접지역의 활발한 마케팅을 하는 병원, 한방치료를 하는 병의원, 비의료기관으로서 마케팅을 하는 피부관리실 등 소비자가 우리병원 대신 선택할 가능성이 있는 것은 경쟁군이 됩니다.

이처럼 경우에 따라서는 특정 시술이나 진료상품 대신 소비되는 건강보조식품, 케어샵 같은 비의료기관이나 대체품들도 경쟁군일 수 있다는 것을 염두에 둘 필요가 있습니다. 모발이식병원 대신 선택하는 두피케어센터, 한의원의 맞춤 보약 대신 선택하는 홍삼처럼 말이죠.

신문에 나란히 게재된 의원 진료상품과 경쟁제품 광고사례. 병원의 경쟁군은 경우에 따라 비의료기관이나 제품까지 포함될 수 있습니다.

이러한 경쟁군들의 마케팅 행태와 전달되는 마케팅 메시지, 그에 대한 소비자 반응 등에 대해 최대한 신뢰할 수 있는 데이터들을 파악하는 것이 중요하겠습니다. 경쟁군의 마케팅보다 유리한 설득력을 확보하고 차별점을 모색하거나 경우에 따라 경쟁군의 메시지를 무력화하거나 방어하는 등 상대적으로 유리한 마케팅 전략을 고려해야 하기 때문이죠. 타깃 소비자가 우리병원을 선택하느냐 다른 대안으로 빠져나가느냐의 문제니까요.

매체와 마케팅툴을 선정 또는 개발하고 매체 속성에 적합한 콘텐츠와 크리에이티브를 개발하기 위해서는 매체에 대해 잘 이해하고 있어야 합니다. 병원마케팅에서 많이 애용되는 온라인, SNS, 지역 오프라인 매체들뿐 아니라 병원 내부와 기존 고객 대상의 마케팅툴, 그리고 새로운 매체 개발까지 우리병원과 타깃소비자를 연결해주는 마케팅 정보 매개체들을 폭넓게 이해할 때 우리병원에 효과적인 매체들을 제대로 선별할 수 있습니다.

매체에 대한 자료조사가 매체사에서 제공하는 수준 정도에 머물러서도 안되겠죠. 실제 타깃 소비자들의 매체 이용행태를 가급적 정확히 파악하고 매체의 속성과 노출 및 도달 수준, 매체 운영과 설정의 조건, 그리고 매체의 예상되는 효과에 따라 브랜딩 목적의 마케팅으로 활용할지 진료상품 판매 목적의 마케팅으로 이용할지 목적 수립 등 세세한 것들에 대해서도 충분히 고려되어야 합니다.

가령, 온라인 배너광고의 효과 저조와 기피현상, 심지어 배너광고를 막아주는 앱 개발 등은 세계적으로 일어나고 있습니다. 아직 모바일 배너광고가 그나마 좀더 효과적이란 분석들이 있죠. 이런 상황을 알고 있다면 매체 선택에 더 신중할 수 있죠.

또 병원브랜딩 목적으로 온라인뉴스를 활용한 마케팅을 고려할 때는 특히 키워드 검색상황에서의 뉴스 노출 위치와 경쟁병원들의 뉴스행태를 파악하는 것이 주효합니다. 키워드별로 온라인 뉴스가 노출률이 떨어지는 하단에 위치한 경우도 있고 모바일에서는 노출이 잘 되거나 반대로 어려운 경우들도 있어서 키워드별로 온라인 뉴스의 효율성을 고민해야 합니다. 또 네이버의 온라인 뉴스 정책에 의해 동일 주제의 유사 뉴스들은 대표 뉴스의 하위 카테고리로 묶이기 때문에 노출률이 떨어질 수 있어 같은 주제에서도 신선한 타이틀과 콘텐츠 개발에 신경을 써야 합니다. (마케팅 콘텐츠들은 다른 챕터에서 상세히 다룹니다.)

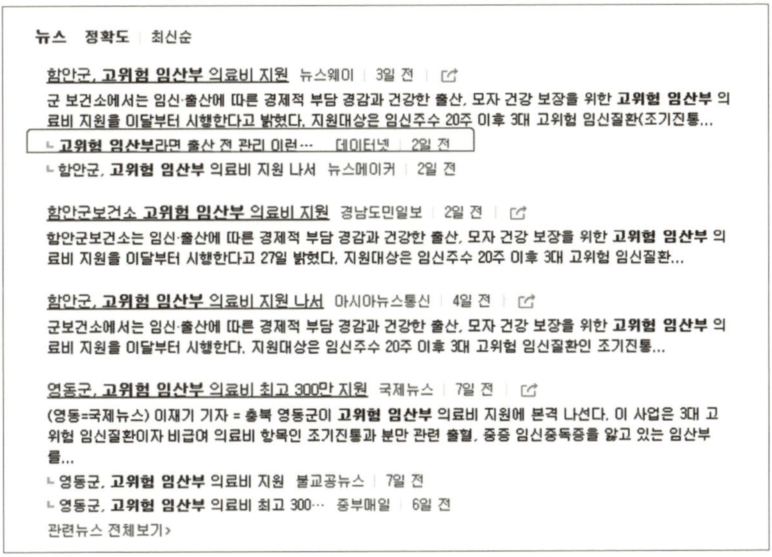

뉴스   정확도 | 최신순

함안군, 고위험 임산부 의료비 지원 뉴스웨이 | 3일 전
군 보건소에서는 임신·출산에 따른 경제적 부담 경감과 건강한 출산, 모자 건강 보장을 위한 **고위험 임산부** 의료비 지원을 이달부터 시행한다고 밝혔다. 지원대상은 임신주수 20주 이후 3대 고위험 임신질환(조기진통…
  ㄴ **고위험 임산부**라면 출산 전 관리 이런…   데이터넷 | 2일 전
  ㄴ 함안군, **고위험 임산부** 의료비 지원 나서 뉴스메이커 | 2일 전

함안군보건소 고위험 임산부 의료비 지원 경남도민일보 | 2일 전
함안군보건소는 임신·출산에 따른 경제적 부담 경감과 건강한 출산, 모자 건강 보장을 위한 **고위험 임산부** 의료비 지원을 이달부터 시행한다고 27일 밝혔다. 지원대상은 임신주수 20주 이후 3대 고위험 임신질환…

함안군, 고위험 임산부 의료비 지원 나서 아시아뉴스통신 | 4일 전
군보건소에서는 임신·출산에 따른 경제적 부담 경감과 건강한 출산, 모자 건강 보장을 위한 **고위험 임산부** 의료비 지원을 이달부터 시행한다. 지원대상은 임신주수 20주 이후 3대 고위험 임신질환인 조기진통…

영동군, 고위험 임산부 의료비 최고 300만 지원 국제뉴스 | 7일 전
(영동=국제뉴스) 이재기 기자 = 충북 영동군이 **고위험 임산부** 의료비 지원에 본격 나선다. 이 사업은 3대 고위험 임신질환이자 비급여 의료비 항목인 조기진통과 분만 관련 출혈, 중증 임신중독증을 앓고 있는 임산부를…
  ㄴ 영동군, **고위험 임산부** 의료비 지원 불교공뉴스 | 7일 전
  ㄴ 영동군, **고위험 임산부** 의료비 최고 300… 중부매일 | 6일 전

관련뉴스 전체보기 〉

네이버의 온라인 뉴스 정책에 의해 동일 주제의 유사 뉴스들은 대표 뉴스의 하위 카테고리로 묶이기 때문에 노출률이 떨어질 수 있어 같은 주제에서도 신선한 타이틀과 콘텐츠 개발에 신경을 써야 합니다.

네이버 포스트, 네이버 파워콘텐츠 광고 등 매체는 계속 개발되고 있습니다. 매체의 장점과 비용만 파악해서 기계적으로 집행하기보다 매체 이용 목적과 매체에 대한 병원 타깃 소비자의 인식과 행태, 병원의 관련 콘텐츠 경쟁력 등 다각적인 고려를 해서 우리병원에 최적의 통합마케팅 전략을 세우는 것이 효율성 제고와 비용 낭비를 위해 매우 중요합니다.

이제 마케팅 전략 개발, 실행과 피드백의 각 단계별로 보다 세세하게 살펴보겠습니다.

병원마케팅 전략 개발하기

병원마케팅에 대한 상담을 하다 보면 "온라인마케팅 업체와 키워드광고 얼마, 바이럴 마케팅 얼마를 집행했는데 이제 매출이 안오른다."는 얘기를 종종 듣습니다. 또 개원마케팅으로 얼마를 써야 하느냐고 묻는 원장도 있고 우리도 저 병원처럼 극장광고를 해보면 효과가 있지 않을까 하는 이야기를 들을 때도 있습니다.

그런가 하면 내원 가능성이 높은 소비자들 외에 접근성이 떨어지는 지역까지 매체광고를 집행함으로써 매몰비용이 커진 경우도 있습니다. 가령, 강북의 병원이 전국권 신문에 광고를 하거나 경기도 한 도시의 병원이 네이트온 배너광고를 집행하거나 강북의 병원이 강남권까지 키워드광고를 설정해놓은 경우들처럼 말이죠. 지역의 문턱을 넘을 만큼 독보적인 진료상품이 있는 것이 아님에도 불구하고 이런 광범위한 매체집행을 하면 막대한 광고비 지출 대비 효과에 도달하지 못하는 매몰비용이 늘어나 비용이 낭비되죠.

강북의 내과의원이 중앙지에 광고를 집행하는 것은 병원의 잠재고객과 매체의 표적소비자를 충분히 고려했다고 보기 어렵습니다.

지역 노선버스와 버스정류장, 지하철역사, 지하철 차량 내부 등 오프라인 매체에 광고를 집행한 병원들이 광고에 의해 병원브랜드가 온라인에서 검색되는 상황까지는 고려하지 못해, 광고를 통해 병원 브랜드를 검색하는 소비자에게 기껏해야 간호조무사 모집광고나 오래전 올려놓은 카페 이벤트 콘텐츠만 노출시키는 경우들도 있죠.

병원의 특정 진료상품 광고의 랜딩페이지나 키워드광고 문구를 연관성이 떨어지는 진료상품이나 질환 키워드 검색상황에까지 기계적으로 적용해서 클릭 후 이탈율과 매몰비용만 늘린 경우들도 적지 않고, 진료 키워드 검색상황에서 병원 키워드 광고 외에 이렇다 할 관련 콘텐츠가 안보이는 경우도 많죠.

페이스북광고나 온라인 검색광고만 집중하는 등 특정 매체 한두 가지만 올인하다 한계를 느끼게 되는 경우들도 있죠.

그리고 상당수의 병원은 대외마케팅은 신경쓰지만 내원시 병원 내부의 마케팅은 신경을 널 써서 대외마케팅과의 일관성노 떨어십니다. 대기실 자료들은 조잡하고 부족하며 상담자료 역시 미흡한 경우들이 많습니다.

홈페이지 내용 수준의 후기나 사례, 병원홍보, 진료안내 내용들을 빽빽한 텍스트로 구성한 파일노트는 내원고객에게 환영받기 어렵습니다.

내과, 가정의학과, 소아청소년과 등 소위 보험과 진료 위주의 동네 의원들은 마케팅과 거리가 멀다고 생각하는 경우도 대다수인데요. 그러면서도 비만이나 피부 시술 배너광고를 병원 안에 세워두기도 하고, 내원 환자수가 줄어드는 것에 대해 전전긍긍 하는 의원들도 많습니다.

비수기와 성수기가 명확한 병원들의 경우 비수기에는 마케팅 비용을 아끼기 위해 마케팅 활동을 하지 않다가 성수기를 앞두고 재개함으로써 오히려 마케팅 효율성이 떨어지는 경우도 흔합니다.

마케팅에 대한 병원들의 인식 수준과 전략 부재의 현실을 보여주는 예들인데요. 이처럼 병원마케팅을 전형적인 매체 집행을 통한 비용 대비 매출의 관점으로만 바라보고 '비보험과' 병원들이나 하는 '유가의 고객 유치 행위' 정도로 이해하는 편협함이 병원의 마케팅 효율성을 떨어뜨리고 병원의 성장을 가로막고 있습니다. 병원마다 다른 마케팅 상황에 맞는 마케팅 전략을 고민하지 않고 다양한 소비자 접점과 마케팅에 대한 소비자의 냉정한 태도까지 고려하지 못한 채 다른 병원들의 일반적인 마케팅 행태 안에서만 움직이는 것이죠.

그러나 《다시! 알아야 할 병원마케팅》과 이 책에서 앞서 강조해온 것처럼, 치열한 경쟁상황에서 타깃소비자에게 우리병원 브랜드에 대한 차별적 인식을 형성하게 해서 우리병원을 선택하게 하는 데 기여하는 것이 마케팅이라고 할 때 이러한 병원들의 마케팅에 대한 인식과 행태는 매우 비합리적입니다.

병원들마다의 현실을 고려한 병원마케팅 전략 짜기

마케팅 전략을 짤 때는 우선 우리병원이 마케팅을 통해 달성하고자 하는 목표를 명확히 하고 마케팅을 하는 시점의 병원 경쟁력 상황과 현실을 고려해야 합니다.

　예를 들어 상대적으로 경쟁력의 열세인 개원병원이나 인지도가 낮은 병원들이 마케팅을 할 때, 또는 주력 진료상품 외에 새로운 진료상품을 레드오션에서 론칭하는 경우(가령, 기존 진료상품 외에 수익 다변화를 위해 피부나 비만 시술상품처럼 이미 성숙시장에서 치열한 경쟁을 하게 될 진료상품을 추가하려는 병원들이 적지 않죠.) 가장 중요하게 고려해야 하는 것은 기존 병원마케팅 매체들을 얼마의 예산 안에서 집행하느냐가 아닙니다. 후발주자로서 시장에 빠르게 진입하는 것을 마케팅 목표로 설정한다면 기존 경쟁병원들과 다른 편익이나 우위의 신뢰성을 깅력하게 전달하는 메시지와 콘텐츠의 개발, 치료사례와 고객후기 같은 기본적인 병원 신뢰에 대한 입증자료의 미비함을 상쇄시킬 차별적 가치를 가시화한 홈페이지와 다양한 콘텐츠의 노출이 더 중요합니다.

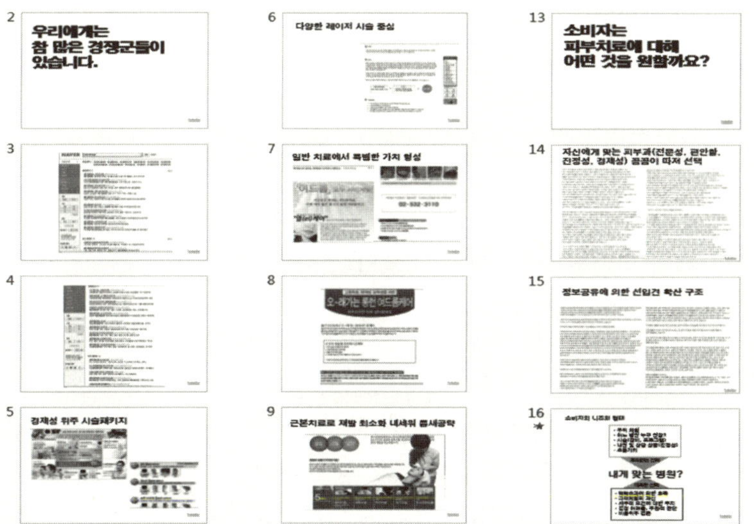

수년전 피부과 개원 당시 차별적 가치와 그를 반영한 브랜딩 및 마케팅 전략을 개발한 사례 일부. 경쟁군과 소비자 니즈를 분석하고 병원브랜드의 잠재적 가치요소를 파악해 개발합니다.

인지도가 낮거나 후발로 시장에 진입하려는 병원들이 진료상품과 병원이름 나열의 진부한 병원광고를 온라인과 오프라인 매체에 집행하는 것만으로 원하는 마케팅 목표를 이루기는 힘들 것입니다. 비슷한 병원광고들 속에서 소비자에게 주목받기도 어렵지만 병원브랜드의 경쟁력을 어필할 자료가 미비하면서 경쟁병원들과 유사한 방식으로 보인다면 소비자의 비교상황에서 더 불리해질 수 있습니다.

가급적 경쟁병원들의 광고 메시지와 다르면서 타깃 소비자의 병원이나 질환 관련 정보수준을 뛰어넘는 새로운 이슈를 만들 수 있는 광고메시지를 전략적으로 개발하고 랜딩페이지(상세페이지)에서 이를 구체적으로 입증하는 콘텐츠를 구성하는 것이 효과적입니다.

병원정보를 검색했을 때 보여지는 광고를 통해, 병원의 브랜드 신뢰성을 입증할 자료들이 부족한 홈페이지를 본다면 전환이 이루어지기는커녕 마케팅 비용 투자가 효과로 이어지지 못하는 매몰비용만 늘게 되기 때문이죠.

개원 당시 치료사례나 후기가 없는 상태로 병원의 홈페이지를 개발할 때는 브랜드 포지셔닝을 명확히 하는 메인페이지 메인뷰와 메뉴별 콘텐츠 페이지의 스토리텔링, 상세한 정보 구성이, 유사 진료정보에 디자인만 강조된 홈페이지보다 전환을 더 크게 일으킬 수 있습니다. 오랜 제 업무 경험이기도 하구요. (홈페이지와 광고에 대해서는 다음 챕터에서 상세히 다루겠습니다.)

한편 인지도가 높고 선순환이 일어나는 병원이라 하더라도 마케팅을 하지 않을 수는 없습니다. 마케팅은 소비자에 대한 인식의 싸움이기 때문에 마케팅을 하지 않는 순간부터 우리병원 브랜드는 빠르게 잊히기 시작하고 다른 경쟁병원이 마케팅에 의해 그 자리를 차지하기 때문이죠.

진료상품이나 지역에서 리더 브랜드인 병원이 타깃 소비자의 인식 속 자리를 유지하기 위한 마케팅, 또는 성장세의 병원이 리더 브랜드로서 포지셔닝하기 위한 마케팅은 앞서 말씀드린 개원마케팅과는 다릅니다. 브랜드 포지셔닝을 유지하면서 브랜드 로열티를 강화하는 마케팅 전략에도 신경을 써야 하죠. 고객 프로모션이나 리더브랜드의 이미지를 강화하는 언론 홍보, 사회공헌 마케팅, 브랜드광고 등을 적절하게 집행할 필요가 있습니다.

그런가 하면 내과, 가정의학과, 소아청소년과 같은 보험과 중심의 의원들 역시 마케팅을 등한시해서는 안됩니다. 다민 이러한 의원들은 한정된 지역 내 타깃소비자들 대상의 포지셔닝 마케팅, 특수 시즌이나 특정 진료상품 관련 내원 유도 광고 집행, 단골 고객 유치 및 관계강화를 통한 선순환 등이 특히 중요하므로 그를 고려한 마케팅 전략을 짤 필요가 있습니다.

지역매체의 병원브랜드 포지셔닝 광고, 지역카페 제휴 마케팅, 지역 키워드 검색시 노출되는 콘텐츠 마케팅(예를 들어 '일산 내과'를 검색해서 노출되는 양질의 내과 정보 블로그, 지도 정보 같은…), 기존 고객 대상 정기적 건강관리나 질환 진료를 위한 내원 안내나 관련 정보에 대한 문자(카톡) 전송, 병원브랜드와 진료상품에 대한 효과적인 내부 마케팅 등이 그 예가 될 수 있겠죠.

또한 만성질환 관리, 환절기 질환 진료, 예방접종, 중장년층이나 소아의 비만진료, 소화기나 호흡기 질환 진료, 술자리가 잦은 직장인 건강관리 프로그램 등 주요 진료상품과 연관해서 타깃 세그먼트나 특수시즌을 고려한 이슈상품을 기획하고 광고와 관련 콘텐츠 마케팅을 전개하는 것도 유용할 수 있습니다.

　　이처럼 마케팅은 어느 매체에 광고를 하는 것만이 아니라 다양한 접점에서 우리병원에 맞는 마케팅 목적의 커뮤니케이션을 지속적으로 해나가는 것이랍니다.

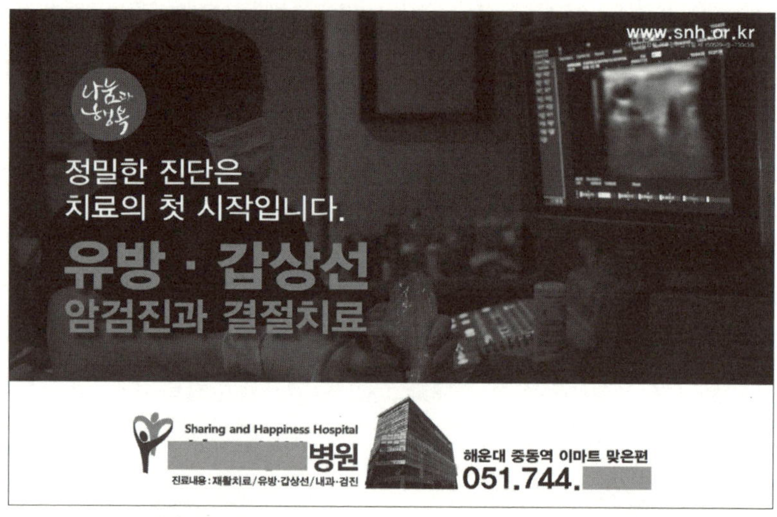

병원브랜드 광고들의 VI를 고려한 디자인으로 통일감을 줌으로써 동일 병원브랜드에 대한 인식을 형성하게 합니다.

한편 병원의 다양한 진료상품별로 제각각 마케팅을 하다 보니 병원브랜드에 대한 포지셔닝이 제대로 이루어지지 못하고 고객마다 마케팅에 의해 인식된 특정 진료상품의 주력 병원으로만 제각각 왜곡된 인식을 하는 경우도 있습니다. 이때는 병원브랜드에 대한 포지셔닝(우리병원의 가치와 주력 진료상품들에 대한)이 제대로 이루어지도록 병원브랜드 광고와 관련 홍보성 콘텐츠들을 개발, 노출하고 진료상품별 마케팅을 하게 되더라도 병원브랜드 아이덴티티를 시각화하는 VI(Visual Identity. 가령 병원 로고와 심볼, 컬러 같은 HI 매뉴얼과 디자인 레이아웃의 일관된 직용 등을 통해 동일 브랜드로서 이미지화 하는 셋)를 개발해 광고와 관련 홍보물, 마케팅 콘텐츠들에 일관되게 적용해 동일 브랜드의 이미지를 형성할 필요가 있습니다.

이처럼 병원마다 실제 처해 있는 각각의 포지셔닝 상황과 경쟁력의 수준, 마케팅 목표, 그간의 마케팅에 의해 만들어진 결과들을 고려해 바른 방향의 마케팅 전략을 세우는 것이 중요합니다. (내부마케팅은 다른 챕터에서 다뤄지므로 여기서는 다루지 않겠습니다.)

고효율 마케팅을 위한 전략 짜기

마케팅 전략에서 고려할 중요한 또 한 가지는 비용 투여 대비 효과를 높이는 효율성입니다.

병원이나 질환에 대한 소비자의 정보 검색이 이루어지는 곳곳에, 경쟁군들의 마케팅이 이루어지고 있는 그곳에 우리병원의 마케팅 역시 보여야 하는 것이 기본이지만, 그렇다고 앞서 예를 든 것처럼 일반적인 병원마케팅 매체들을 기계적으로 집행해서는 안됩니다.

특히 예산의 한계로 저비용 고효율 마케팅이 절실하다면 우리병원의 타깃 소비자가 주로 이용하는 매체 중 우리병원에 실질적인 효과를 발생시킬 가능성이 높은 매체와 마케팅툴들을 선정하고 그곳에서의 경쟁상황, 키워드 노출상황 등을 고려해 매체전략을 짤 수 있습니다.

가령, 대다수의 소비자가 병원 정보를 얻는 온라인 검색상황에서 안정적으로 노출을 확보할 수 있는 키워드 검색광고 집행을 염두에 두고 키워드 검색량 순으로 정리해서 우리병원의 경쟁력 수준과 강력한 경쟁군들과의 경쟁상황을 고려해 어떤 키워드에 어떤 순위로 입점할지를 결정할 수 있습니다. 쟁쟁한 경쟁군이 많은 키워드에 고가의 비용을 내고 키워드광고를 했는데 비교 우위를 점하지 못해 광고비만 빠져나가는 일이 많아질 거라면, 또 소비자가 멀리서 문턱을 넘어오기 어려운 지역의 로컬병원이라면 고가의 키워드 상위 노출에 비용 부담을 감수할 필요는 없을 것입니다. 대신 경쟁이 덜 치열한 틈새 지역이나 세부 키워드 연관 검색어 같은 서브 키워드를 운영하면서 키워드별로 양질의 콘텐츠 노출에 좀더 집중할 수도 있습니다.

배너광고는 효용성이 떨어지고 있지만 진료상품의 경쟁이 덜 치열하고 초기시장이라면 고려해볼만 합니다. 모바일에서도 집행되는 배너광고들을 보신 적이 있으실 텐데 타깃 소비자 지역, 노출시간 등 광고 세부 조정이 가능해 보다 효율성을 높일 수도 있습니다.

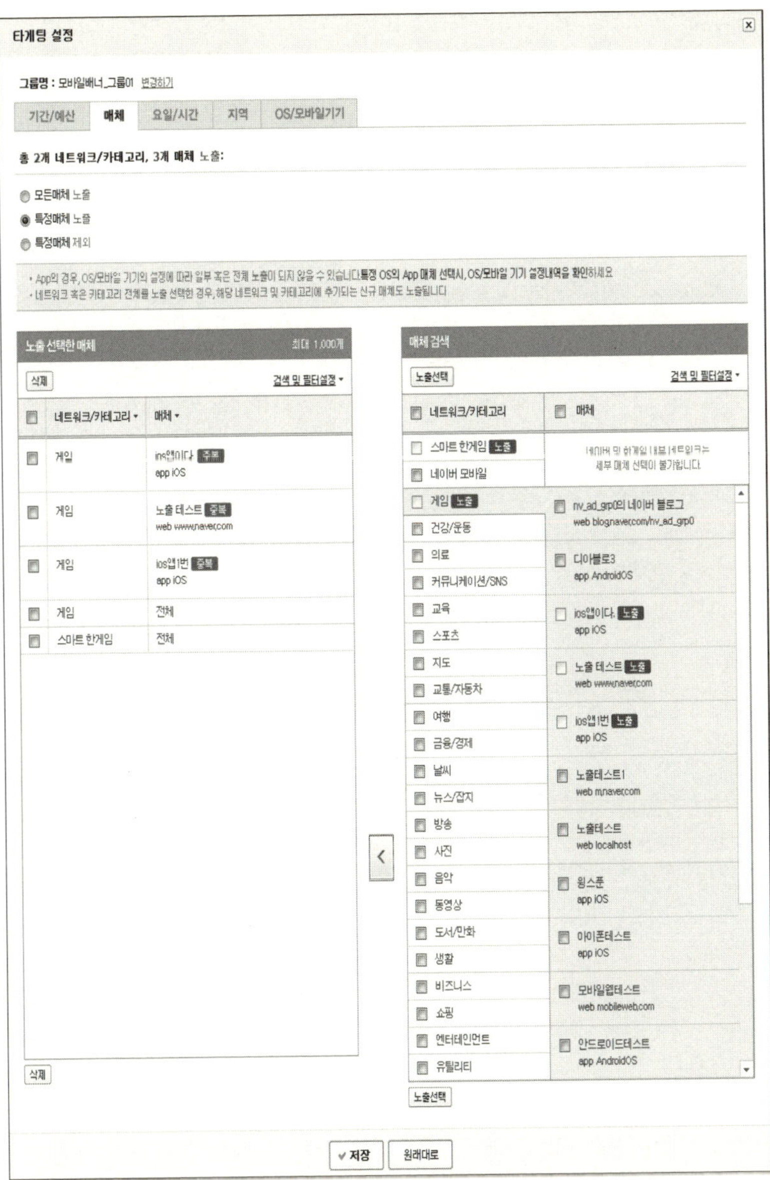
타게팅 설정
그룹명 : 모바일배너_그룹01 변경하기
기간/예산 매체 요일/시간 지역 OS/모바일기기
총 2개 네트워크/카테고리, 3개 매체 노출:
모든매체 노출
특정매체 노출
특정매체 제외
• App의 경우, OS/모바일 기기의 설정에 따라 일부 혹은 전체 노출이 되지 않을 수 있습니다.특정 OS의 App 매체 선택시, OS/모바일 기기 설정내역을 확인하세요
• 네트워크 혹은 카테고리 전체를 노출 선택한 경우, 해당 네트워크 및 카테고리에 추가되는 신규 매체도 노출됩니다
노출 선택한 매체
최대 1,000개
삭제
검색 및 필터설정
네트워크/카테고리 매체
게임 ios앱이다 중복 app iOS
게임 노출 테스트 중복 web www.naver.com
게임 ios앱1번 중복 app iOS
게임 전체
스마트 한게임 전체
삭제
매체 검색
노출선택
검색 및 필터설정
네트워크/카테고리 매체
스마트 한게임 노출
네이버 모바일
게임 노출
건강/운동
의료
커뮤니케이션/SNS
교육
스포츠
지도
교통/자동차
여행
금융/경제
날씨
뉴스/잡지
방송
사진
음악
동영상
도서/만화
생활
비즈니스
쇼핑
엔터테인먼트
유틸리티
네이버 및 하게임 네트워크는 세부 매체 선택이 불가합니다.
nv_ad_grp0의 네이버 블로그 web blog.naver.com/nv_ad_grp0
디아블로3 app AndroidOS
ios앱이다 노출 app iOS
노출 테스트 노출 web www.naver.com
ios앱1번 노출 app iOS
노출테스트1 web m.naver.com
노출테스트 web localhost
윙스푼 app iOS
아이폰테스트 app iOS
모바일웹테스트 web mobileweb.com
안드로이드테스트 app AndroidOS
노출선택
저장 원래대로

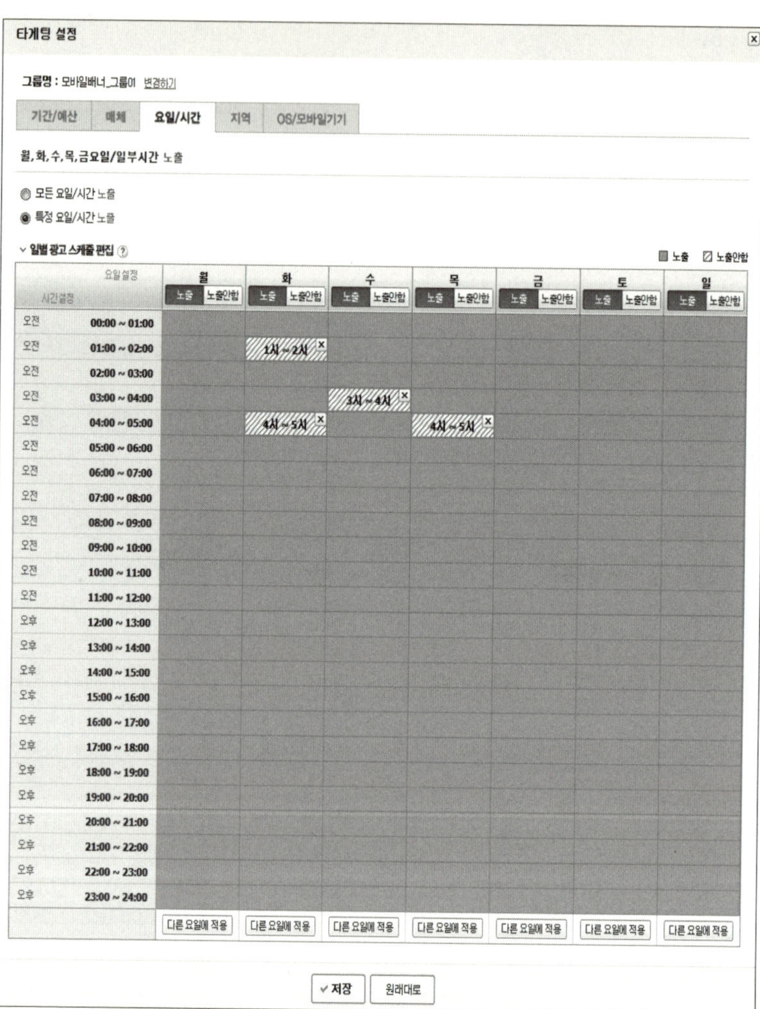

타게팅 설정

그룹명 : 모바일배너_그룹이 변경하기

기간/예산　매체　요일/시간　지역　OS/모바일기기

월,화,수,목,금요일/일부시간 노출

◉ 모든 요일/시간 노출
◉ 특정 요일/시간 노출

▽ 일별 광고 스케줄 편집 ?　　　■ 노출　☑ 노출안함

요일설정
시간설정　월　화　수　목　금　토　일
노출 노출안함

오전　00:00 ~ 01:00
오전　01:00 ~ 02:00　1시 ~ 2시 ✕
오전　02:00 ~ 03:00
오전　03:00 ~ 04:00　3시 ~ 4시 ✕
오전　04:00 ~ 05:00　4시 ~ 5시 ✕　4시 ~ 5시 ✕
오전　05:00 ~ 06:00
오전　06:00 ~ 07:00
오전　07:00 ~ 08:00
오전　08:00 ~ 09:00
오전　09:00 ~ 10:00
오전　10:00 ~ 11:00
오전　11:00 ~ 12:00
오후　12:00 ~ 13:00
오후　13:00 ~ 14:00
오후　14:00 ~ 15:00
오후　15:00 ~ 16:00
오후　16:00 ~ 17:00
오후　17:00 ~ 18:00
오후　18:00 ~ 19:00
오후　19:00 ~ 20:00
오후　20:00 ~ 21:00
오후　21:00 ~ 22:00
오후　22:00 ~ 23:00
오후　23:00 ~ 24:00

다른 요일에 적용　다른 요일에 적용　다른 요일에 적용　다른 요일에 적용　다른 요일에 적용　다른 요일에 적용　다른 요일에 적용

✔ 저장　원래대로

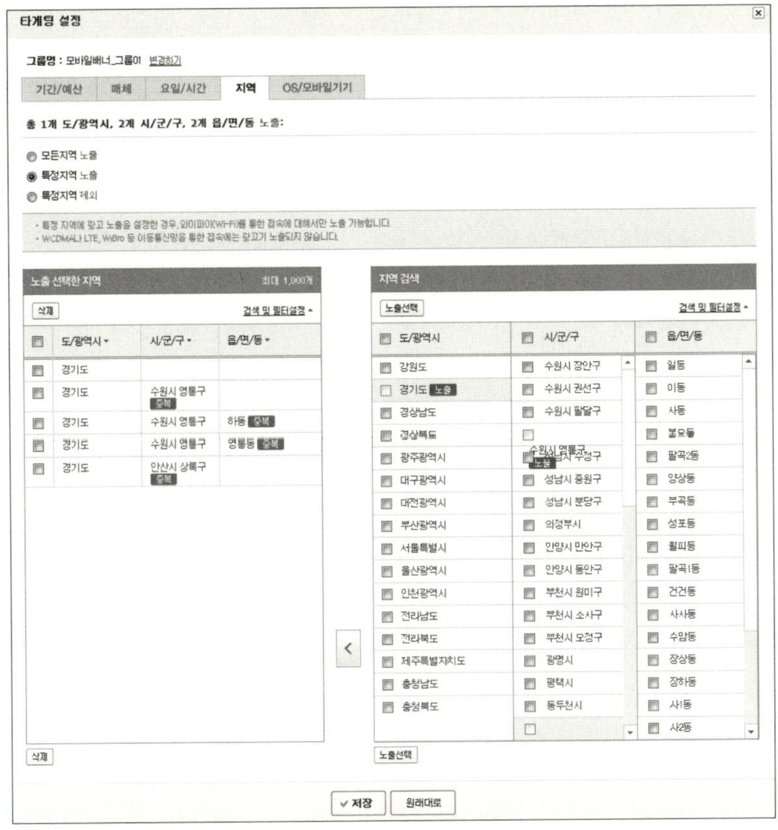

네이버 모바일배너 광고주센터 가이드 내용 일부(2014). 모바일 배너광고를 노출할 매체, 시간대, 지역 등을 선택해 보다 효율성을 높일 수 있습니다.

진료상품에 대한 경쟁력을 양질의 콘텐츠로 제공하는 블로그를 잘 운영하고 있다면 2015년 11월에 의료 키워드가 확대된 네이버의 파워콘텐츠 광고를 이용해볼 수도 있습니다. 진료과의 제한이 있지만요.(현재 안과, 산부인과, 비뇨기과, 일반/종합병원 정도만 진행이 가능하죠.)

마케팅의 효율성을 높이기 위해 키워드광고 클릭시 보여지는 랜딩페이지의 전환률에도 신경을 써서 이탈률과 매몰비용을 줄이는 노력을 해야 합니다. 병원광고를 신뢰하는 소비자는 많지 않습니다. 광고 메시지가 타깃 소비자의 니즈를 자극할 만큼 전략적으로 훌륭해도 랜딩페이지와 병원브랜드 홈페이지에서 신뢰성과 설득력이 받쳐주지 못하면 전환이 이루어지기 힘듭니다. 키워드와 연관성이 높으면서 콘텐츠 퀄리티가 확보된 홈페이지와 랜딩페이지의 콘텐츠가 매우 중요합니다. (콘텐츠에 대해서는 다음 챕터에서 다룹니다.)

앞서 언급한 것처럼 광고 외에 검색되는 양질의 콘텐츠 노출 마케팅을 고려하는 것이 주효합니다. 병원광고에 대한 소비자 반응이 예전만큼 높지 않고 참조사항이 된 현실에서 진정성 있고 병원 진료상품의 차별적 신뢰성을 입증할 수 있는 전략적인 콘텐츠가 소비자를 설득하는 무기가 될 수 있습니다.

효율적인 마케팅을 위해서는 갈수록 이용률이 늘어나는 모바일 환경의 마케팅까지 신경을 써야 합니다. 모바일 검색상황에서 노출되는 검색광고와 콘텐츠 역시 병원에서 기본적으로 운영해야 할 마케팅이 되었습니다.

모바일에서 관심 키워드 검색시의 정보 노출상황을 고려하면 양질의 콘텐츠 노출이 매우 중요함을 실감할 수 있습니다. 키워드에 따라 다르지만 네이버의 경우 검색광고와 파워콘텐츠 광고 외에 블로그, 카페, 지식인, 네이버포스트 등 콘텐츠들이 선별해서 상위노출 되고 있는데 키워드별 노출상황을 사전에 파악하고 이를 염두에 두고 마케팅계획을 짜는 것이 보다 생산적이겠죠. 물론 검색 노출상황(화면)은 시의적이어서 또 바뀌게 되지만 마케팅 집행 전과 진행중 지속적으로 파악해두는 것이 필요합니다.

현재까지 마케팅 목적의 콘텐츠 중 효율성과 생산성이 모두 높은 것은, 키워드 관련 연관성이 높으면서 신선하고 양질의 정보를 잘 전달하는 병원브랜드 블로그입니다. 병원브랜드 블로그는 정보의 유용성과 진정성을 구현할 수 있다면 네티즌의 반응을 통해 상위노출이 가능하고 병원브랜딩과 내원율 제고에 효과적일 수 있습니다. 다양한 키워드별 노출이 대체로 가능하고 네이버의 유료광고인 파워콘텐츠에 포스트로 활용할 소재도 됩니다. 또 비교적 병원 내부 운영이 가능하기 때문에 경제적이고 SNS를 비롯해 다양한 마케팅툴의 콘텐츠 소스로 멀티 활용도 가능합니다.

그러나 병원브랜드 블로그를 마케팅효과가 날 만큼 상위노출 시키기 위해서는 전략적 운영 노하우와 콘텐츠 파워, 매일 꾸준히 포스팅하는 노력과 기대효과를 내기까지 수개월 이상의 인내가 필요합니다.

이러한 조건에 어려움을 겪는 많은 병원들이 이용하는 것이 '블로그 상위노출'이라는 것인데요. 병원 진료상품에 대해 첫 검색화면에 노출시키는 것만을 목적으로 하기 때문에 콘텐츠는 비슷비슷하고 진부한 수준인 경우가 많습니다.

이런 수준의 콘텐츠를 검색상황의 첫 화면에 노출시키는 것만 신경쓰는 이른바 '상위노출 마케팅'은 그 작업을 진행하던 아르바이트생들의 고백이 SNS에 확산된 것에서 보듯 소비자에게 진정성 있게 다가가기 어렵습니다. 병원과 상관없는 블로그 이름에 노출되는 일부 내용이나 타이틀이 비슷비슷해 보이는 '뻔한' 콘텐츠들은 이제 소비자도 분별할 수 있을 정도가 되었습니다. 오히려 노출은 되는데 콘텐츠가 부실한 병원마케팅용 블로그는 병원브랜드 이미지에 악영향을 끼치기도 합니다.

중앙일보에 소개된 대학생 기획보도 수상작 내용 일부로, 성형외과 상위노출 블로그 아르바이트를
체험한 대학생 기자단의 고발 기사가 소개되어 있습니다. 이외에도 상위노출 블로그 글이 진정성 없
는 낚시성 광고글이라는 것이 종종 언론보도를 통해서도 소개되었고, 타깃 소비자들도 알고 있죠.

후기나 광고성 상위노출 블로그는 이미 네이버에서도 퇴출이 가
시화되었는데요. 이러한 상위노출 블로그 콘텐츠에 대해서는 노출
이 되지 않도록 하거나 상위노출이 되었다 해도 빠른 시간 내 끌어내
려지는 상황들이 속출하고 있죠. 또 의료광고법의 확대 적용 대상이
되었다는 점도 주의를 요합니다. 네이버의 파워콘텐츠 광고에 의해
서도 시장에서 경쟁력을 잃게 될 것입니다.

한편 어떤 병원들은 이런 정도의 마케팅 운영조차 예산의 부족을
이유로 어려워할 수 있습니다. 실제로 한두 매체 광고를 집행하는 것

에 머무는 병원들도 많은데요. 가령, 적은 예산을 쪼개어 키워드 검색광고를 기본으로 하면서 온라인 배너광고나 페이스북광고, 또는 블로그 상위노출 마케팅 중에서 한 가지를 추가 진행하는 것이 흔한데요.

마케팅은 경쟁관계에서 우리병원을 선택하게 하는 관문이 되는 만큼 충분한 노출을 위한 어느 정도의 투자는 필요합니다. 노출이 최소화될수록 소비자의 반응을 얻을 기회는 그만큼 줄어드는 것이니까요.

나만 비용 낭비를 최소화하기 위해 우리병원의 성생력, 목표 시상, 경쟁군의 마케팅 상황, 마케팅 비용 지출 능력과 효과의 측면에서 미디어믹스를 하는 것이 필요합니다.

가령, 키워드 검색광고 외에 페이스북광고를 운영하는 것이 지금 우리병원에 생산적인지, 온라인 배너광고를 집행하는 것이 효과적인지 따져보는 것이 필요하겠습니다. 경우에 따라서 페이스북광고가 실질적 고객 유입보다는 브랜딩 효과에 더 강할 수 있고 온라인 배너광고의 클릭이 기대보다 저조할 수도 있답니다.

물론 마케팅툴이 효과적이어도 소비자를 설득해 전환을 일으키기 위한 양질의 콘텐츠가 주요 마케팅툴별로 구비되어야만 이탈률과 매몰비용이 줄어들기 때문에 이에 대한 투자 역시 고려되어야 합니다.

한편 성형, 피부 시술, 시력교정술 등을 운영하는 병원들처럼 성수기와 비수기가 비교적 있는 경우 비수기에는 비용을 절감하기 위해 마케팅을 하지 않는 병원들도 있죠. 그런데 이러한 마케팅 행태는 오히려 마케팅 효율성을 떨어뜨립니다.

성수기는 마케팅 역시 치열한 경쟁상황이 되어 우리병원이 주목을 받기가 더 어려워집니다. 물론 그만큼 마케팅 비용 투자도 늘어나게 되지만 평소 인지가 충분히 이루어진 병원이라면 성수기에 오히려 투자를 과도하게 늘리지 않아도 선택을 받기가 유리해집니다.

이미 체감한 병원들도 있겠습니다만, 마케팅 집행 후 몇 달 뒤 고객 반응이 오는 경우도 흔하기 때문에 비수기에 고객이 움직이지 않을 거란 편협한 생각만으로 마케팅을 중지하기보다 브랜딩에 집중하는 마케팅 전략을 짤 필요가 있습니다. 경쟁군의 마케팅이 활발하지 않은 비수기에 브랜딩 광고를 비롯해 우리병원의 브랜드와 진료상품의 경쟁력에 대한 꾸준한 마케팅을 전개해 관심 고객의 인지를 형성하게 하는 것이 필요합니다.

아울러 비수기에 기존 고객을 대상으로 한 마케팅이나 프로모션을 기획해 내원 동기를 만드는 것도 효율적인 비수기 마케팅 전략이 될 수 있습니다.

한의원에서 비수기에 기존 비만 고객 리턴 프로모션을 위해 참가권을 우송한 사례. 비수기와 성수기가 보다 명확한 병원들은 비수기 브랜딩전략을 고민할 필요가 있습니다.

단기 유입효과만 노리는 마케팅 주의하기

그런데 프로모션으로 단기 유입효과를 노리는 마케팅툴에 의존하는 것은 리스크가 클 수 있습니다.

가령, 병원 상담 고객을 몰아주는 SNS 마케팅 업체들의 CPA 방식(Cost Per Action. 상담신청 같은, 광고주가 원하는 방식의 행동을 소비자가 할 때마다 마케팅 비용을 받는 방식) 프로모션 마케팅들이 눈에 띄는데요. 페이스북이나 카카오스토리에서 주로 병원 진료상품의 할인 프로모션을 홍보하면서 병원 상담 고객 목표 수를 달성하면 책정되었던 모집고객 1인당 비용을 받는 식입니다.

그 효과가 없지는 않으나 이런 방식의 프로모션은 자칫 병원브랜드에 대한 인지도를 높여주지 못하고 프로모션에 의한 시술비용만 주목하게 할 수 있습니다. 또 주의할 것은 저가 할인 마케팅에 의한 병원브랜드의 이미지 왜곡이 발생할 수 있다는 것과 의료법 위반(환자 유인) 혐의 적용을 받을 수 있다는 것입니다.(업체에서 병원명을 공개하지 않고 진행하기는 하지만요.) 신중한 선택을 할 필요가 있습니다.

상담 고객 유입을 목적으로 한 마케팅 중 다양한 파워카페에 회원으로 활동하면서 병원을 홍보하고 시술사례 어필을 통해 상담으로 유도하는 음성적 마케팅도 있죠. 성형, 피부, 라식, 육아, 인테리어, 지역 주부 커뮤니티 등 다양한 종류의 파워카페마다 이러한 병원 마케팅 행태들이 한때 유행하다시피 했으나 카페의 자정 노력과 회원들의 병원마케팅에 대한 자발적 감시 수준이 높아지면서 수그러드는 추세이긴 합니다. 더군다나 2015년 상반기에 블로그나 카페 등 인터넷에서 병원의 치료사례와 후기를 노출하지 못하도록 의료법이 강화되어 자칫 병원브랜드 이미지에 부정적인 영향을 끼치거나 마케팅 활동이 위축될 수 있는 만큼 권하고 싶지는 않습니다.

　카페매니저와의 제휴를 통해 비용을 지불하고 카페에 배너광고나 의료진 상담 코너를 개설하고 카페 회원에게 할인혜택을 주는 식의 카페마케팅도 있죠. 그런데 이러한 카페마케팅은 특정 타깃에 국한되어, 카페 활성화에 따른 신규 고객 증가를 전제로 충분한 기간 운영하지 못하면 기대만큼 파급효과를 거두기 어려운 것이 대부분이고, 자칫 병원에 대한 악소문이 퍼지면 오히려 집중되는 부정적 효과도 있죠.

　CPA 방식의 프로모션 마케팅이나 카페마케팅 같은 단기 유입을 목적으로 하는 타기팅 마케팅에만 올인하는 것은 병원브랜드 성장에 바람직하지 않습니다.

　한편 페이스북이나 온라인상의 광고와 랜딩페이지의 전환 상황도 달라지고 있습니다. 페이스북광고의 좋아요 수나 온라인 광고의 클릭수가 많고 랜딩페이지에 체류하는 시간이 길어도(관심을 가지고 우리 병원의 마케팅콘텐츠를 보았다 해도) 내원을 목적으로 상담 신청을 하는 고객수는 과거와 달리 잘 늘지 않습니다.

　여기서 생소한 용어 ‘전환’에 대해 간단히 말씀드리자면, 마케팅 효과를 측정할 때 주로 사용하는 ‘전환수’, ‘전환률’은 마케팅에 대한 유의미한 소비자 반응을 데이터화한 것입니다. 이를 측정하는 프로그램에 의해 파악되는데요. 이 마케팅 효과 분석 프로그램은 광고 클릭수, 랜딩페이지나 홈페이지 콘텐츠 체류시간, 상담 신청수, 이탈수(률), 전환수(률) 등등을 측정해서 표로 보여줍니다. 이 데이터에 근거해 마케팅 성과가 저조하면(클릭률이 떨어진다든가, 체류시간이 매우 짧다든가, 상담신청 고객수가 미비하다든가) 광고나 랜딩페이지, 상담DB창(상담신청 고객이 자신의 정보를 남기고 신청 버튼을 누르는 형태 같은 것이죠.) 등을 수정, 교체하죠.

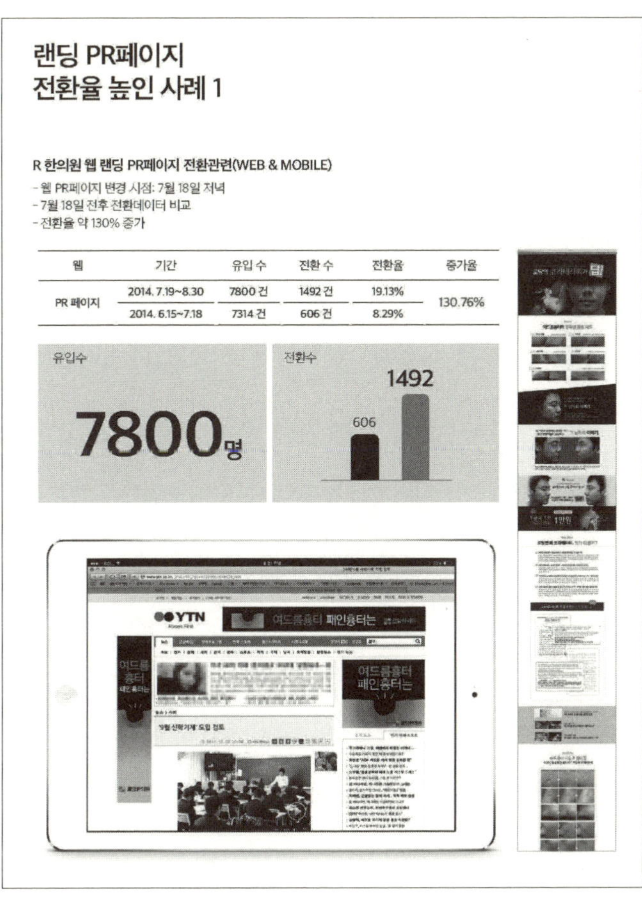

웹	기간	유입 수	전환 수	전환율	증가율
PR 페이지	2014. 7.19~8.30	7800 건	1492 건	19.13%	130.76%
	2014. 6.15~7.18	7314 건	606 건	8.29%	

병원광고와 랜딩페이지 집행시 전환률을 체크해 결과가 저조하면 광고나 랜딩페이지를 수정해 변경 전후 전환률의 차이를 파악할 수 있습니다.

어쨌든 광고 클릭률과 랜딩페이지 체류시간이 양호한데도 상담 DB창에 고객 DB를 잘 남기지 않게 되는 것은 보다 나은 조건의 병원들을 탐색하는 행태(그만큼 병원마케팅의 경쟁상황이 치열하니까요), 소비자 개인별 고려사항들(다른 곳에 지출할 일, 지인의 평가와 개입, 진료상품이나 병원과 관련한 부정적 뉴스 발견 등등)에 의한 지연과 포기 등 다양한 원인들에 의해서입니다. 예약을 한 고객들의 취소율 역시 그와 유사한 해석이 가능합니다. 그간 많은 병원들을 다양하게 관찰해온 바 그렇습니다.

그런데 기존 병원마케팅 계에서는 집행하고 있는 마케팅의 전환 기준을 상담 고객수로 정하는 경우가 많습니다. 병원 매출 증대를 위해 확보해야 하는 신규 구매고객의 전단계로, 마케팅에 의해 창출되는 잠재고객층인 상담 신청 고객은 물론 중요한 데이터입니다만, 병원 진료상품 구매를 생각하는 소비자(잠재소비자의 일부)조차 다양한 이유로 상담신청을 당장 하지 않는 상황들이 발생하는 이때에 기존 '전환'의 의미는 재고되어야 할 것입니다.

유튜브는 2012년말부터 검색과 추천 동영상 선정 기준을 조회수에서 시청시간으로 바꾸었답니다. 실수로 클릭되거나 자연재생되거나 낚시성 영상에 의한 클릭 등 전환이 이루어지지 않는 허수를 제외하고 실제 효과를 측정하기 위해서는 마케팅 콘텐츠를 조회수가 아닌 체류시간을 기준으로 관리해야 하기 때문입니다. 이는 병원마케팅에도 시사하는 바가 큽니다.

체류시간이 길다는 것은 그만큼 병원에 대한 차별적 인식을 형성할 수 있다는 얘기이고 브랜딩 효과를 보고 있다는 얘기입니다. 그리고 당장은 아니어도 추후에 상담 전환이 일어나는 계기가 될 수 있습니다. 실제로 클라이언트 병원들 중 종종 마케팅 집행 한달 이후부터 상담신청 양이 느는 경우들이 있었습니다.

이제는 마케팅툴 집행에 비용을 투여해서 다이렉트로 바로바로 효과를 볼 수 있는 시기가 더 이상 아니라는 것을 염두에 두어야 할 것입니다.

브랜딩을 고려한 마케팅 전략 짜기

그럼에도 불구하고 다수의 병원들은 적은 마케팅 예산과 당장 매출 증대의 절실함을 이유로 진료상품 구매 직전의 타깃 소비자 대상 단기 유입성 마케팅을 전개하는 일이 일반적인데요. 병원브랜드의 차별적 인식을 형성하는 것보다 경쟁군과 유사한 진료상품 메시지의 병원광고나 마케팅 콘텐츠를 '노출' 시키는 것에 더 신경을 씁니다.

그러나 병원브랜드의 차별적 이미지 형성을 위한 마케팅(브랜딩 목적의 마케팅)을 지속적으로 함으로써 병원브랜드의 로열티를 형성하는 것이 마케팅 효과면에서도 중요합니다.

사실 고객 유입률 증대와 브랜딩의 성공은 동전의 앞뒷면과 같은 것입니다. 소비자가 우리병원 마케팅에 반응을 보이고 전환이 일어난다는 것은 비교 탐색하는 경쟁병원들보다 차별적 신뢰를 느끼게 되었기 때문이고 그런 인식 형성은 결국 우리병원을 경쟁군과 구별하게 하는 브랜딩의 일환이기 때문입니다.

따라서 대외·원내의 병원브랜드 광고와 브랜딩 목적의 콘텐츠 지속 공급, 병원브랜드 포지셔닝이 잘 구현된 홈페이지 구축과 홍보, 병원브랜드 로열티 강화를 위한 프로모션 등 브랜딩 목적의 마케팅을 지속적으로 전개해 병원이 지향하는 시장범위에서 리더 브랜드, 또는 인지도 높은 브랜드가 되는 것이 마케팅 효과면에서뿐 아니라 병원의 장기적 성장 측면에서 필요합니다.

이와 관련해 마케팅의 패러다임이 변화하고 있음을 알 필요가 있습니다. 이제 마케팅은 '푸시'가 아니고 '넛지(nudge. '(팔꿈치로) 슬쩍 찌르다', '주의를 환기시키다'라는 뜻의 이 말은 미국 시카고대 행동경제학자 리처드 탈러와 법률가 캐스 선스타인의 공저 《넛지(Nudge)》란 책을 통해 '타인의 선택을 유도하는 부드러운 개입' 이란 의미의 마케팅 용어로 이슈가 되었습니다. 금지와 명령, 인센티브에 의한 강제 유도 등의 관행적 마케팅이 아닌 소비자의 자율적 선택에 대한 존중을 전제로 더 나은 선택을 돕는 자연스러운 가이딩 차원으로 마케팅을 진행하는 것입니다.)' 라는 것을 염두에 두시기 바랍니다. 병원의 일방적 홍보형 마케팅보다 소비자 스스로 우리병원을 좋아하게 할 전략적 준비들을 해두고 언제든 소비자가 우리병원과 관련한 검색을 하게 되었을 때 자발적으로 우리병원에 더 큰 신뢰를 갖게 하는 것이 훨씬 더 중요하다는 것입니다.

"이 진료상품은 우리병원에서 구매해. 이 사례를 보라고. 훌륭하잖아. 어서 상담해. 이것 사면 할인해준다." 이런 식의 병원광고는 식상할 정도로 넘쳐나고 있습니다. 그리고 진실은 광고와 다를 수 있다는 것이 병원 소비자들의 상식이 되었죠. 음성적 병원마케팅의 실태가 언론매체와 인터넷에서 널리 알려지고 병원마케팅 목적의 정보와 광고는 소비자가 경계하고 있습니다.

평소에 카카오스토리, 페이스북, 트위터 같은 SNS나 병원브랜드 블로그, 미디어 뉴스 등을 통해 소비자에게 유익하고 신뢰할 수 있는 (진료, 질환, 병원 관련) 콘텐츠와 정보들이 지속적으로 보인다면 그를 통해 병원브랜드에 대한 호감이 생겨나 차별적인 브랜드로 인식됩니다.

실제로 병원브랜드 블로그나 페이스북을 잘 운영해 방문자수와 상담수가 꽤 높은 병원들이 있습니다. 고객과 그린라이트를 켜게 된 이 병원들은 매출과 성장에서도 우수합니다,

대외적인 마케팅들과 상담, 내원, 병원브랜드 체험 등 전 고객접점에서 브랜딩전략을 바탕으로 넛지마케팅을 꾸준히 실현함으로써 브랜드 로열티를 강화하고 매출의 선순환을 일으킬 수 있습니다.

이제 병원마케팅도 이러한 넛지마케팅을 중시해야 합니다. 기존의 마케팅툴에서 유입을 목적으로 한 병원마케팅을 하는 것이 병원마케팅의 전부가 될 수 없습니다. 구매 직전의 타깃 소비자 외에 당장 구매 의사는 없지만 언젠가 구매를 하게 되거나 주위에 구매를 유도하게 할 '잠재 소비자'에게까지 병원브랜딩을 바탕으로 한 지속적 마케팅 커뮤니케이션이 이루어져야 합니다.

버스나 지하철 같은 오프라인 매체의 병원브랜드 광고는, 실시간 전환을 이룰 수 있는 온라인마케팅과는 다른 효과가 있죠. 충분한 반복 노출에 의해 잠재 소비자에게도 병원브랜드의 이미지를 구체적으로 형성하게 합니다.

야구장이나 축구장, 골프장, 기차역사, 공항청사, 지역구에서 운영하는 현수막 광고, 엘리베이터 내 LCD광고 같은 것도 병원브랜딩 광고용 매체로 볼 수 있습니다. 과거 병원마케팅을 잘 모르는 병원과 업체들에서 이러한 매체들에 광고를 집행하고 마케팅 효과가 없다고 투덜대는 해프닝들도 있었는데요. 지금은 브랜딩 측면에서 이러한 매체광고를 운영하는 병원들도 있습니다.

이 브랜드 광고도 앞서 말씀드린 넛지마케팅 추세에서 무시될 수 없습니다. 신뢰할 수 있는 오프라인 매체에 차별적인 크리에이티브를 구현한 병원브랜드 광고는 차별적 신뢰 형성에 기여합니다. 병원에 적합한 매체를 선정해 지속적인 노출이 이루어지도록 투자가 필요하죠.

그런데 이러한 브랜딩을 위한 마케팅(SNS, 인터넷상의 마케팅 커뮤니케이션과 오프라인 매체 광고 등)을 하게 되면 반드시 온라인의 병원브랜드 검색상황을 사전에 관리해놓아야 합니다. 광고나 콘텐츠를 보고 관심이 생긴 소비자가 병원이름을 검색했을 때 보이는 병원 웹사이트에 대한 안내문구, 병원홈페이지, 블로그나 카페, 뉴스 등 노출되는 콘텐츠 내용이 병원브랜드 포지셔닝에 적합하게 구현되어 있는지, 충분히 다양하고 매력적인 어필이 되고 있는지 등에 대해 체크하고 보완해야 합니다. 물론 모바일 검색상황도 마찬가지로 말입니다.

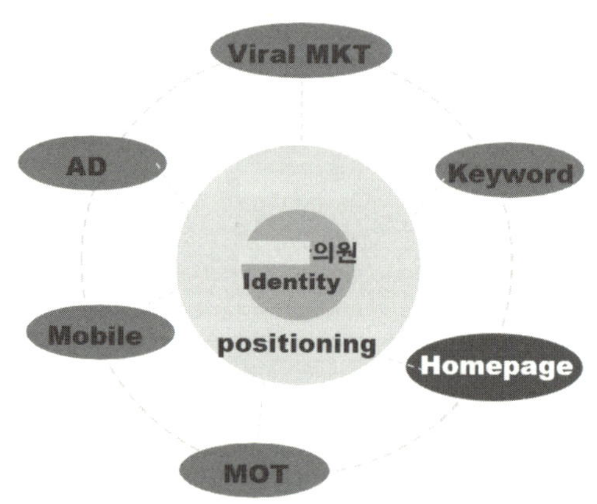

다양한 고객접점에서 일관된 신뢰를 보여주는 브랜딩 목적의 마케팅이 중요합니다.

잠재소비자에서 타깃 소비자로 변화되고 구매까지의 다양한 접점을 거치게 되는 일련의 과정에서 우리병원 브랜드가 경쟁군과 차별화된 가치를 일관성 있게 보여줄 마케팅 전략이 개발되어 적용되어야 합니다. 이 브랜딩 목적 마케팅의 통합적 운영과 관리가 이루어져야 우리병원은 소비자에게 경쟁군과 구별되는 브랜드로 인식된답니다.

틈새 마케팅 활용하기

병원마케팅의 일반적 행태인 광고와 검색시 상위노출 마케팅 콘텐츠 외에 간접적인 마케팅 효과니 병원브랜딩 효과를 내는 틈새 마케팅들이 있습니다.

'네이버 지식인' 이나 '다음미디어 팁' 같이 타깃 소비자들이 질환 관련 게시한 질문에 성심껏 답변을 다는 일도 그중 하나죠. '하이닥' 의료진으로 등록해서 '네이버 지식인' 에 "의사 답변"이란 타이틀과 함께 의료진 얼굴, 이름, 경력(심지어 경우에 따라 병원명, 전화번호까지) 등을 배너로 내건 상태로 답변을 달 수도 있고, 그렇지 않을 때도 답변 내용이 성의 있을 뿐 아니라 특별하게 느껴진다면 채택률이 높아져 질문자 외에 유사 니즈를 가진 소비자들의 검색에서도 관심과 공유를 일으킬 수 있습니다.

그런데 어떤 병원들은 아르바이트를 고용해 답변을 기계적으로 처리하는 우를 범하기도 하는데요. 이러한 행태는 병원브랜드에 부정적 이미지를 형성할 수 있으니 주의하세요.

키워드 검색 화면 중간 이하에 노출되는 이미지나 동영상에서도 퀄리티와 특별함이 느껴지는 자료들이 노출된다면 간접 마케팅 효과를 볼 수 있습니다.

그러나 병원이 블로그나 카페에 게재해 검색되는 이미지나 영상의 상당수는 의료진 설명과 병원 인테리어, 진료장면 등 천편일률적인 모습의 고정된 화면으로 차별화되기 어렵고 소비자의 반향을 일으키기에 미비한 점들이 많죠.

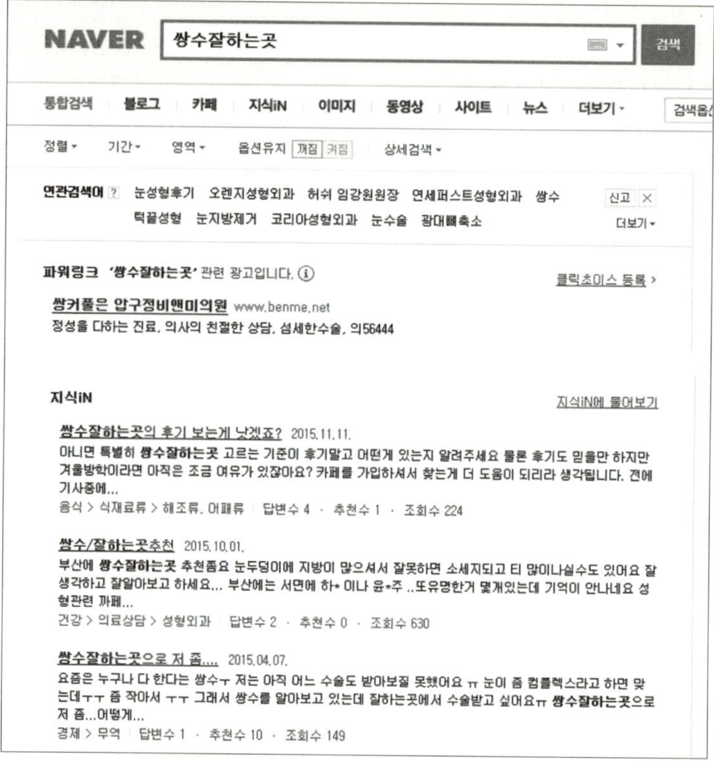

웹문서

쌍수잘하는곳 아무리봐도 여기야! 2015.07.21.
쌍수잘하는곳 아름다운세상성형외과의 노하우로 절개 없이 쌍수가 가능하다고 하니, 흉터 걱정 없이 쌍수 할
수 있겠죠? 쌍수잘하는곳의 노하우로 말이에요^^* 쌍수잘하는곳의 명성에 맞게...
http://www.ppomppu.co.kr/zboard/view.php?id=ppomppu7&no....   사이트 내 검색

쌍수 원진 쌍수잘하는곳 요길 쌍수 WONJIN 쌍수잘하는곳 - 이지데이
하는데요~ 쌍수잘하는곳 홈페이지가보니까 괜찮은 쌍수후기들이 많아서 잘하는것 같은 느낌이 팍팍오더라
구요! 김유홍ㅋㅋㅋㅋ아..내가얼마나순수한데.진심 유홍해지고싶다..넘순수해서. 쌍수는...
https://www.ezday.co.kr/bbs/view_board.html?q_id_info=1...   사이트 내 검색   저장된 페이지

핫한 쌍수잘하는곳 원하시는 분이 많아서 정보를 알아보았어요. - 대안공간
나무성형외과에서 쌍수를 받았는데요 ㅎㅎ;; 제가 워낙 눈꼬리가 처지고..눈이 작아서 저도 많은 성형외과를
찾다가 결정한 곳 입니다! 물론... 강남 쌍수 잘하는곳 ※ ... 강남쌍수잘하는곳 어떻게...
http://www.spacemaru.com/cc.php?tf=3f8f7a7a2b82355abf07....   사이트 내 검색   저장된 페이지

웹문서 더보기 >

사이트   사이트 검색등록

쌍수후기 모바일 hershe9.modoo.at modoo!
쌍수후기,쌍꺼풀수술,눈성형잘하는병원,눈성형외과유명한곳

아름다운사람성형외과 까페 cafe.naver.com/cys722
쌍수후기 학생쌍수 눈재수술유명한곳 안검하수눈매교정 매몰법잘하는곳 뒷트임밑트임

동영상   동영상 신고하기

광주 쌍수 잘하는···
2주 전
네이버 블로그

서면 노블레스성형···
2달 전
판도라TV

서면 노블레스성형···
1달 전
판도라TV

분당쌍수잘하는곳,···
8달 전
판도라TV

키워드 검색상황마다 차이들이 있지만 검색광고 아래 블로그나 카페 노출 외에도 지식인, 웹문서, 이미지나 동영상 노출이 이루어지는데 이 부분들 역시 마케팅 영역에서 전략적으로 운영할 필요가 있습니다.

병원들 중에는 유튜브에 동영상을 올리고 페이스북에도 소개하는 등 영상 노출은 열심인데 병원 입장에서 홍보용으로 제작한 영상들이 많아 소비자에게 반응을 일으키기 어려운 경우들이 많습니다.

사실 영상은 SNS나 인터넷상에서 나름 바이럴 효과를 일으킬 수도 있는 만큼 전략과 크리에이티브에 신경을 써서 개발해보는 것이 좋습니다.

비용을 들이지 않고 병원 홈페이지 내 특정 페이지를 키워드 검색

화면에 노출시키는 '웹문서 노출'도 틈새 마케팅의 하나인데요. "네이버 웹마스터도구"를 검색해서 해당 웹페이지에서 로그인한 후 병원 웹사이트 소유 확인 인증절차를 거쳐 메타 태그를 복사해 HTML 파일의 〈head〉 요소 안에 붙여 넣는 등의 방법입니다. 무슨 소리인지 모르시겠다면 네이버에 '네이버 웹마스터도구'를 검색해 확인하거나 홈페이지 프로그래머에게 요청할 수 있습니다. 보장성은 아니어서 노출이 안될 수도 있지만 경쟁이 덜 치열한 틈새 키워드를 공략해볼 수 있습니다.

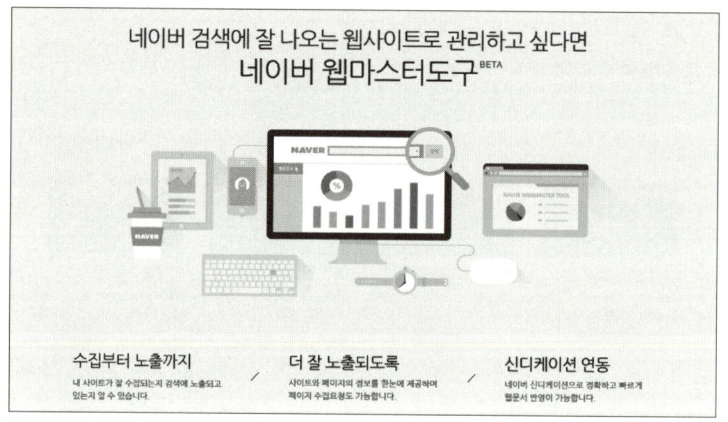

네이버 웹마스터도구 안내 페이지

키워드 검색에서 네이버 지도에 병원을 노출시키는 것은 특히 내과, 가정의학과, 치과, 소아청소년과, 이비인후과, 비뇨기과, 산부인과, 한의원의 (특정 수술·시술 상품이 아닌) 질환 진료상품처럼 시장이 지역으로 한정된 경우 가까운 진료과 병원들을 선호하는 소비자 대상으로 나름 유용할 수 있습니다.

이밖에 주로 모바일 검색에서 노출되는 '네이버 포스트', 잡지의 관련 콘텐츠가 이미지와 함께 노출되는 '네이버 매거진', 의료진이 저술한 책 등이 검색되는 상황도 서브 마케팅으로 참조할 수 있겠습니다만, 이러한 마케팅은 이용 소비자가 상대적으로 많지 않아 병원이 마케팅을 효율적으로 운영하는 데 자원과 운영 노하우가 충분치 않으면 무리해서 한꺼번에 많은 매체를 운영할 필요는 없습니다. 이들 마케팅툴 역시 정보의 유용성과 신선도, 콘텐츠 파워가 받쳐주지 않으면 에너지만 낭비될 수 있습니다. (마케팅별 각 콘텐츠와 크리에이티브에 대해서는 다른 챕터에서 상세히 다루겠습니다.)

실제 병원마케팅에서 중요하지만 병원이 간과하고 형식적으로 처리하는 것이 바로 고객 상담 답변입니다. 대외마케팅에 의해 고객이 우리병원에 대해 관심을 가진 후 실제적 구매로 이어지는 중요한 가교역할을 하는 것이 바로 고객 상담 답변인 만큼 매우 중요한 마케팅이라 할 수 있습니다.

비용이나 진료에 대해 병원에 상담문의를 하는 고객들에게 담당 스태프가 카톡이나 홈페이지 상담게시판, 또는 비용문자나 전화 통화로 답변을 할 때 질문에 대한 간단한 정보만 전달하기보다 우리병원의 브랜딩 측면에서 전략적으로 공을 들이는 것이 주효합니다.

가령, 비용에 대한 답변을 줄 때 정해진 비용을 알리는 것에서 끝내지 말고 비용에 대한 우리병원 진료의 가치를 간결하게 어필하는 내용을 추가할 수 있습니다. 우리병원의 진료로 인해 얻게 되는 이득을 구체적으로 소개할 수도 있고 진료 후의 책임 있는 관리를 어필할 수도 있죠. 또 상담 내용 중 의료진 답변이 필요한 것은 일단 와봐야 알겠다는 무성의해 보이는 답보다는 의료진이 최대한 상세히 직접 답변을 함으로써 병원브랜드에 대한 신뢰도와 호감도를 제고할 수도 있습니다.

　잠재고객과의 일대일 상담 형태의 커뮤니케이션은 생각보다 큰 효과를 발휘합니다. 홈페이지 외에도 페이스북이나 카카오스토리 같은 SNS나 블로그 같은 병원브랜드 커뮤니티에서 차별화된 답변을 고려해보세요. 물론 호객행위와는 구별하셔야겠죠.

수년전 비용문의 고객에게 병원 가치를 어필한 비용메일을 개발한 적이 있었습니다. 물론 이제는 고객 수신동의가 없으면 위법이 되니 주의하셔야 하지만 가치를 자연스럽게 구체적으로 설득할 수 있는 답변이 전략적으로 준비될 필요가 있습니다.

구매시점 마케팅 전략 짜기

　상담을 위해 내원한 고객 대상의 마케팅 역시 매우 중요합니다. 경쟁병원으로 이탈할 가능성을 낮추고 기꺼이 진료 구매결정을 하는 결정적 장소가 병원 내부니까요.

　대기실에 놓여있는, 가독성이 떨어지는 병원홍보물(홈페이지에서도 볼 수 있는 고객 후기나 사례사진, 의료진의 칼럼, 지역 매체의 기사성 광고 스크랩 등)보다 신선하고 유용한 관심 진료 정보들이 가독성 있게 구성된 자료집, 고객의 마음을 움직일 상담자료, 고객이 관심 깃는 의료진과 진료상품에 내한 내부 광고, 병원브랜드의 신뢰성을 전달하는 브랜드 광고, 2차 구매나 지인 소개를 유발할 수 있는 병원의 다양한 진료상품에 대한 효과적인 자료 등 병원 내부 마케팅 역시 전략적으로 운영한다면 적은 비용으로 쏠쏠한 마케팅 효과를 기대할 수 있습니다. (병원 내부 마케팅은 다른 챕터에서 상세히 다룹니다.)

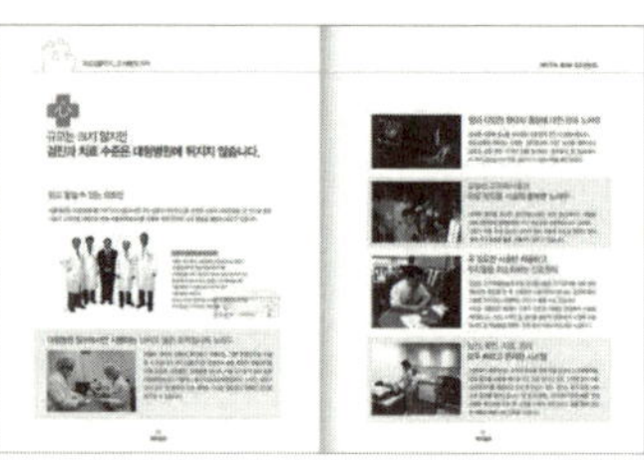

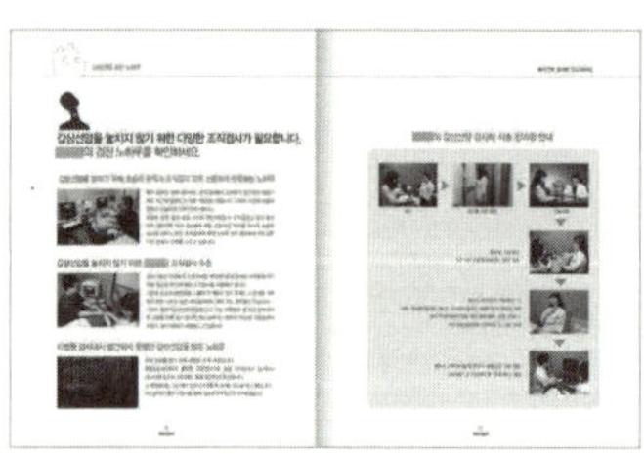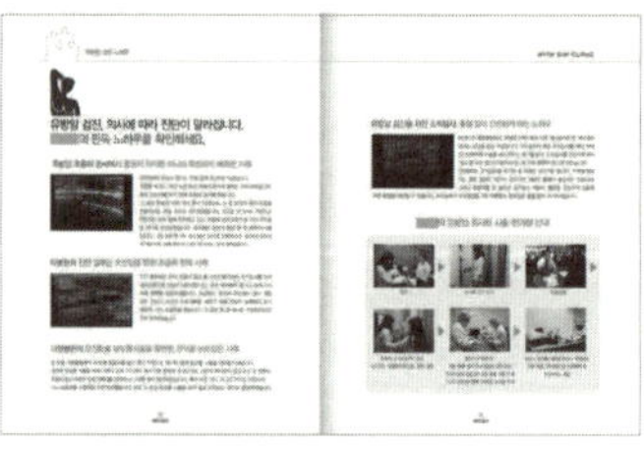

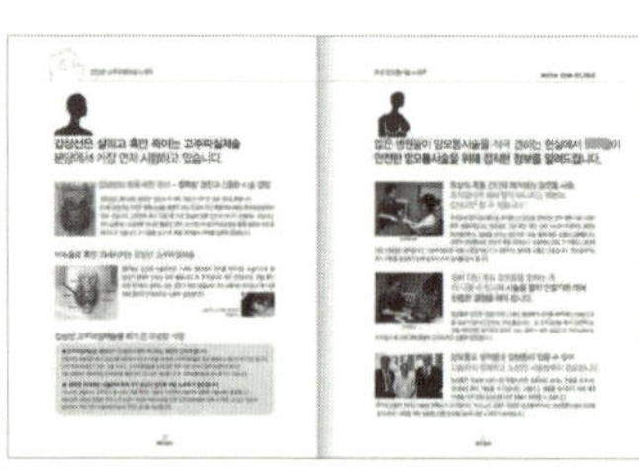

대기하는 내원고객이 병원브랜드에 대해 확신을 갖게 할 브랜드스토리텔링과 진료 경쟁력에 대한 유용한 팩트들로 구성된 가독성 높은 메디컬 애드버토리얼 북(줄여서 MAC book)을 개발한 사례.

병원 내부 곳곳에 적절한 내부광고나 포스터는 병원브랜드의 신뢰성과 마케팅에 효과적일 수 있습니다.

기존 고객의 2차 구매나 소개율 제고를 위한 마케팅 역시 병원에서 관심을 가질 만합니다. 시술 위주의 병원들은 한 번 시술 받고 우리병원을 찾지 않는다고 고객 관리를 등한시하는 경향이 있는데요. 그것은 마케팅을 단기 구매를 위한 것으로만 이해하는 편협한 시각입니다. 고객에게 병원브랜드 로열티에 대해 확실하게 각인시킬 수 있는 마케팅을 통해 주위 소개와 입소문을 유발하게 함으로써 마케팅의 선순환을 일으키는 것이 중요합니다. 앞서 말씀드린 것처럼 일시적 푸시형 마케팅은 한계가 있습니다.

기존 고객의 병원에 대한 만족스러운 체험을 마케팅 소스로 정리하는 것, 다른 진료상품으로의 구매 유도를 적절한 시점에 자연스럽게 어필하는 것, 기존 시술에 대한 보완이나 후케어 서비스를 통해 병원브랜드의 로열티를 확실하게 각인시키는 것, 가족 단위 관리와 서비스를 통해 병원브랜드의 지속적 이용을 유도하는 것 등 고객을 대상으로 해야 할 마케팅 활동이 다양합니다. (고객마케팅 역시 병원 내부 마케팅을 다루는 챕터에서 상세히 다룹니다.)

이처럼 병원마케팅은 여러분의 생각보다 다양하고 창의적입니다. 단, 병원마케팅의 기본은 병원브랜드 포지셔닝을 전제로 통합적인 마케팅 전략을 세워 신뢰를 일관되게 조성하는 것임을 잊지 마시기 바랍니다.

병원마케팅 전략 실행과 피드백

통합마케팅 전략을 짠 후 주로 온·오프라인 매체들을 통해 마케팅을 실행하게 되는데요. 이때 마케팅 목표를 전제로 경제성과 효율성을 고려해야 합니다.

경제성을 고려한 마케팅 실행

병원의 마케팅 목표에 도달하기 위한 실행 과정에서 발생할 수 있는 비용 낭비를 최소화하고 목표에 도달하는 데 필요한 마케팅 예산을 합리적으로 짜는 것이 중요합니다.

마케팅 투여 비용과 손실 방지의 기준을 도출하기 위해 ROI(Return On Investment 투자수익률의 의미지만 마케팅계에서는 투여한 광고비나 마케팅 투자비용 대비 목표 성과율로 이해하시면 됩니다.)에 의해 도식적으로 산출하기도 합니다. 가령, 특정 마케팅을 진행하는 진료상품의 객단가(1인 고객이 대상 진료상품에 대해 지불하는 평균 구매가)를 매출 단위로 설정해서 이 객단가의 매출이 발생하기까지 우리병원의 마케팅 집행비 대비 상담 전환 수, 상담 전환 수 대비 내원 수, 내원 수 대비 진료상품 구매율을 각 평균값으로 산출해보고 최소 매출을 일으키기 위한 최소 마케팅 비용의 기준을 정해보는 것입니다.

이해를 돕기 위해 쉬운 예를 들어보자면, 우리병원이 키워드의 검색광고를 하는 시술상품의 객단가는 50만원이고 내원 고객 중 진료상품을 구매하는 비율은 평균 50%(보통 정도의 차이는 있지만 내원했다고 진료상품을 모두 구매하는 것이 아니라 고객 이탈이 일어나죠.)인데 광고 전환에 의한 상담 고객이 내원하는 비율은 60%, 광고를 보고 상담 신청을 한 고객은 50%라고 합시다. 50만원의 매출을 일으키기 위해 최소 2명(구매율이 50%라면)이 내원을 해야 하고 2명이 내원하려면 상담 고객수가 약 3.3명(상담 고객의 내원율이 60%라면)은 되어야 하고 상담 고객 약 3.3명을 확보하려면 (광고의 전환, 그러니까 광고를 클릭해서 상담신청을 하는 비율이 50%라면) 약 6.6명 이상이 키워드광고를 클릭해야 하는데 이 키워드광고 클릭 단가가 5000원(키워드 순위, 입찰가, 품질지수를 고려해 정한 키워드광고라 전제하고)이면 약 33,000원 정도의 키워드광고 한 가지 집행비(키워드광고는 CPC 방식, 그러니까 소비자가 광고를 한 번 클릭할 때마다 광고비가 지출되는 방식으로 운영되죠.)를 투자해 기본 매출을 일으킬 수 있다는 얘기가 됩니다. (여기서 키워드광고 문구 개발비 등은 투자되는 광고비에 포함되지 않았습니다. 정확성을 기하려면 광고제작비도 역시 투자비에 포함되어야 합니다.)

또 위의 예에서 투자 비용에 비해 매출이 기준대로 일어나지 못하면 ROI는 그만큼 낮아지겠죠. 그렇다면 각 마케팅 실행 과정을 점검해 수정 보완을 해야 합니다. 가령, 광고 클릭률이 저조하면 키워드광고의 검색어나 순위, 광고문구를 바꿔서 집행해보고, 전환률이 저조하면 랜딩페이지(광고 클릭 후 보게 되는 웹페이지)의 경쟁력을 높이고 상담창을 적극 활용하도록 수정하는 등의 보완을 할 수 있어야겠죠. 내원율이 저조하면 내원 전 고객 접점에서의 문제를 살피고 스태프의 응대력이나 내원 결정을 돕는 액션을 고민해야 하고 또는 그 사이 경쟁병원으로의 이탈 가능성이 있는지 점검할 필요도 있죠.(사실 이런 일들은 흔히 일이납니다. 병원을 차별화시키는 브랜딩의 노력이 저조하기 때문에….) 진료상품 구매율이 저조하면 역시 해당 접점을 보완하는 노력을 해야 합니다.

물론 이러한 노력은 마케팅 목표에 도달하지 못하는 매몰비용이 늘 때만 고민할 것은 아니죠. 늘 주요 접점에서 마케팅의 생산성을 높이기 위한 노력과 고민은 이루어져야 합니다.

그런데 위 예는 이해를 돕기 위해 비현실적으로 간단한 마케팅 실행상황을 가정한 것입니다. 또한 이러한 기계적 산출방식은 마케터마다 다소 차이도 있는 듯합니다. ROI에 대한 견해 차이들이 있는데 기준이 되는 광고를 비롯한 마케팅의 성과를 내원율로 보는 이들도 있고 광고나 마케팅콘텐츠 도달률 또는 노출률로 보는 경우들도 있고 전환률로 보는 경우도 있습니다. 심지어 매출률로 보는 경우도 있죠.

이는 광고를 비롯한 대외적 마케팅에 대한 현재의 기능과 효과를 어떻게 파악하고 있는지에 대한 마케터의 인식에 따른 차이로 보입니다.

1. 광고 운영안

어드플 홍터 페이스북광고예산안

내원율	어드플홍터 객단가	ROI	DB 10기당 광고비	예상내원수	예상매출액	CPA
10%	1,200,000	600%	200,000	1	1,200,000	20,000
		240%	500,000	1	1,200,000	50,000
		200%	600,000	1	1,200,000	60,000
7%	1,200,000	420%	200,000	0.7	840,000	20,000
		280%	300,000	0.7	840,000	30,000
		210%	400,000	0.7	840,000	40,000

상세설명>
어드플 홍터 페이스북 광고 진행시 내원율 7%~10%까지에 객단가 1200000원을 바탕으로 운영할때 매출에 연결시키기 위해서는 한 개의 DB당거지는데 들어는 비용을 최대 6만원(내원율10%시), 4만원(내원율7%시)를 넘지 않는것이 좋을 것으로 보입니다. 이는 광고대비수익률을 최소 200%를 염두해둔 수치입니다. 만원론으로 광고를 운영해실 경우에는 7% 내원율을 바탕으로 DB당 광고비가 2만원을 넘고있는지 체크하셔서 광고 효과성을 체크하시면 좋을 것으로 보입니다. 또한 매출의 성과는 내원율 얼마나 유도하는지에 달려 있기 때문에 예약과 내원과 추가 시술 유도로 견롱하는 병원내부의 노력이 동반되어야 함을 인지해주시기 바랍니다.

광고 집행에서 매출 발생까지 도식적 기준 산출에 의해 마케팅을 운영하는 사례

광고 등의 마케팅은 이제 단기적인 매출 발생보다는 병원브랜드에 대한 인식을 형성하는 것(도달 또는 전환)에 성과의 초점이 맞춰져 있어야 합니다. 가령, 페이스북광고를 보고 관심이 가서 상담신청을 한 고객이 내원을 하는 비율은 높지 않은 편으로, 상담 신청을 하고 예약을 해도 (광고의 문제가 아닌) 다양한 변수와 고객 사정으로 내원이 취소되고 경쟁군으로의 이탈도 빈번히 일어납니다. 내원율 역시 정교히 파악하지 못하고 10%, 7% 이런 식의 가설을 임의로 적용해서 계산하기도 합니다. 또 내원한 고객도 100% 진료상품 구매를 한다고 보장할 수 없습니다. 따라서 광고를 비롯한 대외적 마케팅의 성과 측정에 대한 도식적 산출의 기준을 내원율이나 매출률로 보는 것은 이제 어불성설입니다.

아직도 병원이나 마케팅업체들 중 매출을 대외적 마케팅의 유일한 목표로 당연시하는 편협하고 구태의연한 인식은 교정되어야 합니다. 그러한 행태로 인해 매출이 저조하면 전환률이 괜찮아도 그 마케팅은 중단되고 더 이상 해서는 안되는 것으로 인식되는데 당장의 매출 증대보다 중요한 브랜딩 효과(잠재고객의 인식에 우리병원 브랜드가 들어가는 것이 중요하니까요.)를 고려할 때 신중하지 못한 처사가 될 수 있습니다.

실제 병원마케팅의 운영은 이런 도식적 과정보다 더 다양하고 복잡한 요인들을 포함하고 있죠. 동시에 진행하는 온 · 오프라인 마케팅툴들이 여러 개이고 키워드광고 하나만 보더라도 신료상품별로 수 개에서 수십 개의 키워드별로 운영하는 병원들이 많기 때문에 마케팅 목표에 도달하기까지의 다양한 마케팅 실행 과정별로, 또 시너지 효과나 상관성을 고려할 때 정확한 평가와 측정은 사실 어렵죠.

가령, 오프라인 매체의 병원광고를 보고 온라인에서 병원을 검색한 고객이 내원해서 유입 경로를 묻는 스태프에게 온라인 검색으로 왔다고 대답하면 오프라인 광고의 효과는 쉽게 사장되어 버립니다. 이런 식의 병원 내부 기본 체크만으로 정확한 마케팅 효과를 측정하기는 어렵습니다.

또한 병원이 다양한 마케팅에서 각 주요 구매 과정별로 고객 행태에 대한 평균 수치(앞의 예와 유사하게)를 파악하고 있어야 그나마 마케팅 투여 비용 대비 손실과 수익에 대한 산출이 어느 정도 이루어질 텐데 그러한 고객 데이터를 운영하는 병원은 정말 많지 않습니다. 마케팅뿐 아니라 병원브랜딩 전반에 걸쳐 고객의 행태를 객관적으로 파악하는 노력은 중요합니다만, 이에 대한 인식을 병원들 대부분은 아직 하지 못하고 있죠.

만약 이런 고객 데이터를 운영하고 있다 해도 마케팅은 늘 다양한 변수에 의한 변화가 일어날 수 있기에 이런 산출방법을 고정적으로 운영하는 것은 비합리적일 수 있습니다. 가령, 강력한 경쟁군에 의한 고객 이탈률의 심화, 진료상품이나 병원에 대해 급작스럽게 형성된 악성 여론, 진료상품이 성숙시장으로 접어들어 치열한 가격경쟁이 예고되는 경우, 특정 매체에 대한 소비자 이용의 저조 등을 포함해 다양한 진료상품 경쟁상황의 변화와 마케팅 환경의 새로운 변수들이 기존의 우리병원 마케팅 운영틀을 흔들 것입니다.

이런 도식적인 마케팅 운영틀은 또한 눈에 보이지 않는 마케팅툴들의 영향력을 무시하게 합니다. 가령, 페이스북이나 카카오스토리의 콘텐츠 공유, 블로그 콘텐츠 확산, 오프라인 매체의 브랜딩 광고 등 꾸준한 브랜딩 차원의 마케팅을 통해 병원브랜드에 대한 인식과 차별적 신뢰도가 제고된 상황에서 진료상품에 대한 마케팅을 실행했을 때 효과가 더 크지만, 상대적으로 마케팅 효과 측정의 로직이 명확한 온라인 광고에 한정된 효과 측정만으로 다양한 마케팅 실행에 의한 효과를 정확히 평가 할 수 없다는 것입니다.

그럼에도 불구하고 다양한 마케팅의 실행에서부터 매출에 이르기까지 과정별 요인들을 전제로 비용 대비 손익에 대한 기준을 생각해서 손실을 최소화하고 효과를 높이는 마케팅 운영을 하는 합리적인 방법을 모색하고 마련하는 노력은 필요합니다.

그 한 예로, 앞서 소개한 온라인 광고 효과의 도식적인 측정 외에 오프라인 광고, 바이럴마케팅, 환자 소개 유도 마케팅 등에 의한 효과를 일차적으로 파악할 수 있는 것은 병원 웹사이트(홈페이지) 검색양과 유입 양의 증가 여부입니다. 이상의 마케팅을 집행한 이후 병원브랜드에 대한 검색과 홈페이지 유입의 변화가 미비하다면 타깃 소비자에게 광고 도달의 문제가 있거나 바이럴마케팅의 콘텐츠 설득력이 떨어진다거나 하는 문제가 있지 않은지 점검해봐야 합니다.

물론 타깃소비자가 홈페이지에 유입되었다 해도 머무는 시간이 극히 짧고 상담 전환이 이루어지지 않으면 마케팅 효과에 도달하지 못하는 매몰비용이 늘게 됩니다. 홈페이지 요소들을 점검해 전환율을 높일 수 있는 보완이 필요하죠. (홈페이지에 대해서는 다음 챕터에서 다룹니다.)

한편 페이스북이나 온라인 광고처럼 온라인 마케팅 툴에 따라 타깃 소비자에 대한 지역, 연령, 성별, 노출 시간대 등을 조절해 경제적으로 운영하는 것도 고려할 수 있습니다.

키워드 검색광고 역시 지속적인 피드백을 통해 키워드 변화나 노출 순위 조정 등 전환률 제고를 위한 관리가 필요하죠.

마케팅 예산이 한정되어 있다면 모바일 마케팅 상황을 체크하면서 PC 기반 마케팅보다 모바일 마케팅에 더 투자해야 하는지 판단할 필요도 있습니다.

이상에서 언급한 것과 같이 다양한 마케팅의 경제적 실행에 대한 고려를 하지 못하는 병원이 마케팅 업체에만 의존해서 비용 지출 위주의 보고만 받는다면 효과 대비 적지 않은 마케팅 비용이 낭비되는 사태를 방지하기 어려워집니다. 업체만 바꿔서 다시 우를 범할 가능성도 있죠. 실제 그런 사례들이 적지 않습니다.

한 가지 더 짚고 넘어가자면, 마케팅의 실행에서 낭비되는 비용을 아끼는 것은 유용하지만 마케팅의 눈에 보이지 않는 효과 발생에 대한 투자까지 사장해서는 안될 것입니다. 단기 유입 마케팅 외에 브랜딩을 위한 마케팅들의 꾸준한 투자와 노력으로 병원브랜드를 튼튼히 하고 마케팅의 시너지 효과를 창출해야 합니다.

효율성을 고려한 마케팅 실행

마케팅 실행에서 효율성을 제고하는 일은 마케팅의 예상되는 효과를 최대화하기 위한 노력을 의미합니다.

그러나 항간에는 마케팅 효율성을 추구하기 위해 마케팅 실행에 유능한 병원마케팅 대행사를 찾는 일에만 열심인 병원들이 있습니다. 매출이 정체되는가 싶으면 업체를 갈아치울 뿐이죠.

그런가 하면 마케팅을 병원 내부에서 하겠다는 의지로 담당자를 영입해 전담시켜 보지만 담당자의 경험이나 전문성의 부족으로 편협한 마케팅툴 몇 가지 운영하는 수준을 벗어나지 못하기도 합니다. 또는 담당자는 어느새 마케팅 외에 행정 지원이나 다른 업무 지원까지 하느라 마케팅 업무를 소홀히 하게 되고 그러다 병원을 떠나기도 합니다.

또는 원장이 직접 마케팅 방법을 배워 운영해보기도 합니다. 온라인 키워드광고, 페이스북광고 등은 이제 운영 로직이 쉽고 친절해져서 충분히 가능하죠. 그러나 문제는 기술만 알고 통합마케팅 전략이 부재한 상태에서 주관적 감으로 운영한다는 것이죠. 마케팅 실행의 디테일한 관리 역시 시간을 충분히 투여하기 어려운 사정과 미숙함으로 인해 제대로 되지 않아 마케팅 효과를 내지 못하고 비용 낭비가 생기곤 합니다. 반응이 있으면 더 투자하고 반응이 없는 것 같으면 꺼버리기만 하는 단순하고 단기적인 운영에 치우치면 결국 마케팅의 효율성은 전체적으로 떨어집니다.

가령, 페이스북광고의 좋아요 수가 많아졌다고 페이스북광고에 집중하고 온라인 검색광고나 검색 마케팅 콘텐츠 노출을 등한시하는 등 불균형적인 마케팅을 운영하면 실제 구매를 목전에 두고 정보를 검색하는 타깃 소비자에게 병원브랜드의 인지와 설득의 기회를 놓치게 되어 마케팅 효율성이 떨어지게 됩니다.

이상의 마케팅 효과를 최대화하기 위한 노력과 거리가 먼 병원 내 행태들은 마케팅을 잘 모르고 통합마케팅 전략에서 실행과 피드백까지 마케팅 전 과정의 전문성과 집중적 운영의 중요성을 간과하기 때문입니다. 통합마케팅 전략과 병원마케팅 둘별 실행은 전문가와 살하는 업체들에게 의뢰하더라도 통합 운영과 관리의 중심축은 병원이 되어야 합니다. 그러려면 병원 내 마케팅 교육과 전담인력 운영에 대한 투자도 필요합니다.

마케팅 효율성과 관련해 또 알아야 할 것은, 반응이 괜찮은 광고나 마케팅 콘텐츠들은 타깃 소비자에게 충분히 전달되어야 할 뿐 아니라 적절한 기간 이상으로 운영하지 않도록 유의해야 한다는 것입니다. 초기 반응이 괜찮다고 평가된 광고나 마케팅 콘텐츠를 장기간 적용하면 이 역시 마케팅의 효율성이 떨어지기 때문입니다.

광고효과의 wear-out(광고효과의 마모성) 현상이 발생한다는 것을 유념할 필요가 있습니다. 광고에 오랫동안 반복 노출된 소비자는 광고를 무시하고 지겨워하고 짜증을 내게 된다는 것입니다. 인간의 인지 기능과도 연관이 있는 것인데요. 뇌는 새로운 자극에 의해 인지를 일으키고 적절한 반복 또는 강한 임팩트에 의해 장기 기억으로 넘어가는데 지나친 반복 인지는 불필요한 것으로 인식해 인지가 일어나지 않고 회피하게 됩니다.

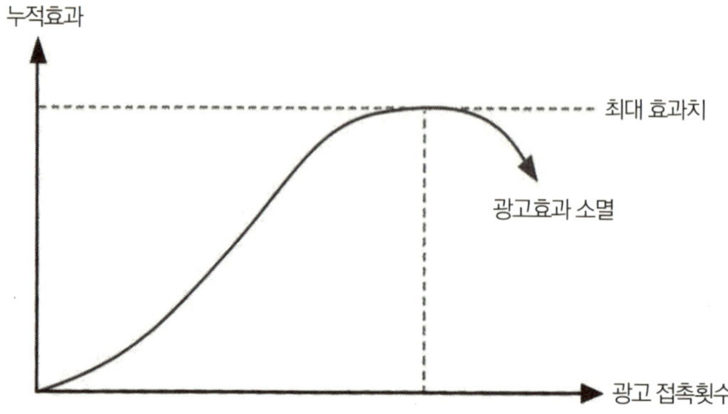

광고가 지나치게 오래 노출되었을 때 광고효과의 wear-out(광고효과의 마모성) 현상이 발생하게 됩니다.

병원의 광고나 마케팅 콘텐츠 노출과 전달 역시 이러한 점을 고려해서 적절한 집행 시기를 결정할 필요가 있습니다. 가령, 버스에 동일한 광고를 1년 이상 집행하거나 여성지에 동일한 광고를 몇 년씩 집행하는 병원들, 버스 내 음성광고, 지하철 광고 등을 장기간 적용해온 병원들, 페이스북광고를 오랫동안 적용해온 병원들은 광고 교체나 마케팅 전략의 수정을 고려할 필요가 있습니다.

이와 반대로 타깃 소비자에게 도달하는 기간이 불충분한 것 역시 문제가 됩니다. 효과를 일으키지 못하고 비용(매몰비용)만 투자되니까요. 개인이 광고나 마케팅 콘텐츠를 한 번 봤다고 인지와 액션이 일어나기에 충분하다고 할 수는 없습니다. 통상 개인이 3회 정도 볼 수 있어야 마케팅에 의한 인식 형성과 액션이 이루어질 수 있다고 합니다. 그래서 TV CF를 집행하는 기업 브랜드광고의 경우 이를 고려해 통상 3개월 이내로 매체 집행을 하는데요.

병원은 공중파 광고도 안되고 대체로 정해져 있는 온오프라인 마케팅툴들을 이용해 매체 집행을 하기 때문에 매체 집행기간은 기업 브랜드보다 좀더 늘리는 것이 좋습니다.

여성지에 광고를 한 병원들이 광고 집행 달보다 그 다음달 상담 문의가 이루어지는 경험들을 하기도 하는데 병원이 생각하는 것처럼 마케팅에 의해 소비자 액션이 바로 유발되지 않는 경우도 많습니다. 마케팅에 노출돼 병원브랜드에 대한 정보탐색을 마쳤다 해도 심사숙고하고 망설이고 또는 다른 이유로 유보하는 등의 행태들을 보이며 훨씬 뒤에 상담이 이루어지기도 합니다. 따라서 충분한 인식의 형성이 주효하겠습니다.

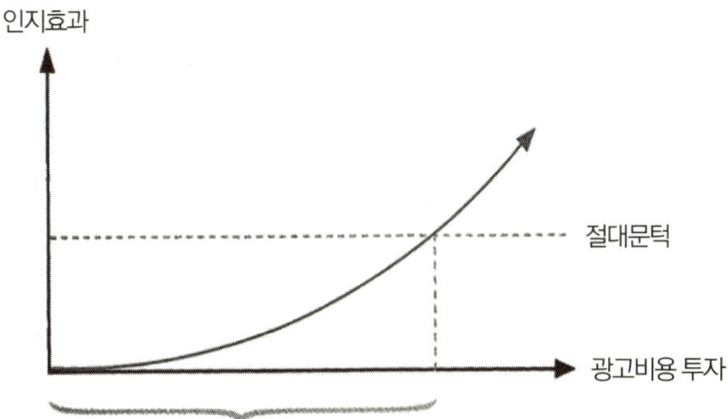

지나치게 많이 노출되는 광고도 문제지만 충분한 노출이 이루어지지 못해도 매몰비용이 발생하게 됩니다.

병원마다 마케팅 상황과 도달률 등 효과가 다를 수 있기 때문에 매체 집행기간을 획일적으로 말할 수는 없지만 오프라인 광고의 경우 보통 4~6개월 이내로 매체 집행을 고려하고, 온라인 광고를 포함해 마케팅 전반에 대해 소비자 반응에 대한 피드백을 통해 운영을 조정하는 것이 현재로서는 나은 방법입니다.

매체 효과 측정에서 노출률을 어필하는 이들도 있는데 노출이 된다고 효과가 동시에 발생하는 것이 아니고 노출보다 도달률, 궁극적으로 소비자의 액션을 유도하는 효과가 중요합니다. 가령, 온라인 키워드 검색광고가 온라인상에서 노출만 되고 클릭이 이루어지지 않는 것은 무의미합니다. 관심을 두지 않아 지나쳐버린 병원 키워드 광고를 인지하는 소비자는 없으니까요.

이와 비슷한 맥락으로 온라인 배너광고도 기사나 웹사이트 내 노출되고 있다고 해서 인지가 되는 것이 아닙니다.

한편 병원마케팅은 통합전략에 의한 운영이 기본 전제입니다. 이제 소비자의 정보에 대한 탐색과 병원 선택의 행태는 병원광고에 의해 완결되지 않습니다.

키워드 검색광고를 운영해도 모바일 검색상황의 마케팅 콘텐츠 노출까지 함께 진행하는 것이 효과적입니다. 또 진료상품 유입 마케팅 외에 온오프라인 매체에 병원브랜드 광고나 브랜딩을 위한 마케팅 콘텐츠를 지속적으로 운영하는 것이 시너지 효과를 냅니다. 소개나 마케팅 콘텐츠에 의해 병원 웹사이트를 검색하는 상황에서도 노출되는 병원 정보가 홈페이지 외에 미비하기보다 다양한 양질의 정보들과 홍보 뉴스 등이 보여지는 것이 시너지 효과를 냅니다. 병원브랜딩 차원의 마케팅을 병행해 병원을 신중히 탐색하는 소비자들에게 차별적 신뢰의 가중치를 주어야 합니다.

그래서 마케팅 효율성에 대한 관리를 할 때 소비자 접점에서 유기적으로 결합된 마케팅툴들의 믹스에 의한 시너지 효과까지 함께 관리해야 합니다. 역으로, 진행하는 마케팅 관련 병원브랜딩 콘텐츠 미비나 다른 진료상품 콘텐츠 부각에 의한 혼란으로 인해, 진행하는 마케팅의 효과가 떨어질 가능성도 있기 때문에 가급적 마케팅 진행 전 미리 소비자 접점의 병원마케팅 툴에 대해 살피고 대비하는 것이 필요합니다.

마케팅툴을 운영함에 있어서 확산과 효율성 제고의 효과를 노리는 것도 주효합니다. 가령, 지식인 답변, 블로그, 온라인뉴스, SNS 콘텐츠 등 다양한 콘텐츠들이 관심을 받을 수 있다면 SNS, 블로그, 카페, 네이버포스트 등 다양한 콘텐츠 터미널로 확산이 빠르게 이루어질 수 있습니다. 언급한 공유하기 버튼들이 콘텐츠마다 하단에 생성되어 있죠.

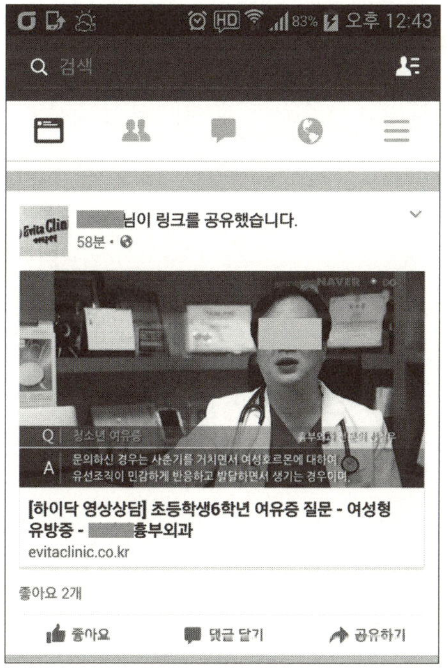

병원브랜드 영상을 온라인 검색상황과 SNS 등 다각적으로 노출해야 바이럴 효과가 더 커집니다. 단, 영상 컨텐츠의 질과 검색 키워드의 전략적 활용이 전제되었을 때의 이야기입니다.

또 마케팅 효과가 괜찮을 것 같은 동영상을 기획 제작했지만 유튜브에만 올려놓으면 생각보다 바이럴효과가 크지 않을 수 있습니다. SNS나 블로그, 카페, 홈페이지 특정 콘텐츠로 다각적 활용을 함으로써 효과를 최대한 끌어올릴 수 있습니다.

인스타그램, 네이버폴라, 카카오스토리, 블로그 태그 등에서 해시태그(단어 앞에 # 기호를 붙여 검색어 기능을 하게 하는 것)를 활용해 검색에 의한 유입효과를 낼 수 있으니 이웃 추가, 맞팔, 소식받기 활성화를 위한 노력과 함께 참조하세요.

마케팅 전략을 개발해 실행을 하고 있는 와중에도 효율성을 높이기 위한 고민은 이어지는 것이 좋습니다. 소비자와 경쟁군들의 마케팅 관련 변화된 상황이나 병원에 유리한 또는 불리한 정보와 이슈 등 병원마케팅 효과에 영향을 미칠 요인들을 지속적으로 관찰하면서 조정하고 대비해야 마케팅 효율성이 커집니다.

마케팅 실행에 대한 피드백과 관리

마케팅 실행 결과에 대한 피드백을 제대로 하기 위해서는 마케팅 집행 전에 이미 어떤 데이터들을 관리할 것인지에 대해 파악이 되어 있어야 합니다.

특히 '마케팅 피드백 시트'를 만들어 마케팅 툴별 소비자 반응(가령, 온라인 광고 전환율, 오프라인매체 광고의 인지율, SNS 마케팅 콘텐츠 발행과 블로그에 대한 반응, 마케팅 집행 후의 병원브랜드 온라인 검색량과 병원홈페이지 로그분석 결과 등)에 대한 지속적 체크와 보완 관리를 해나가는 것이 좋습니다.

이 마케팅 피드백 시트는 주 단위, 월 단위, 집행기간 전체별로 한눈에 볼 수 있게도 정리해서 마케팅 동향을 파악하고 마케팅 전체 관리의 측면에서 세부 마케팅툴별 조정이 이루어지도록 하는 것이 효과적입니다. 가령, 온라인 배너광고 전환율이 떨어지는 추이를 피드백 시트를 통해 파악하고 배너광고 예산을 검색량이 느는 모바일 마케팅으로 옮기는 식의 조정 같은 것이죠.

　마케팅 피드백 시트는 병원의 운영상황에 맞춰 짜보세요. 시트의 내용들이 마케팅 조정과 전략에 반영될 만한 유용한 데이터들로 구성될 수 있도록 고민하고 시행착오를 겪더라도 꾸준히 작성해보면 확실한 노하우가 생기게 됩니다.

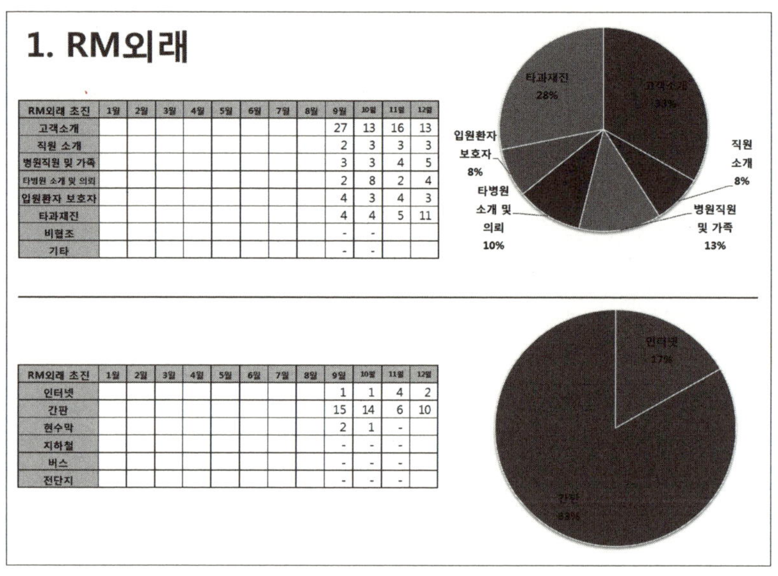

1. RM외래

RM외래 초진	1월	2월	3월	4월	5월	6월	7월	8월	9월	10월	11월	12월
고객소개									27	13	16	13
직원 소개									2	3	3	3
병원직원 및 가족									3	3	4	5
타병원 소개 및 의뢰									2	8	2	4
입원환자 보호자									4	3	4	3
타과재진									4	4	5	11
비협조									-	-		
기타									-	-		

RM외래 초진	1월	2월	3월	4월	5월	6월	7월	8월	9월	10월	11월	12월
인터넷									1	1	4	2
간판									15	14	6	10
현수막									2	1	-	
지하철									-	-	-	
버스									-	-	-	
전단지									-	-	-	

병원 내부 담당자의 월별 신환 유입경로 통계표와 그래픽 데이터가 담긴 마케팅 피드백 시트. 각 마케팅툴마다 항목별 피드백 자료 외에 월별 추이를 파악할 수 있는 이러한 자료도 필요합니다.

　그런데 마케팅 실행의 피드백에서 마케팅 집행 후 상담으로 유도되는 전환율 같은 성과만 체크하기보다 모든 마케팅 운영을 포함한 브랜딩을 통해 형성된 소비자의 병원브랜드에 대한 인식과 이미지에 대해서도 파악하는 것이 주효합니다. 조사 결과 고객 인식이 병원마케팅 목적에 부합하지 않는 점이 있거나 병원브랜드 포지셔닝 효과가 제대로 이루어지지 못했다면 그에 대한 수정과 보완의 마케팅을 고민해야 합니다.

이러한 고객 인식에 대한 조사는 고객 표본 대상들을 선정해서 유의미한 관련 질문들을 면담이나 설문을 통해 정기적으로 해나가는 FGI(Focus Group Interview)도 유용하겠습니다. 응답 고객에게 소정의 베니핏을 제공하더라도 병원브랜딩과 마케팅의 합목적적이고 현실적인 운영을 위해 주효한 피드백 과정입니다.

병원마케팅의 특성상 타깃 소비자가 우리병원의 마케팅에 의해 상담신청을 한 후 구매결정이 완료될 때까지 이탈률을 줄이기 위해 주요 접점들에서 노력하는 것 또한 대외적 마케팅 못지않게 주효합니다. 따라서 이러한 고객 접점별 마케팅 효과와 시너지 효과를 측정하는 것 역시 마케팅 피드백에서 빠뜨릴 수 없죠. 가령, 대외마케팅 효과에 비해 구매 결정률이 높지 않거나 진료 예약 취소율이 높다면 그 원인을 추적해보고 문제를 찾아내 보완하거나 구매결정률을 높이기 위한 아이디어를 고민해야겠죠. (이와 관련한 내부마케팅과 MOT에 대해서는 다른 챕터에서 다룹니다.)

마케팅 전략을 세워서 실행하는 과정 못지않게 피드백 과정도 만만치 않은가요? 병원마케팅의 피드백은 병원브랜딩과 마케팅 기획의 기초 자료이며, 병원의 소중한 비용과 인적 자원을 투여하는 마케팅에서 매몰비용을 최소화하고 효과를 제고하기 위한 근거자료이므로 세세하고 전략적인 노력이 필요할 수밖에요.

Part Ⅳ 병원홈페이지 전략적으로 개발하기

홈페이지는 병원브랜딩 전략을 반영한 마케팅의 기본 툴이기 때문에 차별화와 소비자 설득력의 우위성을 잘 구현했느냐가 무엇보다 관건입니다.

병원홈페이지에 대한 바른 관점 갖기

　병원이 홈페이지를 만드는 데 드는 비용은 다양합니다. 템플릿을 이용하거나 인테리어 업체에게 '협찬' 받다시피 해서 수십만 원에 만들기도 하고 이펙트가 화려한 홈페이지나 PC와 모바일 환경 모두에서 동일하게 보이는 이른바 '반응형 웹' 버전의 홈페이지를 1억 원 내외로 만들기도 하고 말이죠. 심지어 네이버 모두(modoo) 같은 무료 제작이 가능한 홈페이지도 있죠.

　그러나 병원홈페이지에서 가장 중요한 것은 비용과 보여지는 디자인 형태가 아닙니다. 홈페이지는 병원브랜딩 전략을 반영한 마케팅의 기본 툴이기 때문에 차별화와 소비자 설득력의 우위성을 잘 구현했느냐가 무엇보다 관건입니다.

홈페이지, 병원브랜딩 차원의 마케팅 툴이란 관점으로 보기

홈페이지를 브랜딩 차원의 마케팅 툴이라 한 것은 우리병원의 아이덴티티, 전략적 진료상품 구성, 현재 지향해야 하는 병원브랜드 포지셔닝 전략과 통합마케팅 전략 등이 홈페이지에 반영되어 있어야 하고 홈페이지를 통해 잠재고객층이 우리병원 브랜드에 대한 차별적 인식을 갖게 해야 하기 때문입니다.

또한 병원브랜드 홈페이지는 다양한 병원광고나 마케팅 콘텐츠의 최종 게이트로서 병원 내원이나 상담을 결정하기 전 마지막 탐색지이기 때문에 진행하는 마케팅과의 일관성과 함께, 경쟁군보다 우위의 설득력을 갖춰야 합니다. 무엇이? 소비자가 보고 있는 병원브랜드 홈페이지의 관심 콘텐츠들이 말이죠.

그런데 다수의 병원과 홈페이지 제작업체들이 홈페이지에 대해 과별로 일정한 콘텐츠를 바탕에 두고 디자인 경쟁을 하는 것처럼 인식하고 있습니다. 개원을 준비하면서 홈페이지 제작을 의뢰할 때 기본적으로 이런 질문을 하곤 합니다. "**과는 얼마나 하셨나요?" 또 제작업체 중에는 우리는 이 진료과 홈페이지를 많이 만들어봐서 병원에서 특별히 준비하지 않아도 충분히 개발할 수 있다고도 합니다.

홈페이지가 병원 고유의 브랜드 아이덴티티를 바탕으로 경쟁병원들과의 비교 탐색 상황에서 차별적 인식을 형성하는 것이어야 한다는 것을 안다면 이런 얘기들이 더 이상 안나오겠죠. 그러나 병원홈페이지 중 메인페이지 디자인은 신경 썼지만 의료진 같은 병원 핵심가치를 소개하는 페이지나 진료상품 소개 페이지에서 병원의 차별적 인식을 형성하는 것은 실패한 경우들을 참 많이 봅니다.

당장의 병원홈페이지 비용을 절감하는 것보다 실제 마케팅 효과를 일으킬 수 있고 궁극적으로 병원브랜드의 차별적 인식을 형성하게 하는 병원브랜드 홈페이지를 구축하는 것이 병원 성장에 더 큰 이익임을 특히 개원이나 홈페이지 리뉴얼을 목적에 둔 병원 원장과 담당자는 아셔야 할 것입니다. 물론 지금 병원홈페이지를 살펴보고 우리병원만의 차별적 경쟁력이 느껴지지 않는다면 리뉴얼을 적극 고려하시는 것이 좋습니다.

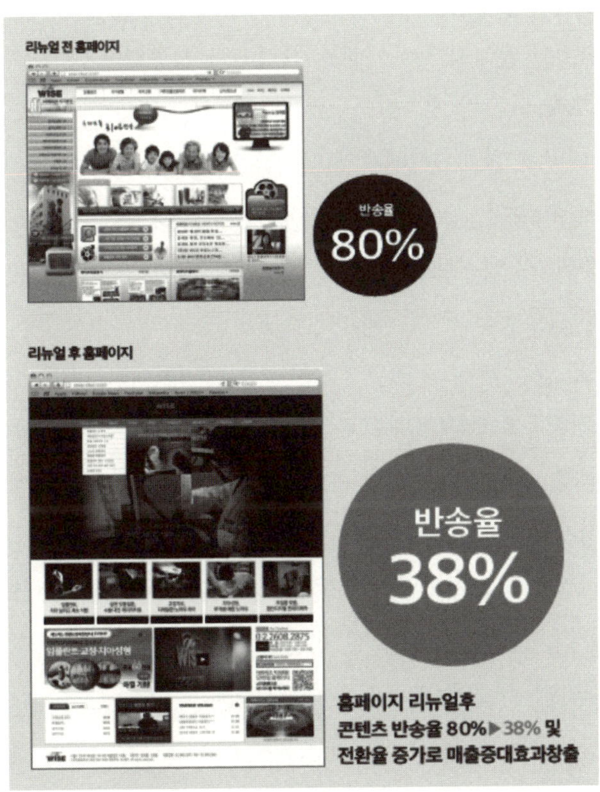

한 치과병원홈페이지 리뉴얼 전과 후의 로그분석 결과 병원브랜드 홈페이지로 리뉴얼 된 후 이탈률이 크게 줄고 전환률이 크게 향상된 것을 알 수 있었습니다.

홈페이지 개발 전 만만찮은 준비가 필요하다는 인식 하기

앞서 병원홈페이지가 브랜딩의 툴로 인식되어야 한다는 말씀을 드렸는데요. 그렇기 때문에 홈페이지 개발을 위해서도 병원브랜딩 전략이 선개발되어 반영되는 것이 바람직합니다. 병원브랜드의 아이덴티티와 포지셔닝 전략을 무시하고, 전개되는 마케팅과의 일관성이 약한 채 평이한 진료상품 나열이나 단기 이벤트만 어필하고 있는 홈페이지는 생명력이 짧습니다. 병원브랜드에 대한 왜곡된 인식을 형성시키고 변별력이 떨어지거나 이벤트 가격에만 집중하게 해 마케팅 역효과를 낼 수도 있습니다.

지금 귀원의 홈페이지에서 전달되는 병원브랜드의 이미지는 어떻습니까? 우리병원의 아이덴티티와 포지셔닝 방향에 적합하게 구현되어 있습니까? 병원브랜드에 대한 이미지를 집중시키는 메인페이지 메인배너, 진료상품 하이어라키(진료상품 hierarchy : 병원브랜딩 전략을 반영해 진료상품을 계층적으로 구성하는 것)를 반영한 메뉴바(주로 홈페이지 상단에 고정되어 홈페이지의 모든 콘텐츠페이지로 이동할 수 있도록 메뉴 리스트를 정리해놓은 메뉴단으로 GNB 또는 사이트맵), 병원브랜드 소개 페이지와 진료상품별 콘텐츠 페이지 등 홈페이지의 다양한 요소들이 병원브랜딩 관점에서 포지셔닝 전략을 제대로 반영해 힘을 발휘하고 있습니까? 다른 병원들과 유사한 콘텐츠, 뻔한 이미지, 식상하고 상투적인 인사말에 머물러 있는 것은 아닙니까?

현재 진행하는 마케팅의 진료상품이 홈페이지에 부각되어 있지 못하거나 심지어는 없는 경우도 있고 메인페이지에서 이 병원의 경쟁력이 한눈에 보이지 않는 경우도 있고 의료진의 경쟁력에 변별력이 느껴지지 않는 등 마케팅 효과를 사장시키는 병원홈페이지들이 여전히 있습니다.

병원브랜드에 대한 차별적 신뢰를 전하기보다 진료에 대한 일반적 설명 위주로 병원브랜드 홈페이지를 채워서는 안됩니다.

병원브랜드 홈페이지가 브랜딩전략을 반영해 충분히 효율성을 가지도록 구축하려면 홈페이지 개발을 업체에 의뢰할 때 기본적으로 병원의 아이덴티티와 진료상품의 전략적 구성, 포지셔닝 전략, 마케팅 전개상황을 공유시켜야 합니다. 물론 홈페이지 제작업체 역시 병원브랜드 홈페이지를 제대로 만들기 위해 이러한 중요 자료들을 공유하도록 병원에 적극적으로 요청해야 합니다.

간혹 실제로 병원에서 하지 않는 진료상품까지 홈페이지에 들어가 있거나 진료명과 메뉴명이 조화를 이루지 못하는 경우조차 있는데 제작업체의 기성품 같은 일반 병원홈페이지를 컨펌도 제대로 하지 못한 경영 원장의 무심함이 원인이지 싶습니다. 이처럼 병원브랜드 이미지나 마케팅 전개상황과 따로 노는 홈페이지는 소비자의 외면과 불신을 받게 됩니다. 가벼이 볼 일이 절대 아닌 것이죠.

또한 홈페이지에 구현될 진료상품과 의료진, 병원브랜드 스토리, 진료상품별 병원의 차별적 가치와 경쟁요소들에 대한 입증자료들을 병원은 충분히 준비해서 제공하고 홈페이지 개발전략이나 웹기획 단계에서부터 홈페이지 개발업체와 협의할 수 있어야 합니다. 홈페이지 개발업체 역시 단순히 디자인 시안을 컨펌 받는 것이 아니라 병원브랜딩을 고려한 홈페이지 전략과 웹기획에 대한 것부터 클라이언트 병원에 프레젠테이션하고 확정된 방향에서 콘텐츠와 디자인 개발을 하는 것이 더 생산적입니다.

병원브랜딩에 기여하는 전략적 홈페이지는 부분 보수만으로도 비교적 더 오랫동안 힘을 발휘합니다. 그것이 브랜딩 측면에서도 생산성 측면에서도 더 바람직한 일입니다. 당장의 제작비를 아끼려는 근시안적 사고와 병원의 자료 준비를 소홀히 하는 안일함으로 인해 비전략적인 일반적 홈페이지를 제작하거나 병원을 잘 모르는 홈페이지 제작사들의 화려해 보이는 포트폴리오만 신뢰해 전적으로 맡기게 되면 결국 병원의 다양한 브랜딩과 마케팅 활동의 효과를 잠식시키는 홈페이지로 인해 그만큼 홈페이지 리뉴얼 시기가 빨라져 오히려 낭비가 커질 수 있습니다.

모바일 홈페이지의 중요성 인식하기

모바일 기반의 마케팅 환경이 중요함은 이제 새삼스러울 것도 없습니다. 병원마케팅 전환 데이터나 홈페이지 로그 분석 데이터를 통해서도 분명히 알 수 있는 것은 모바일 기반의 마케팅에 의한 모바일 홈페이지 유입률이 가파르게 증가하고 있다는 것입니다. 이미 병원의 다양한 마케팅이 모바일 환경에서 활성화되고 있고 그에 따라 모바일 홈페이지의 중요성을 실감하고 있는 병원들 역시 늘고 있습니다.

그러나 여전히 모바일 홈페이지를 PC 홈페이지를 그대로 확대해서 보게 하는 수준으로 놔두거나 구태의연한 정보페이지 모음 정도로 운영하는 병원들도 적지 않습니다. 이러한 경우 날로 중요해지는 모바일 마케팅을 받쳐주지 못하는 형식적인 홈페이지로 전락하게 됩니다. 또 모바일과 PC 환경에서 동일하게 보여지는 반응형 홈페이지의 경우에는 모바일을 기준으로 해서, PC 환경에서는 밀도가 좀 떨어져 보이기도 합니다.

병원 모바일 홈페이지 역시 병원브랜딩 차원의 마케팅 기본 툴로서 PC환경에서보다 실시간 더 빠르게 검색, 유입될 수 있으므로 병원마케팅에 미치는 영향력은 실로 크다 하겠습니다. 모바일에서 유저의 이용행태를 기본적으로 고려한 전략적 모바일 홈페이지가 꼭 필요한 이유입니다.

따라서 앞서 언급한 병원홈페이지 전략을 기반으로 PC 홈페이지와 모바일 홈페이지를 함께 개발, 또는 리뉴얼할 필요가 있습니다. 이때 브랜드 홈페이지로서의 일관성과 각 디바이스 환경의 특수성을 고려한 편의성을 조화시켜 어떻게 PC 홈페이지와 모바일 홈페이지를 전략적으로 구현할 것인가에 대한 기획이 제작에 선행되어야 합니다.

동일 병원의 PC버전 홈페이지와 일관된 콘셉트를 유지하면서 모바일 환경에 맞게 기획된 모바일 홈페이지 사례

홈페이지의 활성화를 위한 지속적 노력과 적극적 보수

병원마다 홈페이지의 수명을 1년으로 보는 경우도 있고 훨씬 오랫동안 홈페이지를 놔두는 경우들도 있는데요. 병원에서 홈페이지를 만들어 관리하는 '유지 보수'에 대해서는 대체로 소극적인 것이 공통적 현실입니다. 웹사이트가 소비자에게 안정적으로 보이도록 하는 호스팅 유지와 홈페이지 오픈 후 오류와 프로그램 에러를 수정하는 기본 단계에서부터, 간간히 팝업을 올리거나 퀵메뉴를 수정하는 등의 간단한 콘텐츠 보수 정도가 대부분의 병원홈페이지 유지 보수인데요.

그러나 병원홈페이지가 병원브랜드 마케팅의 기본 툴이라면 당연히 병원의 마케팅 변화에 의해 홈페이지의 보완과 수정 역시 적극적으로 이루어져야 합니다. 가령, 새로운 진료상품을 마케팅하는데 그전에 만든 홈페이지에는 관련 콘텐츠가 없거나 후미에 '영양가 없이' 만들어져 랜딩페이지를 별도로 만들었다면 마케팅 효율성 면에서 바람직하다고 할 수 없습니다. 병원광고나 마케팅 콘텐츠를 통해 병원브랜드를 검색하거나 랜딩페이지를 통해 홈페이지로의 유입에 의해 더 상세한 정보를 확인하려는 소비자에게 일관된 신뢰를 주지 못하면 전환이 일어나기 어려워집니다.

앞서 말씀드린 것처럼 홈페이지가 병원브랜드의 직접적 체험 전 마케팅의 최종 게이트이기 때문에 병원마케팅전략의 변화나 피드백에 의한 보완책에 따라 홈페이지의 관련 콘텐츠나 유저의 전환과 연계된 홈페이지 커뮤니케이션 요소들의 보완 및 수정(레이아웃을 유지하는 선에서의 부분 수정) 역시 중요합니다.

또한 홈페이지 로그분석 데이터를 지속적으로 피드백하면서 홈페이지 활성화 관리를 해나가야 하고 이를 보수 차원에서 반영할 필요가 있습니다. 가령, 상담게시판 이용률이 생각보다 저조하면 게시판 활성화를 위한 방안(상담게시판의 디스플레이 효과나 편의성, 접근성을 제고하는 수정안이라든가)을 모색하고 홈페이지에 반영, 수정할 수도 있습니다.

따라서 홈페이지 제작을 의뢰할 때는 적극적이고 전략적인 홈페이지 보수에 대해서까지 충분히 가능한지를 살피고 합리적인 계약을 하는 것이 좋습니다. 물론 호스팅 유지나 간간히 팝업을 서비스처럼 올려주는 소극적 형식적 유지보수보다 비용이 더 들겠습니다만, 그로 인해 병원브랜딩과 마케팅의 효과를 제고할 수 있고 홈페이지 리뉴얼을 합리적으로 좀더 미룰 수 있다면 실질적으로 더 이득인 것이죠. 단, 홈페이지가 브랜딩과 마케팅 기능을 잘 수행하도록 전략적으로 만들어진 경우에 한한 이야기입니다.

병원홈페이지 전략과
메뉴 개발

앞서 말씀드린 것과 같이 홈페이지를 개발하기에 앞서 병원브랜딩 전략이 개발되어 있어야 합니다.

우리병원이 어떤 차별적 가치를 추구하는 병원이며 소비자에게 어떤 특별한 의미가 있는지 느끼게 해서 경쟁군과 구별되게 하는 본질적인 근거, 바로 병원브랜드의 아이덴티티는 홈페이지가 리뉴얼 되어도 계속적으로 반영되어야 하는 기본 콘셉트입니다. 브랜드 아이덴티티가 병원브랜드 홈페이지에 명확히 구현되지 못하면 병원 로고를 뺐을 때 어느 병원의 홈페이지인지 모를 정도로 대동소이하고 뻔해 보입니다. 그저 피부과, 치과, 성형외과 정도의 진료구분만 느껴질 수도 있죠. 이것은 병원마케팅 측면에서 매우 안타까운 일입니다.

아이덴티티를 반영한 진료상품 하이어라키(브랜딩전략에 대해 다룬 첫번째 챕터 기억나시죠?)는 홈페이지 메뉴 구성의 전제가 됩니다. 물론 진료상품군이 그대로 홈페이지 메뉴가 되는 것은 아니지만 우리병원의 아이덴티티를 정립한 후 병원 성장에 기여하는 전략적 진료상품 군을 세팅해서 이를 홈페이지에 디스플레이하는 것은 매우 중요합니다. 그러나 보통의 병원홈페이지는 진료운영에 대한 계획도 심도있게 고민하지 않은 채 일단 진료과의 대동소이한 진료명들을 형식적으로 넣어놓고 향후 마케팅을 하면서 불일치를 이루게 되는 경우들이 많죠.

또 홈페이지 메인화면의 메인 배너를 비롯해 진료상품이나 병원브랜드 PR 관련 돌출된 서브메뉴(고정된 메인 메뉴바와 별도로 강조되는 배너 형태 메뉴들 같은 것이죠.)의 콘셉트, 병원브랜드 소개 페이지와 신료별 콘텐츠 페이지들은 병원브랜드 포지셔닝전략을 반영하게 됩니다.

진행하고 있거나 계획에 있는 마케팅까지 고려한 홈페이지 기획을 해야 하고 마케팅의 변화를 반영해 수정보완도 하게 되는 만큼 병원 홈페이지의 전략은 병원브랜딩 전략과 마케팅 플래닝을 전제로 기획 되어야 합니다.

병원브랜딩을 설명한 첫 번째 챕터에 등장하는 한 치과병원을 예로 들자면, 자연치아 살리기 중심 치과브랜드로서의 아이덴터티와 브랜드 포지셔닝 전략을 반영해 메인페이지 메인배너와 치과브랜드 소개 페이지에서 그에 대한 카피라이팅과 디자인이 이루어질 뿐 아니라 그와 관련된 보존치과 진료상품과 그 효능의 입증 사례를 빠르게 볼 수 있는 돌출 서브메뉴, 핵심가치에 해당하는 치아 보존치료 관련 진료상품의 하이어라키와 우선 순위 배치를 고려한 메인 메뉴바, 관련 마케팅의 랜딩페이지로서 경쟁력있는 콘텐츠 페이지와 관련 사례 입증 자료 게시판, 실시간 상담기능 등 다양한 홈페이지 요소들이 '전략적으로' 구성될 수 있습니다.

그러나 브랜딩전략이 개발되어 있다고 해서 바로 홈페이지를 개발할 수 있는 것은 아니죠. 브랜딩전략을 참조해서 실질적인 홈페이지 전략을 개발할 필요가 있습니다. 이 전략은 클라이언트 병원 원장과 담당 실무자, 홈페이지 제작사 담당자들 모두에게 공유되어야 합니다.

병원홈페이지 전략이란

홈페이지 전략은 기획자마다 다를 수 있는데, 웹기획과 혼동은 하지 마세요. 보통 홈페이지 개발을 한다고 하면 클라이언트 병원의 오리엔테이션을 받고 웹기획부터 시작하지만 UI(User Interface 홈페이지 이용자의 웹사이트 이용 경험을 전제로 홈페이지상의 다양한 액션과 웹기능이 직관성에 근거해 실현되도록 설계한 것. 가령, 돌출된 배너형태의 메뉴를 클릭하면 상세페이지가 나온다는 것을 유저가 직관적으로 이해하고 그 액션을 취했을 때 예상대로 웹기능이 작동하도록 설계한 것이죠.)를 구현하기 위해 웹디자인과 프로그래밍 등 홈페이지 기능적 실행을 설계하는 웹기획은 홈페이지 전략과 다른 차원입니다.

홈페이지 전략은 병원브랜딩 전략 차원에서 홈페이지 개발 방향과 전반적인 구성에 대한 기획을 하는 것입니다. 가령, 저의 경우에는 병원브랜딩과 포지셔닝 전략을 전제로 실질적으로 홈페이지가 구현해야 하는 과제와 제작 방향을 정리합니다. 병원의 아이덴티티와 차별적 가치를 타깃 소비자에게 인식시키는 방향(포지셔닝)을 고려할 때 홈페이지에서 어떤 스토리텔링을 구현할지, 어떤 요소들을 활용해 그것을 구체적으로 보여주고 공감시킬지, 관련한 콘텐츠 구성은 어떻게 할지, 메인페이지와 서브페이지(병원브랜드와 진료상품 페이지)의 유기적 흐름은 어떻게 구성하는 게 효율적일지, 전략적 상품군을 반영한 사이트맵 기획은 어떤 것이어야 할지 등에 대한 기획안을 제시합니다.

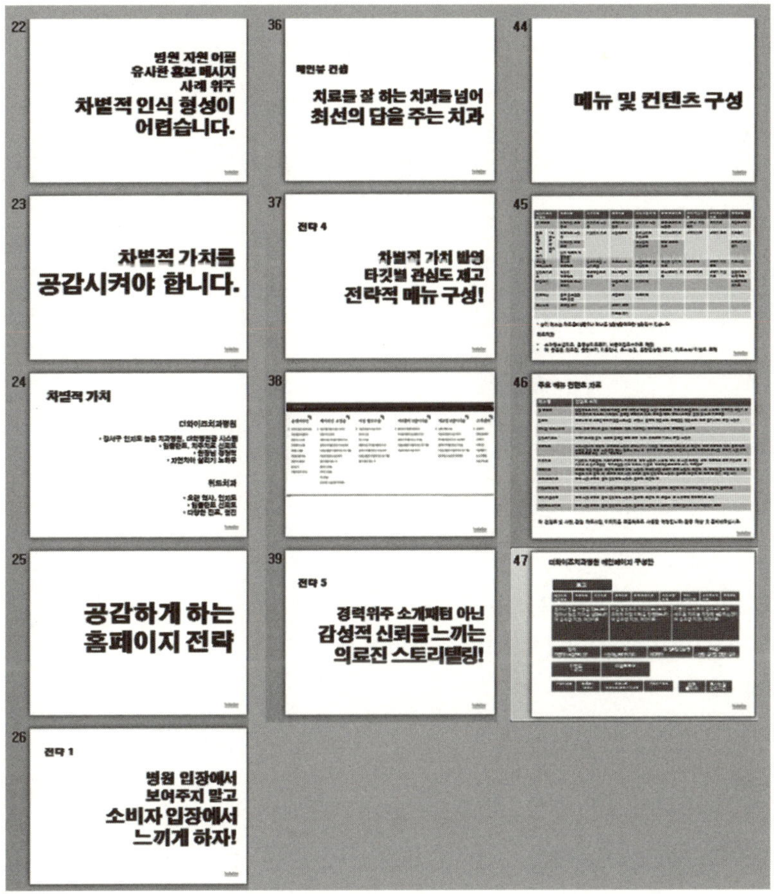

수년 전 치과병원홈페이지 리뉴얼 전략 개발안 일부

웹기획은 그 다음 순입니다. 웹기획 전에 홈페이지 전략을 클라이언트 병원 원장과 담당자와 공유하고 확정해야 그를 반영해 전략적인 웹 기획이 이루어지는 것입니다. 홈페이지 전략과 그를 반영한 웹 기획의 공유는 프레젠테이션을 통해 이루어지며 내용에 대해 구체적인 합의를 하고 보완해 최종 확정하게 됩니다.

이렇게 전략을 확정해야 홈페이지 개발이 공동의 목표대로 생산적으로 이루어질 수 있기에 홈페이지 개발업체에게도 매우 중요한 과정입니다. 이 홈페이지 전략 협의 때 합의된 전략에 의해 향후 개발될 홈페이지 콘텐츠의 자료들을 병원측에 요청하기도 합니다. 홈페이지 개발전략을 공유한 클라이언트 병원측은 좀더 명확히 필요한 자료들을 이해하고 준비할 수 있어 양질의 소스들을 공급받기가 원활해집니다. 그래야 경쟁력 있는 병원브랜드 홈페이지를 개발할 수 있게 되겠죠.

홈페이지 메뉴 개발 가이드

물론 홈페이지 전략 개발에는 홈페이지 사이트맵(메뉴 전체)에 대한 제안도 포함됩니다. 그리고 전략 확정에서 사이트맵에 대한 확정 역시 이루어집니다. 사이트맵이 확정되어야 콘텐츠 개발이 이루어지겠죠.

사이트맵 구성을 이루는 홈페이지 메뉴들을 개발하는 일은 진료과별로 형식적이고 구태의연해서는 안됩니다. 많은 병원들이 또는 홈페이지 제작업체들이 진료과별로 일반적인 메뉴들을 적용해 병원의 변별력을 떨어뜨리는 것은 안타까운 일입니다. 홈페이지 메뉴는 병원이 브랜드로 성장하고 경쟁력을 갖추어온 결과를 유저(병원 소비자)에게 직관적으로 보여주는 것이기 때문입니다.

가령, 고품격 출산문화를 이끄는 리더 브랜드로서의 브랜드 포지셔닝을 하려는 산부인과 홈페이지의 메뉴들에는 출산과정에서 받게 되는 특별한 케어, 고품격의 분만시스템, 시설과 환경, 특별한 고객서비스 등이 주요하게 개발될 필요가 있을 것입니다. (물론 병원의 이러한 특별한 가치들은 실제 병원브랜딩에 의해 운영되는 것이어야 하고 그에 대한 콘텐츠 역시 신뢰성을 높여줄 만해야겠죠.)

또 개원이나 후발로 새로운 진료상품을 론칭하는 병원이 레드오션의 진료상품에 대한 경쟁군의 마케팅과 그로 인해 형성된 소비자 편견에 대해 새로운 이슈를 부각시킴으로써 병원브랜드 포지셔닝과 마케팅을 진행하는 경우에는 그 이슈에 대한 콘텐츠를 체계적으로 구성하고 그를 홈페이지 메뉴 카테고리로 형성할 수도 있습니다. 가령, 비만 시장에 새로운 비만치료상품을 론칭할 때 흔히 하듯 비만치료와 의료진에 포커싱된 메뉴와 콘텐츠 정도로 홈페이지를 구성하는 것은 경쟁에서 병원브랜드의 변별력을 효과적으로 만들어내지 못할 것입니다. 그러나 타깃 소비자에게 비만치료의 재발률, 요요의 부작용 등에 대한 문제를 생각하게 하고 무엇을 새롭게 주목할 것인지를 제시하는 병원의 진정성 있고 풍부한 콘텐츠를 홈페이지에서 구성한다면 전략적인 병원브랜드 홈페이지로서의 기능을 충분히 할 수 있죠.

이것은 그간의 제 경험이기도 합니다. 이러한 획기적인 메뉴와 콘텐츠들을 기획할 수 있는 것은 홈페이지를 병원(진료상품과 정보의 공급자) 입장에서 일방적으로 정보를 전달하는 툴로 인식하는 것이 아니라 소비자와 소통하는 마케팅커뮤니케이션의 툴로 인식한 관점의 차이에서 기인합니다.

브랜드의 핵심가치이자 차별적 가치를 보여줄 콘텐츠에 대한 메뉴들은 메뉴바 디스플레이에서도 앞에 위치시키고 관련 이미지를 넣어 부각시키거나 메인페이지 돌출 서브메뉴나 동영상 배너로 강조될 수도 있겠죠.

독보적인 시술 노하우를 갖춘 경쟁력 있는 핵심진료상품에 대한 메뉴명(레이블이라고도 하는데요.)부터 특별하게 만들 수도 있습니다. 이는 진료명 자체를 병원이 독자적으로 개발해서 임의로 적용하는 것을 의미하는 것은 아닙니다. 메뉴명은 홈페이지 콘텐츠를 선택하게 하는 내비게이션의 각 항목에 대한 이름입니다. 병원브랜드의 진료상품에 대한 특별한 가치를 느끼게 하고 메뉴에 해당하는 콘텐츠에 대한 기대감을 높이는 카피라이팅 같은 표현일 수 있습니다. 메뉴바 공간의 한계와, 메뉴명을 2행으로 떨어지지 않게 배치해야 하고 무엇보다 소비자 누구도 직관적으로 이해할 수 있어야 한다는 제약은 있지만 전략적이고 감각적인 레이블링은 가능합니다. 저 역시 다양한 병원홈페이지마다 그런 레이블링을 통해 전환률 제고에 기여한 바 있습니다.

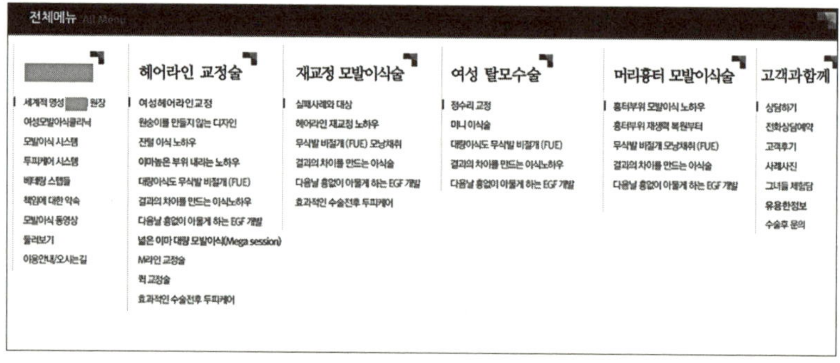

수년 전 개발한 병원홈페이지 GNB의 레이블링 사례

그러나 그보다 중요한 것은 앞서 강조한 전략적 메뉴 구성과 디스플레이입니다. 만약 메뉴명이 무엇을 보여주려는 것인지 감을 잡기 어려운 것이거나 홈페이지 전략과 배치되어 보인다면 안하느니만 못합니다. 사실 이런 메뉴들을 여러 병원홈페이지에서 목격하게 됩니다만….

홈페이지 메뉴명은 직관적이어야 합니다. 메뉴명을 보는 순간 '무슨 이야기에 대한 것인지 알겠다, 내가 찾는 정보가 여기 있겠구나.' 하는 생각이 바로 떠오르는 수준이어야 합니다. 병원들 중에는 또 병원마케팅 업체들 중에는 진료상품에 병원 고유의 네이밍을 해서 홈페이지 메뉴로 반영하려는 경우들이 있는데 이는 신중하게 따져봐야 합니다.

경쟁이 치열하지 않은 초기시장의 진료상품으로서 리더브랜드가 될 수 있다든가, 적극적인 마케팅을 해서 진료상품 이름을 타깃소비자들에게 인식시킬 충분한 예산과 전략이 있다든가, 그렇게 할 만큼 시장이 크게 형성될 수 있다든가 하는 경우들에서는 고려할 만합니다.

그러나 경쟁이 치열한 대부분의 진료상품 시장에서 또 병원광고들의 의료광고법 적용 확대가 이루어지는 상황에서 홈페이지 메뉴명으로 표현된 색다른 진료명이 병원마케팅에서 인지되는(의료광고 기준에 따른) 진료상품명과 불일치하면 인지가 잘 이루어지지 못합니다. 또 소비자는 경쟁군들의 마케팅이나 경험자들의 커뮤니케이션 상황에 의해 익숙해진 진료명을 전제로 정보를 이해하게 되므로 그와 다른 용어를 쉽게 수용하기 어려워집니다. 그런가 하면 '브랜드 검색광고'를 진행할 때 의료광고법과 네이버 같은 포털사이트의 심사기준을 모두 받기 때문에 합법적이지 않은 진료명을 병원이 개발해도 돌출 배너에 적용할 수 없고 홈페이지 메뉴명과 불일치할 경우 네이버 심사를 통과하지 못해 소모적이 됩니다.

앞서도 언급했듯이 홈페이지 메뉴 구성은 홈페이지 브랜드 포지셔닝과 콘텐츠 개발상황을 고려해 이루어집니다. 가령, 병원의 특별한 진료시스템이나 서비스를 개발해 이를 브랜드 포지셔닝에 적극 활용하고 있다면 홈페이지에서도 이에 대한 메뉴명과 강조가 이루어져야 할 것입니다. 병원 원장의 경력이 핵심가치가 된다면 그에 대한 메뉴명과 메뉴의 강조 형태 역시 전략적으로 개발되어야 합니다. 병원브랜드 가치와 진료상품 경쟁력의 어필을 위해 어떤 메뉴들(동시에 그에 대한 콘텐츠들)을 구성할지에 대한 전략적 고민은 필수입니다.

병원홈페이지 콘텐츠 개발 가이드

홈페이지 콘텐츠는 마케팅의 성공에 직결되는 중요한 요소라는 것을 병원들이 자각할 필요가 있습니다. 디자인에만 치중하는 것은 생명력이 길지 못하고 병원브랜드의 경쟁력도 크게 높이지 못합니다.

그런데 병원홈페이지의 콘텐츠를 진료 정보로 생각하는 경우들이 있습니다. 가령, 치과홈페이지의 임플란트 메뉴를 클릭해서 보이는 콘텐츠 페이지가 임플란트의 장점, 임플란트 수술과정 등 일반 진료 정보 위주로 구성되어 있다면 병원홈페이지 메뉴에서 관심 진료에 대한 정보를 찾아보는 소비자에게 그 치과에 가봐야겠다는 생각을 불러일으킬 수 있을까요?

진료를 목적으로 병원홈페이지들을 비교 탐색하는 소비자들에게 병원홈페이지의 콘텐츠는 이 병원을 고려해야겠다는 마음을 불러일으키게 하는 중요한 근거이고 소비자는 바로 그것을 찾고자 홈페이지 콘텐츠를 봅니다. 일반 진료정보는 네이버 같은 포털사이트 검색만 해도 대학병원에서 제공하는 의료정보, 블로그, 지식인의 전문가 답변, 뉴스 등 다양하게 나오고 병원홈페이지에서 제공하는 정보보다 더 신뢰합니다. 그리고 병원을 찾고자 하는 대부분의 잠재고객들은 미리 진료 지식을 꼼꼼히 살피려하기보다 병원을 결정하면 상담을 통해 자신의 구체적 문제에 대해 답을 구하고자 합니다.

소비자가 병원홈페이지를 이용하는 목적과 행태를 이해한다면 병원홈페이지의 콘텐츠는 당연히 병원브랜드의 경쟁력을 어필하고 차별적인 신뢰를 형성하도록 개발되어야 합니다.

병원홈페이지 콘텐츠 개발시 유의할 것들

많은 병원홈페이지들은 디자인에는 힘을 주었지만 콘텐츠는 경쟁군과의 비교에서 충분히 특별함을 느끼기에는 너무나 간략화되고 때로는 현학적이고 건조합니다. 화려해 보여도 콘텐츠가 빈약한 경우들이 많습니다.

경쟁군의 홈페이지 콘텐츠와 차별화되면서 소비자에게 설득의 우위를 가지려면 소비자의 병원과 진료상품에 대한 정보수준, 그들의 니즈, 그들이 주목할 정보들을 파악하고 이를 기반으로 병원 진료상품에 대해 콘텐츠화할 줄 알아야 합니다. 이것은 기존 정보 공급자인 병원의 입장, 의료진의 시각에서 일방적으로 전달되는, 그래서 소비자 인식과 갭이 있는 홈페이지 콘텐츠와는 다른 것입니다.

가령, 피부과 홈페이지 콘텐츠들이 경쟁군과 유사하게 장비의 특장점을 나열하고 그에 관련한 유사한 시술사례를 보여주는 것에 그친다면 소비자들은 동일 장비들을 갖춘 경쟁병원들과의 비교에서 비용이 더 저렴하거나 패키지를 더 끼워주는 등의 유리한 조건을 따지게 됩니다. 이것은 병원이 장기적으로 성장하는 데 바람직한 브랜딩과는 거리가 먼 얘기입니다.

소비자들이 레이저 피부 시술에서 효과 못지않게 관심을 갖는 것이 부작용이나 효과에 대한 허위 과장 마케팅에 대한 것이라면 시술 경쟁력을 어필할 때 그 점을 유념할 필요도 있습니다. 그에 대한 병원의 구체적인 노하우와 예방 시스템 등의 정보가 진정성 있게 전달되면 일반 진료 장점만 늘어놓는 경쟁군 홈페이지보다 차별적 우위성을 가질 수 있습니다.

병원홈페이지 콘텐츠에서 소비사가 주목하는 의료진에 대한 경쟁력 역시 학력과 학회활동 나열 수준의 간단한 이력 소개보다 그의 캐릭터가 느껴질 수 있는 스토리텔링이 좋은 시도가 될 수 있습니다.

또 병원브랜드에 대한 명확한 포지셔닝을 하기 위해 병원브랜드 소개 페이지를 전략적으로 개발해보시길 권합니다. 그러나 소비자에게 와닿지 않는 경영철학이나 관심을 끌기 어려운 브랜드 아이덴티티를 소비자와 소통하는 홈페이지에 담는 것은 비추입니다. 병원브랜드의 차별적 신뢰성과 진정성을 느끼게 할 수 있는 스토리텔링이나 감성적 브랜디드 콘텐츠, 전략적으로 잘 만들어진 브랜드 영상 등 타깃 소비자가 흥미를 느낄 매력적인 병원브랜드 콘텐츠를 개발해보시길 바랍니다. 병원브랜딩과 마케팅에 실질적으로 크게 기여하는 홈페이지 개발은 이러한 차별적 콘텐츠 파워에서 나옵니다.

Home > 건강한 양악수술 > 해야한다&말아야한다

Right Paradigm, Right Choice
해야할 경우 & 말아야할 경우

악안면성형을 하는 이유가 "예뻐지기 위해" 라고요?
바로 이 생각에 위험이 숨어 있습니다.

무엇이 위험하다는 걸까요?

◢사례1

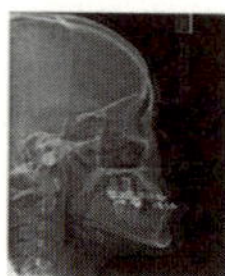

대학원생인 25세 A씨는 평소에 턱이 커보이는 것이 고민이었습니다. 게다가 턱끝이 앞으로 튀어나와 보이는 것도 마음에 걸렸지요.
요즘 V라인 사각턱 축소술이 유행한다고 하니 그런 수술을 받으면 작고 갸름한 얼굴이 될 것이라는 기대에 병원을 찾았습니다. 병원에서 엑스레이를 찍고 얼굴 분석을 해보니 턱이 전체적으로 앞으로 나온 주걱턱으로 진단되었습니다.

이런 경우에 A양이 원하는대로 V라인 사각턱 축소술을 해서 턱을 갸름하게 하면서 앞턱도 뒤로 물어가게 하면 어떤 결과가 생기게 될까요?

턱이 전체적으로 나와 보이는 증상은 개선되지 않은 채 앞턱만 뒤로 이동하게 되므로 입술과 앞턱 사이에 있는 오목한 부분이 얕아지면서 어색한 앞턱 모양이 나오게 됩니다. 또한, 긴 턱을 갸름하게 만들면 긴 모양이 더욱 강조되어 보이게 됩니다. 의료진은 A양에게 사각턱축소술 대신 악교정수술로 얼굴뼈의 정상적인 위치를 확보하면서 넓은 앞턱을 갸름하게 다듬었습니다.

◢사례2

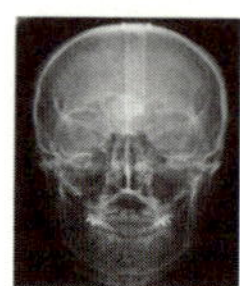

연예인 지망생인 20세 B양은 예쁜 얼굴에 비해 턱이 다소 커보여 카메라 테스트에서 지적을 받았다고 합니다.
요즘 유행하는 양악수술이 얼굴을 예쁘게 하는 데는 최고라는 친구들의 이야기를 듣고 광고를 통해 이름을 많이 들어본 병원을 먼저 찾아가보니 상담실장이 양악수술은 마법의 수술이라며 수술을 적극 권했다고 합니다. B양은 양악수술을 받아야 할까요?

얼굴을 정밀하게 분석해본 결과 B양의 얼굴뼈 위치는 정상적인 범위에 있는 것으로 진단되었습니다. 다만 턱이 좀 각지고 큰 것이 문제였지요. 이런 경우에는 양악수술을 한다 해도 크게 달라질 것이 없습니다.
의료진은 B양을 설득하여 양악수술 대신 사각턱축소술을 시행했습니다.

수년전, 양악수술을 하는 성형외과 홈페이지에서 양악수술의 신중한 선택을 오히려 강조한 콘텐츠 개발 사례

이러한 병원홈페이지 콘텐츠 개발은 전문분야입니다. 웹의 속성을 이해하고 그에 적절한 카피라이팅을 할 수 있는 테크닉은 물론이고 병원브랜딩의 전략을 이해할 수 있어야 하며 좀더 창의적인 콘텐츠 개발 능력을 갖추어야 전환률 높은 병원브랜드 홈페이지를 개발할 수 있습니다. 이는 웹기획자, 병원마케팅 담당자, 병원이 아닌 홈페이지를 제작해본 경험자들이 바로 할 수 있는 것이 아닌 특수 분야입니다.

홈페이지는 하이퍼링크를 기반으로 하기 때문에 보기에는 간결하지만 실로 많은 콘텐츠들을 담고 있습니다. 병원홈페이지의 메인페이지만 해도 병원브랜드를 어필하는 메인배너, 주요상품이나 프로모션 등을 어필하는 돌출배너, 상담 게시판, 후기 게시판, 병원소식이나 공지 게시판, 팝업, 경우에 따라 병원브랜드 홍보영상 등 다양하죠.

이 다양한 콘텐츠들에 대해 전략적인 콘텐츠 구성과 전체적 흐름, 카피라이팅, 비주얼 요소 등 실로 다양한 요소들을 신경써야 합니다. 심지어 상담DB창, 퀵메뉴, 로그인 유도 창 같은 것들 역시 기획과 카피라이팅에 의해 소비자 반응을 더 끌어낼 수 있습니다. 저 역시 그렇게 한 경험들이 있고요.

수년 전 병원브랜드 모바일홈페이지의 상담툴 이용률을 제고하기 위해
상담안내 카피를 개발한 사례

개원을 준비하는 병원들처럼 사례나 후기 같은 자료들이 미비할 수밖에 없는 경우, 또는 그간 병원브랜딩에 관심이 없어서 관련 병원

자료들을 축적해오지 못한 안일한 병원들의 경우에는 우선은 최대한 콘텐츠 페이지에서 승부를 봐야 합니다. (그리고 지금부터 병원 내의 자료들을 열심히 모아서 업그레이드를 할 수 있도록 해야 합니다. 병원이 브랜드로 성장하고 마케팅효과를 보고싶은데 정작 병원 내에 그에 대한 자료들을 마련하지 못한다는 것은 정말 말이 안되지 않습니까!) 대부분 자료가 부족하면 일반 정보 수준으로 홈페이지를 형식상 만들게 되는데 이는 앞서도 강조한 것과 같이 마케팅 비용을 낭비하게 되는 결과를 가져옵니다.

최대한 참신하고 유용하면서 디테일한 병원 진료 관련 정보들과 병원브랜드 스토리텔링 등을 추구해 병원브랜드에 대한 차별성과 호감도를 최대한 끌어내려는 노력을 해야 하는 것이죠. 물론 홈페이지를 포함한 모든 마케팅툴의 콘텐츠는 진정성, 고객 경험으로 입증될 수 있는 진실을 기반으로 해야 합니다.

제 경험을 한자락 들려드리면, 개원 당시 자료가 미비한 한 의원의 홈페이지 콘텐츠를 전략적으로 개발하기 위해 기존 경쟁병원들 홈페이지의 맹점(타깃 소비자 입장에서)을 파악하고 타깃 소비자들의 니즈와 시술 결과에 대한 불안감에 대응하는 새로운 콘텐츠들을 기획하고 타깃 소비자에게 하나하나 이야기를 건네듯 풀어나갔습니다. 여기에는 많은 자료 요청에 대해 적극적으로 임해준 개원 원장의 노력과 능력도 큰 몫을 했습니다. 결과는 사례사진 한 장, 후기 한토막 없이도 현재까지 어디에서도 볼 수 없었던 유용한 정보와 쉽게 구체적으로 이해되는 콘텐츠를 통해 상담 예약이 빠르게 잡혀 원장도 놀라게 되었다는 것이죠. 그리고 아직 그 홈페이지의 틀을 유지하면서 보완과 추가를 해나가고 있습니다.

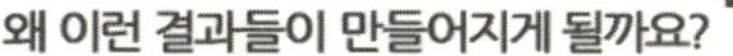

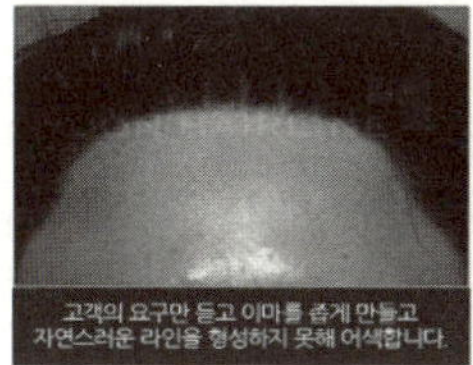

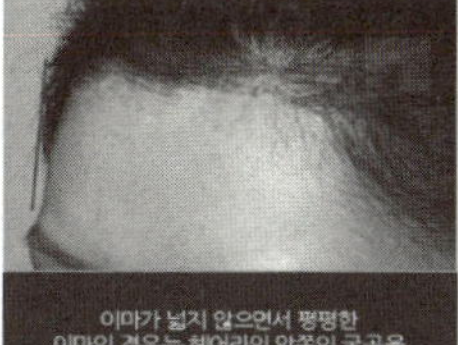

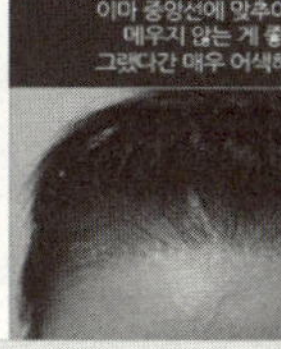

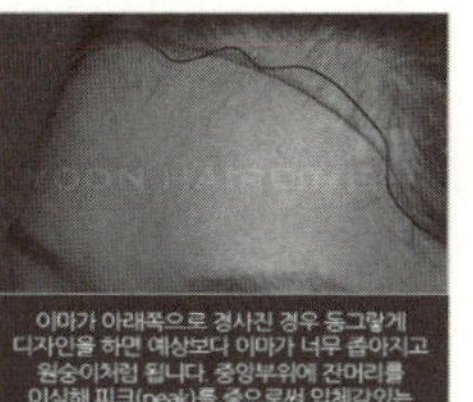

수년전, 소비자에게 익숙하지 않은 진료상품에 대한 병원브랜드의 차별적 가치를 설득하기 위해 부작용 사례와 원인 등을 소개하면서 이를 통해 시술 노하우를 쉽게 이해시킨 홈페이지 콘텐츠 개발 사례. 당시 흔한 사례사진 없이도 개원 후 빠르게 수술 예약률을 잡게 한 일등공신으로 평가되었습니다.

홈페이지 여기저기에 보이는 이미지들 역시 콘텐츠라고 생각하셔야 합니다. 병원브랜드를 돋보이게 하고 콘텐츠의 가독성을 높이고 병원브랜드의 특별한 가치를 어필하는 데 중요한 영향력을 행사하는 콘텐츠 요소죠.

그래서 여기저기 흔히 보이는 무료 이미지, 병원 고객과 거리가 먼 외국인 모델 이미지들, 장비업체가 제공하는 동일 이미지들 사용은 비추입니다. 의료진 이미지도 무미건조한 스튜디오 컷 말고 생생한 현장감이 느껴지는 의료진 사진들을 촬영해서 사용하세요. 훨씬 콘텐츠가 생생해지고 병원브랜드의 진정성이 느껴지면서 주목률이 더 높아질 것입니다.

실제 병원을 느끼게 하는 이미지들이 각 콘텐츠 카피와 잘 매치되도록 배치하고 필요하면 캡션(사진에 대한 간단한 설명이나 타이틀)도 좀 더 공을 들여 카피라이팅 하면 효과가 좋습니다.

병원홈페이지에서 영상을 활용하는 경우들이 종종 있는데요. 병원브랜드 영상 역시 홈페이지의 콘텐츠죠. 그런데 병원 입장에서 보여주고 싶은 것을 보여주는 식의 뻔해 보이고 지루한 홍보영상은 잘 재생되지 않습니다. 자리만 차지할 뿐이죠.

유저(병원 소비자)가 병원홈페이지에서 얻고 싶은 정보에 대한 니즈, 빠르게 훑어가는 탐색의 태도 등을 기본적으로 고려해서 참신하게 재미있게 길지 않게(30초 내 정도) 그리고 병원포지셔닝이 자연스럽게 구현되도록 개발되어야 합니다.

그래서 영상을 홈페이지에 넣을 것인가는 전략적으로 고민되어야 하고 필요하다면 퀄리티 있는 영상 개발에 투자를 해야 합니다. 여기서 말하는 퀄리티는 고화질 영상을 의미하는 것이 아니고 참신하고 병원브랜딩 전략을 반영한 기획력과 재미를 극대화할 수 있는 편집에 대한 것입니다.

흔히 보이는 진료상품별 의료진의 진료설명 위주 영상은 대체로 획일적이고 진부하지만 만약 이러한 영상을 제대로 활용하고 싶다면 스토리보드를 재검토해서 새롭게 구성할 필요가 있습니다. 소비자 시선을 잡을 수 있는 인트로와 신선한 주제 어필(처음부터 의료진이 진료실에서 설명하는 장면부터 시작되는 것보다), 관심 정보 위주로 콤팩트

하게 전달되도록 재편집, 의사의 설명 장면 사이사이 관련 자료화면들(진료에 대해 구체적으로 이해시키는 그래픽 동영상이나 진료장면, 혐오나 공포를 주지 않는 선에서 수술 주요 부분별 라이브 영상 등)의 유기적 믹스, 병원 홍보성 정보를 배제하고 진정성있는 진료정보의 간결한 구성 등을 고려해야 합니다. (홍보 욕심으로 인테리어 보여주고 리포터의 뻔한 의도성 멘트로 시간을 쓰는 병원홍보영상은 비추입니다.) 자막 역시 빠른 내용 이해와 흥미를 제고할 수 있도록 전략적으로 개발되어야겠죠.

신선하고 유용한 주제로 기획된 진료상품 정보 영상들은 별도 콘텐츠 코너로 구성해보는 것도 괜찮습니다. 공유와 선날이 가능하도록 해서 마케팅 효과를 제고할 수도 있죠. 물론 소비자 입장에서 재미있고 유용하다고 느껴지는 영상에 한한 이야기입니다.

콘텐츠 카피라이팅에서 유의할 것들

홈페이지 콘텐츠들은 앞서 이야기한 대로 참 다양합니다. 그래서 웹카피라이팅을 할 때는 다양한 속성의 콘텐츠와 요소들을 잘 이해하고 다룰 준비가 되어 있어야 합니다. 메뉴바의 메뉴 레이블링, 진료정보 콘텐츠 페이지, 의료진 스토리텔링 페이지, 병원브랜드 페이지, 각 게시판의 리드글, 메인페이지 메인배너의 키카피, 돌출된 진료상품 배너의 타이틀, SNS 안내 카피, 로그인창의 로그인 유도 카피, 영상 타이틀과 리드글, 콘텐츠 내 사진 캡션이나 영상 자막, 홈페이지 팝업과 랜딩페이지 등등 저마다 다른 형태와 기능, 전달환경 등을 고려해 적절한 카피라이팅이 되어야 합니다.

또 카피라이팅에서도 PC환경의 홈페이지와 모바일 환경의 홈페이지 속성을 고려해야 합니다. 브랜드홈페이지 콘셉트과 톤앤매너, 콘

텐츠의 기조는 유지하되 각 디바이스 환경에 따라 다소 차이가 있게
만드는 것이 전달 효과면에서 더 나아 보입니다.

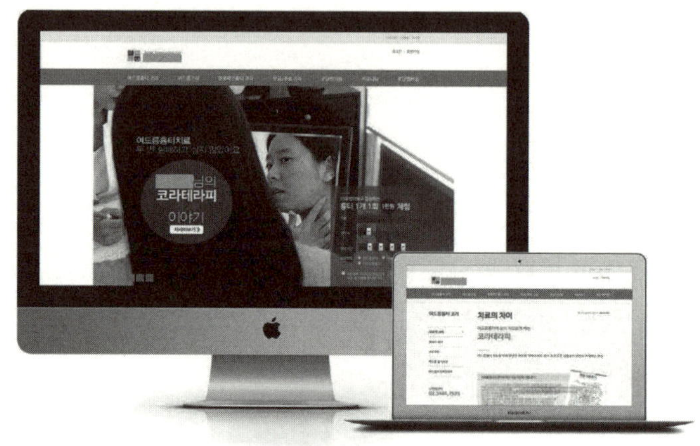

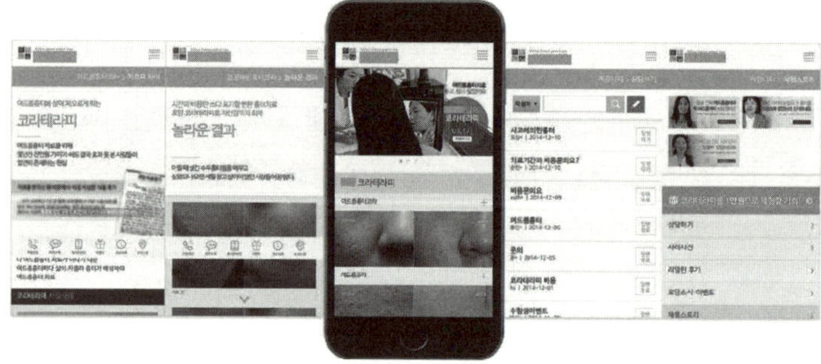

수년전 개발한 PC 홈페이지와 동일한 콘셉트의 모바일홈페이지는 각각 디바이스 환경에 맞춰 카피
라이팅이 되었습니다.

　　모바일 홈페이지에서는 PC 홈페이지보다 콘텐츠 요소들이 절제
되는 경향이 있습니다. 작은 화면에서 손가락으로 화면을 움직이며
빠르게 훑어보는 유저의 행태를 고려한 콘텐츠 구성을 토대로 카피
라이팅 역시 빠른 전달력과 직관적 이해력, 그리고 페이지 이탈을 예

방하는 흡입력, 편안하게 보여지는 접근성 모두 신경을 써야 합니다.

물론 이러한 웹카피라이팅의 능력은 PC 홈페이지에서도 다르지 않겠습니다만, 와이드한 화면에 다양한 편집 구성이 가능한 PC와 달리 세로형 스크롤 환경의 모바일 홈페이지는 제한된 화면에서 구성의 제약을 고려해야 합니다. 가령, 한 번에 보이는 화면 크기 내에서 헤드카피와 서브타이틀의 적절한 길이, 텍스트의 양과 문단의 길이, 이미지나 서브타이틀로 내용을 세부적으로 나누는 테크닉 등에 대해 특히 유의합니다.

좀더 고급 테크닉으로는 병원브랜드의 개성을 담은 카피의 톤앤매너(tone&manners. 카피에서 느껴지는 어투와 분위기)를 염두에 둔 카피라이팅입니다. 대체로는 객관적인 정보를 전달하는 보도자료나 사전식이지만 친근하게 대화하는 듯한 또는 감성적인 나레이션 같은 톤앤매너의 카피라이팅도 세련되게 구사하면 좋은 반응을 이끌어낼 수 있습니다. 단, 정보의 진정성을 해치치 않고 다양한 타깃 소비자에게 고루 긍정적 반응을 이끌어내도록 하는 것에 주의한다면 말이죠. 시의적인 유행어 구사나 특정 타깃에게만 어필되는 오버액션은 곤란합니다.

그런데 병원홈페이지 웹카피라이팅에서 가장 중요한 것은 뭘까요? 그것은 병원과 진료에 대한 충분한 이해를 바탕으로 내가 누군가에게 잘 알려주듯 자연스럽게 쓰는 것입니다. 병원홈페이지 다수의 콘텐츠 페이지는 웹카피라이터나 그 역할을 하는 담당자 자신이 이해하지 못한 진료정보를 베끼듯 쓰고 있는데 그런 콘텐츠는 소비자에게 이해되기도 역시 어려워서 반향을 일으킬 수 없습니다.

저 역시 병원홈페이지 개발을 위해 병원브랜드와 진료상품에 대해 최대한 명확한 이해를 하고자 시간과 에너지를 투여합니다. 그렇게 한 만큼 개발된 콘텐츠와 카피라이팅은 잘 모르는 소비자에게 직관적으로 전달될 수 있고 그래서 전환률이 높아집니다.

홈페이지를 개발하고 나면 경쟁병원들에서 벤치마킹을 하면서 따라하기를 시도하는 경우들도 있습니다만, 비교를 해보면 따라한 것은 디자인과 분위기일 뿐 콘텐츠는 여전히 병원 공급자 중심, 또는 잘 이해하지 못하는 콘텐츠 담당자가 간결하게 정리한 수준에 머물러 있더군요.

소비자가 원하는 정보, 소비자가 관심을 가질 만한 이야기들이 술술 빠르게 읽히고 콘텐츠 페이지 끝까지 집중도나 흥미도를 유지할 수 있어야 좋은 카피라이팅입니다. 특히 콘텐츠 초반에 소비자의 인식을 붙들 수 없다면 페이지에서 이탈되고 병원이 전달하고자 하는 정보는 소비자에게 도달하지 못합니다. 이와 관련해 한 가지 팁을 알려드리자면, 콘텐츠 구성을 기-승-전-결이 아니라 결론-입증-이유-반증 식으로 정리하는 것이 대체로 더 효과적입니다.

홈페이지 콘텐츠와 카피의 초안을 작성하면 병원 의료진이나 담당자에게 내용 오류가 없는지 점검하게 하고 소비자 입장에서 빠른 전달과 이해가 가능한지를 모니터링해야 합니다. 최대한 객관적으로 말이죠. 주위에 소비자 입장에서 읽어줄 사람들에게 보여주고 의견을 구하는 것도 방법입니다. 병원 의료진이나 직원들 선에서 체크를 마무리하려 하지 마세요. 그들은 소비자 입장이 되기 어렵습니다.

병원홈페이지 디자인 개발 가이드

병원홈페이지의 디자인은 오프라인 매체의 디자인과 다르죠. PC나 모바일에서의 웹 구현 방식을 이해하고 그 기반에서 디자인을 해야 하죠. 하이퍼링크의 속성을 고려해 연결 흐름을 간파하면서 말이죠. (사실 의외로 많은 병원들이 병원홈페이지 디자인을 오프라인 디자인 속성으로 착각해서 오해를 불러일으키는 일들이 종종 있습니다.)

메뉴바 하나만 해도 전체적으로 내려온다면 어떻게 디자인할지, 각 메뉴 탭별로 오픈된다면 어떻게 디자인할지, 메뉴바에 비주얼요소를 넣은 특별한 형태의 디자인을 할 것인지, 메뉴바가 닫힐 때와 열릴 때 보여지는 형태는 어떻게 할지, 메뉴의 폰트와 색은 어떻게 할지 등등 유저의 액션에 의한 구동 상태에서 보이는 디자인에 대해 웹디자이너가 고려할 것이 많습니다.

병원홈페이지 디자인의 바른 과정

물론 웹디지이너는 보통 웹기획자의 기획서를 반영한 디자인을 하게 되는데 유능한 웹디자이너는 웹기획과 웹카피라이팅을 충분히 이해한 상태에서 디자인을 개발합니다. 그래야 콘텐츠 전달력, 유저의 편의성과 접근성이 전제된 크리에이티브를 구현할 수 있고 그것이 병원브랜딩과 마케팅 효과를 실질적으로 창출할 수 있습니다.

병원브랜딩 전략을 반영한 병원홈페이지 전략에 의해 개발된 웹기획을 전제로 디자인이 이루어져야 합니다. 웹기획을 콘텐츠 개발자와 웹디자이너에게 공유시키고 디자이너와 카피라이터는 오프라인 매체의 마케팅 콘텐츠에서도 그렇듯 협의해서 조화로운 콘텐츠 페이지들을 구성할 수 있어야 합니다. 실제로는 웹기획자가 주도하면서 웹카피라이팅과 웹디자인을 디렉션하는 경우가 많지만 디자이너는 웹기획자의 기획의도를 감각적으로 구현할 아이디어를 웹디자

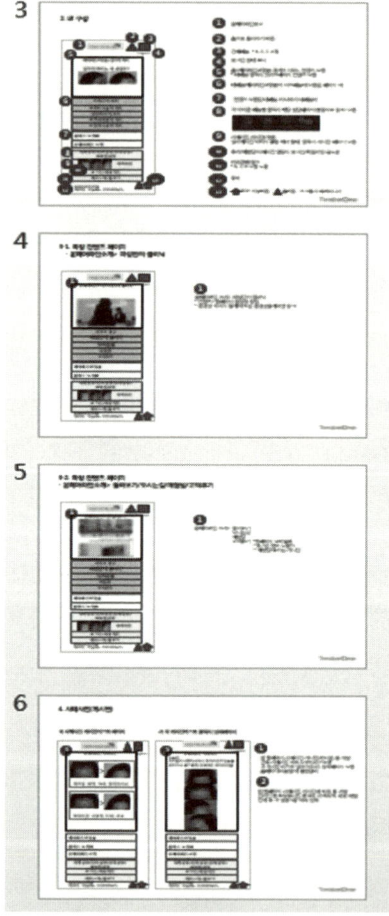

모바일홈페이지 웹기획서 일부

인 샘플들을 통해 구체적으로 협의해나갑니다.

웹디자인 방향이 결정되고 그에 따라 웹카피라이팅을 하는 경우도 있고 웹콘텐츠 개발 방향이 확정되어 웹디자이너와 근접한 디자인 샘플을 찾아가며 상호 협의해나갈 수도 있습니다. 여기서 디자인 샘플을 가지고 이야기한다는 것은 감각적인 사고 중심의 디자이너와 논리적인 콘텐츠 개발자 간의 소통과 공유에서 필요한 과정입니다. 말로 주고받다 보면 장님 코끼리 만지는 격이 되기 쉽죠. 그리고 디자인 샘플은 제작방향에 대해 소통하기 위한 도구일 뿐 그것을 모방하는 것은 아닙니다. 병원 고유의 브랜드 홈페이지는 크리에이티브 아트웍에 의해 탄생되는 것입니다.

어쨌든 전략적 크리에이티브는 적어도 이 세 분야 전문가들이 생산적인 협의를 해나가는 과정에서 창출되므로 이 과정은 매우 중요합니다. 후에 1차 시안이 개발되면 이 세 전문가가 함께 리뷰하고 수정한 후 최종 시안을 클라이언트 병원에 제시하게 됩니다.

병원홈페이지의 디자인 특성 유념하기

한편으로 웹디자인은 병원브랜드 홈페이지의 콘셉트를 시각적으로 구현하는 메인페이지와 시각적 연계성을 갖는 서브페이지의 레이아웃 설정 후 콘텐츠 요소들을 일관된 디자인 콘셉트로 디자인해나가는 과정과 그 결과물이기도 합니다. 홈페이지의 전체적 분위기와 콘셉트의 일관성이 느껴지도록 각 서브페이지를 디자인하고 동종의 콘텐츠 페이지는 동일한 폼을 유지해 통일감을 주는 것이 기본입니다. 각 콘텐츠의 세부요소들과 각 게시판, 퀵메뉴 등의 디자인에 이르기까지 하나하나 개별 요소들을 디자인 콘셉트와 조화를 이루도록 디자인하면 병원브랜드 홈페이지가 훨씬 세련되어 보이고 병원브랜드의 신뢰감을 제고시키는 효과도 볼 수 있습니다.

그러나 병원들 중에는 이성적 판단을 하는 의사의 시각으로 봐서 그런지 전략적 디자인에 대해 별 관심이 없는 경우가 많습니다. 많은 병원과 홈페이지 제작사들이 홈페이지를 간단히 정보의 플랫폼으로만 여겨 브랜드 아이덴티티의 고려는커녕 유사한 템플릿 폼을 활용하고 있습니다만, 그러한 홈페이지들은 병원 로고를 빼면 이렇다 할 특징이 없어 비교 탐색하는 유저들에게 차별적 인식을 형성하기 어렵습니다. 그런가 하면 디자인의 체계적 흐름을 몰라 메인페이지만 생뚱맞게 바꾸면서 경제성을 따지는 이들도 있습니다. 병원브랜드 아이덴티티나 콘텐츠 상황에 대한 고려 없이 특정 브랜드 웹사이트를 모방하고 싶어 하는 이들도 있습니다.

병원홈페이지는 일반적 진료정보나 질환정보를 얻는 웹사이트가 아니라 다른 경쟁군과 우리병원을 구별짓게 하는 브랜딩 차원의 마케팅툴이라는 점을 웹디자인에서도 역시 유념해야 할 것입니다. 병원도 이에 대한 투자를 당연시해야 합니다. 병원브랜딩과 마케팅 효과를 위해서 중요합니다.

병원홈페이지가 병원브랜딩의 시각적 구현물인 만큼 HI(병원브랜드 아이덴티티)와 VI(비주얼 아이덴티티)를 반영해야 합니다. HI 매뉴얼에서 규정한 메인컬러와 서브컬러를 활용하고 로고타입을 일관성 있게 위치시키고 진료상품 콘텐츠 페이지마다 일정한 디자인 톤앤매너를 적용하는 등 통일된 브랜드의 느낌을 구현해야 합니다.

병원홈페이지의 콘텐츠는 쇼핑몰이나 인테리어 같은 홈페이지에 비하면 정보 텍스트가 상대적으로 많은 편이라서 그에 대한 효율적 전달이 중요합니다. 디자인도 그러한 특성을 고려해 정보를 입체적으로 구성함으로써 지루하지 않게 하고 집중도와 직관적 이해도를 높이도록 노력해야 합니다. 텍스트를 짧은 호흡으로 스피디하게 읽어내려갈 수 있도록 하고 바로바로 이해와 관심을 끌 수 있는 비주얼 요소들을 적절히 활용하면서 구성의 체계적 흐름을 만들어야 하는 것 역시 병원홈페이지 디자인에서 중요한 덕목입니다. 텍스트와 유기적으로 연결된 정보페이지나 영상의 링크같이 하이퍼텍스트를 고려한 디자인 또한 고려되어야 할 웹디자인의 특성이죠.

병원브랜드 홈페이지 속성을 고려해 콘텐츠를 돋보이게 하는 웹디자인이 주효합니다.

최근에는 많은 텍스트를 대체할 인포그래픽(info graphic 정보를 그래픽화해서 쉽고 간결하게 전달하는 디자인 형태)을 활용하는 경우들도 늘고 있습니다만, 여기서 주의할 것은 인포그래픽이라고 소비자에게 쉽게 전달되는 것만은 아니라는 것입니다. 그래픽 요소만 보면 오히려 무슨 내용인지 모를 때가 많습니다. 간결하고 쉽게 이해시키는 카피와 유기적인 설명문구 등이 적절하게 활용될 필요가 있는지 살펴봐야 합니다.

병원홈페이지 카피가 건조하고 일반적 느낌을 전할수록 디자인은 보다 임팩트를 추구할 필요도 있습니다. 그래야 시각적 효과를 통해 홈페이지 집중도가 높아지니까요. 이렇듯 홈페이지 디자인은 콘텐츠를 전략적으로 받쳐줄 수 있어야 하고 그것이 전략적인 병원홈페이지 크리에이티브입니다.

병원홈페이지
운영 가이드

병원홈페이지가 완성되면 테스트를 거쳐 오류나 버그를 최종 확인, 수정한 후 드디어 오픈하게 됩니다. 우리병원 홈페이지가 포털사이트 검색 상황에서 보이려면 사이트 등록을 해야 하지요. 자, 이렇게 해서 우리병원의 통합마케팅전략 실행에 따른 홈페이지 검색이 이루어지고 타깃소비자들이 홈페이지를 방문하게 되는데요. 병원은 보통 이후부터 홈페이지 제작업체와 유지·보수 계약을 맺고 소극적인 유지·보수를 이어가게 됩니다.

'소극적인 유지·보수'라는 것은 웹사이트가 웹환경에서 보여지기 위해 호스팅을 하고 간간히 병원 공지 팝업을 올려주는 정도를 의미합니다. (유지·보수는 보통 홈페이지 제작업체에 월정액을 내고 운영합니다.) 홈페이지를 고정화시키고 최소한의 필요한 노출만 하는 것이죠.

병원브랜드 홈페이지의 바른 유지·보수

　그러나 홈페이지가 병원브랜딩과 병원마케팅을 반영한 커뮤니케이션 툴이라는 것을 이해한다면 마케팅 챕터에서도 말씀드렸듯이 마케팅 실행을 통한 피드백에 의해 전략의 보완 수정이 이루어지는 경우 그에 대한 홈페이지 수정 보완도 당연히 이루어질 필요가 있음을 염두에 두어야 합니다.

　또 심혈을 기울여 만든 홈페이지라도 운영하면서 유저의 이용행태와 반응을 피드백해야 합니다. 로그분석을 통해 방문률, 콘텐츠 페이지의 체류시간이 적정한지, 그래서 상담으로의 전환이 이루어지는지를 체크하고 성과가 저조한 콘텐츠나 게시판은 원인을 분석해 수정해야 할 것입니다.

　또 병원이 새로운 진료상품을 론칭하거나 타깃 세그먼트(타깃 소비자를 세부적으로 분류해 특정 타깃을 공략하는 포지셔닝과 마케팅의 전략)를 통해 새로운 시장 진출을 하기로 한다면 브랜딩전략 전반에 그 점이 반영되어야 하고 역시 홈페이지에서도 그 부분의 콘텐츠, 메인페이지 내 어필, 관련 유입요소 등의 추가 보강이 이루어져야 합니다.

　물론, 진료상품의 전반적인 리세팅이나 브랜드 리포지셔닝이 필요한 경우, 홈페이지 자체가 비전략적이고 전반적으로 유저 반응이 저조한 경우는 홈페이지 전체 리뉴얼이 필요하겠지만요.

　이처럼 병원브랜딩 상황의 변화와 홈페이지 이용상황에 따라 홈페이지 각 요소들이 수정 보완될 필요가 있으므로 홈페이지 유지·보수는 적극적으로 이루어져야 합니다. 병원도 그에 대한 투자를 기꺼이 해야 합니다. 그리고 그러한 적극적 유지·보수를 잘할 수 있는가까지 살펴보고 홈페이지 제작을 의뢰해야 할 것입니다. 홈페이지 보수에 관한 내용은 병원마케팅 담당자나 마케팅 대행사 담당자의 자료 제공 또는 디렉션을 받을 필요가 있겠죠.

병원브랜드 홈페이지 보수에 대한 몇 가지 팁

적극적인 홈페이지 보수 중 대표적인 큰 사안이 진료상품의 추가에 대한 건입니다. 그런데 진료상품을 추가하는 것은 기존 진료상품과 질적으로 다른 새로운 진료상품을 론칭하는 것과 기존 진료상품을 보다 세분화해서 포지셔닝하는 것으로 나눌 수 있습니다. 가령, 기존 시술상품을 40대, 남성 같은 특정 타깃에 대한 진료상품으로 세분화해서 타깃에 어필할 진료의 가치와 특별한 진료서비스를 소개하는 경우가 있고, 의료진을 영입해서 새로운 진료과를 병원내 세팅하는 식의 질적으로 다른 진료상품의 론칭 마케팅을 하게 되는 경우가 있겠죠.

만약 기존 진료상품 카테고리에서 타깃 세그먼트에 의한 새로운 진료상품(엄밀히 말하자면 질적으로 전혀 다른 진료가 아니라 진료상품을 대상에 의해 세분화한 것)을 추가해야 한다면 그 진료명에 해당하는 메뉴명과 그 콘텐츠 페이지를 만들어 기존 메뉴바에서 삽입될 메뉴 위치를 정하고 퍼블리싱을 하면 됩니다. 메인페이지의 메인배너에서 알릴 사안인지 돌출된 진료상품 배너를 추가하거나 변경할 사안인지 판단해서 그렇게 수정 보완을 하면 되구요. 관련 마케팅에 맞춰 팝업에서 더 강조할 수도 있겠죠. 팝업의 상세페이지는 새롭게 추가된 신메뉴의 콘텐츠페이지가 될 수 있겠고요.

만약 기존 진료상품들과 질적으로 다른 새로운 진료상품의 론칭이라면 좀더 복잡할 수도 있습니다. 기존 진료상품과의 연계성 정도에 따라 보수 차원으로 진행이 되느냐 리뉴얼이 이루어져야 하느냐가 결정될 수 있습니다.

기존 병원브랜드 포지셔닝과의 연계성이 있다면 기존 홈페이지에서 메뉴카테고리를 새롭게 추가하고 관련 서브메뉴들까지 정리해서 메뉴단의 적절한 위치에 삽입하고 각 콘텐츠 페이지를 만들어 퍼블리싱하면 됩니다. 새로운 진료상품에 대한 어필은 앞서와 유사하게 메인페이지에서 적절하게 이루어질 수 있겠죠. 다만 새로운 메뉴에 의해 병원브랜드 포지셔닝의 변화가 요구되는 만큼 메인페이지 메인 배너에서도 적극적으로 알릴 필요가 있습니다.

진료상품 추가건이 아니어도 진료상품을 운영하면서 병원 내에 노하우가 쌓이고 진료서비스나 시스템, 의료진 영입 등의 변화가 생겼을 때나 진료상품에 대한 이슈나 여론, 경쟁군들의 마케팅 변화 등 외부 요인에 의해서 기존 진료메뉴나 병원브랜드 메뉴의 콘텐츠페이지 내용에 보완이나 수정이 이루어질 필요가 생깁니다.

대부분은 그런 변화에도 불구하고 홈페이지는 요지부동으로 상담이나 후기 게시글 업로드만 챙기는데요. 실제 상담으로 전환되는 소비자 행동의 동기부여는 경쟁군과 비교탐색하는 콘텐츠 페이지에서 나온다는 것을 인식한다면 그런 안일한 운영은 절대 하지 않을 것 같습니다.

홈페이지 리뉴얼이 필요할 때

그런데 새로운 진료상품이 기존 병원브랜드 포지셔닝이나 진료상품과의 연계성이 낮다면, (가령 여성병원에서 성형외과를 론칭하는 수준이라면) 기존 병원브랜드 포지셔닝이 반영된 홈페이지에 메뉴를 추가하

는 수준이어서는 적절치 않습니다. 이러한 경우는 병원브랜드의 리
포지셔닝 전략과 그에 대한 마케팅을 반영해서 홈페이지 리뉴얼이
이루어질 필요가 있죠.

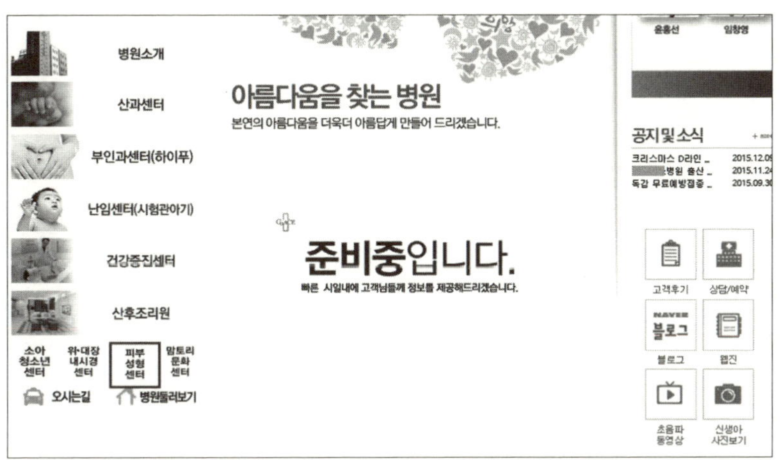

동일 시장이나 연계성이 있는 시장이 아니라면 병원포지셔닝이 이루어진 홈페이지에 진료상품을 무
리하게 끼워넣지 않는게 낫습니다. 콘텐츠가 '준비중'으로 나오는 것 역시 마케팅적으로 바람직하지
않습니다.

　경제적 부담이나 당장 마케팅을 해야 한다는 이유로 기존 병원브
랜드 홈페이지에 질적으로 다른 진료상품 메뉴를 끼워넣는 식은 새
로운 진료상품 성장을 저해시킵니다. 타깃소비자가 다르고 경쟁 시
장이 다르기 때문에 그를 고려한 전략적 홈페이지를 별도로 개발해
경쟁력을 갖추는 것이 필요합니다. 그리고 각 진료군의 홈페이지를
병원브랜드 홈페이지에서 유기적으로 결합시키는 것이 더 나은 홈페
이지 전략일 수 있습니다. 위에 예를 든 여성병원이라면 기존 부인과
홈페이지 외에 성형외과 홈페이지를 개발하고 여성병원브랜드에 대
한 전략적인 브랜딩 홈페이지에서 두 웹사이트를 브랜드 스토리텔링

으로 연결시켜 새로운 인식을 형성하게 할 수 있죠.

이는 병원브랜드 홈페이지 또한 소비자의 병원브랜드에 대한 인식 형성을 목적으로 한 브랜딩전략과 맞물려 있다는 것을 시사합니다. 아시겠죠? 병원홈페이지는 병원 마음대로 전달하는 정보 모음이 아니라는 것을요.

병원에서 홈페이지 운영시 주의할 것

병원에서 가장 신경쓰는 홈페이지 요소는 상담게시글이나 비용상담 문자, 카톡상담 등 고객 유입에 직접 연계되는 소통툴인데요. 그럼에도 여전히 상담 답글을 느리게 다는 병원들이 있습니다. 상담 답글에 대해 정성을 기울이는 것 못지않게 중요한 것은 스피드죠. 그 사이 다른 경쟁병원으로 이탈해버릴 뿐 아니라 이 병원은 응대가 왜 이래? 하는 불쾌감까지 얹어주기 때문이죠.

이에 대한 팁을 드리자면, 비용이나 예약 스케줄 변경 등 진료와 직접 상관이 없는 상담글의 답글은 전담 스태프가 신속히 달 수 있도록 하고 진료에 대해 어느 정도의 설명이 필요한 경우라면(보통은 이런 경우 와서 진료 해봐야 알겠다는 답변을 달지만 자발적 내원을 할 수 있도록 구체적으로 안내하는 답변이 더 유용하답니다.) 의료진이 몇시간 내 답변을 달도록 하고 그것을 안내하는 문구가 게시판에 보이도록 할 수 있습니다. 상담 답변의 가치가 다르므로 상담고객은 기꺼이 그 시간을 기다려줄 수 있는 것이죠. 물론 답변의 질이 담보된 경우에 한합니다.

후기나 사례사진, 의료진의 활동이나 병원 소식 같은 병원의 활발한 진료와 활동상을 보여주는 게시글과 콘텐츠는 자주 업로드하는 것이 병원브랜드에 대한 신뢰도 형성 차원에서도 바람직합니다. 만약 그런 콘텐츠 업로드가 어려운 병원이라면 홈페이지 설계할 때부터 그에 대한 고려를 하는 게 좋습니다.

일부 원장들은 홈페이지 개발 비용만 들여 알뜰하게 보존한다는 생각으로 실제 병원 운영상황과 관련 없이 다른 병원에 있는 메뉴나 게시판은 일단 다 만들어놓는 경우들이 있습니다만, 홈페이지에 '준비중'이라거나 콘텐츠가 텅 비어있는 방, 한두 개 게시글 외에 없는 경우 등은 병원브랜딩과 마케팅 효과 측면에서 비추입니다. 지금이라도 보완을 하거나 불필요한 것은 정리를 하세요.

홈페이지 로그분석과 내원 고객 대상 홈페이지 이용에 대한 조사를 주기적으로 시행해 피드백하는 것도 게을리하지 마시기 바랍니다. 병원홈페이지가 잘 애용되어야 병원마케팅 효과 창출과 브랜드 성장이 기본적으로 이루어집니다. PC 홈페이지는 오랫동안 익숙하게 운영해왔지만 모바일 홈페이지는 아직 덜 관심을 기울이는 병원들이 있습니다. 많은 마케터들이 이야기하는 것처럼 모바일 마케팅이 대세랍니다. 모바일 홈페이지 관리 역시 열심히 하시기 바랍니다.

병원들이 홈페이지에 열심히 하는 일 하나가 이벤트나 공지 팝업을 올리는 일인데요. 이 팝업을 필요에 따라 그때그때 다양한 디자인으로 만들어 메인배너 앞에 때로는 두세 개씩 덕지덕지 붙이는 경우들이 흔합니다. 팝업 내용도 텍스트가 많거나 복잡하게 구성되어 있어 오히려 가독성이 떨어지는 경우들이 많고요.

팝업은 홈페이지 방문 고객에게 효과적으로 전달하는 것이 목적이므로 전달력에 신경써서 전략적으로 만들고 운영할 필요가 있습니다. 홈페이지 개발 단계에서 이를 고려해 팝업 존을 구성할 수도 있고 여러 내용의 팝업을 개별적으로 여러 개 올릴지 하나의 팝업에 일목요연하게 구성하는 게 나을지 판단해서 광고 수준으로 크리에이티브를 고민할 필요가 있습니다. 홈페이지 첫방문을 한 고객이 병원 브랜드 포지셔닝과 관련한 메인배너의 메시지를 보지 못하고 팝업 이벤트만 주목하게 된다면 병원의 차별적 인식을 형성하는 브랜드 포지셔닝 목적에 도달하기 어렵습니다.

협소한 팝업 안에서 모든 내용을 고지하려 하지 말고 관심을 끌 헤드카피와 서브카피 정도로 간결하게 정리하고 랜딩페이지로 유도하는 게 더 효과적입니다. 디자인 역시 많은 비주얼요소로 '장식하려' 하지 말고(그러면 더 복잡해 보여서 가독성이 오히려 떨어진답니다.) 여백의 미를 살려 간결하게 메시지를 전하는 것이 좋습니다.

홈페이지 팝업을 고정 배너로 구성해 메인뷰를 가리지 않고 효율적으로 노출시킨 경우

병원홈페이지를 만들면 게시판 운영이나 로그분석 등을 할 수 있

는 관리자 페이지를 만들게 되죠. 보통은 홈페이지 제작업체가 관행처럼 일정한 폼으로 만들어주는데요. 병원마다 홈페이지 운영 수준이 다르기 때문에 우리병원 담당자들이 운영하기 적합한지도 체크해보고 이에 대한 협의를 할 수도 있습니다. 홈페이지의 관리자 페이지 개발 단계에서 업체나 병원측이 검토를 요청해 운영의 적합성을 높이는 것이 좋습니다.

저는 홈페이지를 개발하면 콘텐츠와 메뉴 전체에 대해 모든 직원이 숙지하도록 권고합니다. 홈페이지의 모든 내용은 병원브랜딩에 대해 고객에게 공식적으로 보여주고 약속하는 것인 만큼 고객 접점의 모든 직원들과 병원브랜딩을 운영하는 주체들이 그에 대해 숙지하고 있는 것은 당연하고 또 당연한 일입니다. 현실은 담당자나 컨펌하는 원장 말고는 별 관심이 없고 잘 모르는 경우가 많지만 이런 점은 개선되어야 할 것입니다. 직원들은 홈페이지에서 보여주는 병원브랜드의 가치와 진료의 경쟁력을 통해 병원브랜드에 대한 충성도가 높아질 수 있고 상담이나 고객응대, 진료시스템, 고객서비스 등에서 일관된 모습을 보여줄 수 있습니다. 병원브랜딩에 도움이 되죠.

Part Ⅴ 병원광고 전략적으로 개발하기

병원광고의 상투적인 면을 싫어하고 신뢰하지 않는 소비자가 경쟁병원들과 함께 우리병원
의 광고를 보게 되는 상황에서 광고의 관심을 그들로부터 받을 수 있어야 광고의 최초 목
적인 '도달'에 이르게 되는 것입니다.

병원브랜드 광고에 대한
바른 관점 갖기

온라인 검색 상황에서 노출되는 다양한 온라인 광고, 버스 외부, 지하철 역사, 페이스북, 주말 신문, 여성지 뒤편의 병원광고 페이지들…. 생활 주변의 다양한 매체에서 병원광고를 쉽게 접할 수 있습니다. 이미지를 활용한 광고 외에도 키워드 검색광고, 블로그 형태의 파워콘텐츠 광고, 뉴스처럼 보이는 기사식 광고, 동영상, 길에서 나눠주는 물티슈에 이르기까지 광고 형태도 다양합니다.

그런데 병원광고의 현주소를 알 수 있는 것은 병원브랜드를 어필하는 이미지 중심의 광고입니다. 광고 다수는 다음의 유형으로 구분될 만큼 천편일률적입니다. 전후사례사진 중심의 광고, "○○진료는 □□병원" 식의 억지스러운 포지셔닝 광고, 병원 이름과 진료내용을 고지한 수준의 광고, 비용 할인을 내세운 광고, 여기에 간간이 재미 위주의 아이디어만 있는 광고…. 검색광고의 광고문구나 블로그, 뉴스 등 노출되는 키워드별 콘텐츠 광고들 역시 대체로 경쟁군과 유사한 패턴과 내용을 보이고 있습니다.

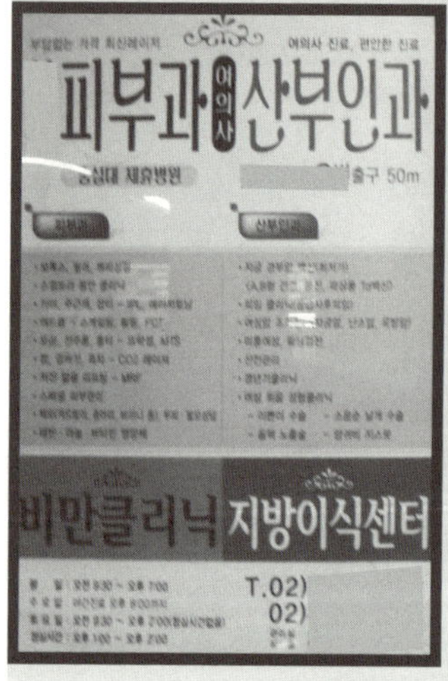

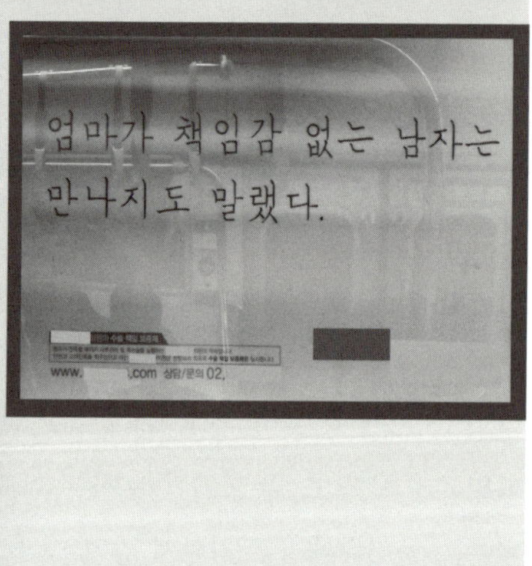

진료과목과 병원이름을 단순하게 연결하는 광고, 진료과목과 안내정보 나열 중심의 광고, 비전략적인 아이디어 광고 등은 병원광고에서 흔히 보게 되는 유형입니다.

왜 병원광고는 이런 유형화가 지속되는 걸까요? 그것은 광고를 이해하는 병원 원장들과 담당자의 관련 지식이 대체로 낮고 그에 대한 고민이 적기 때문입니다. 그리고 광고의 전문적 식견과 노하우를 갖춘 이들이 상대적으로 파이가 작은 병원마케팅계에 들어오지 않기 때문이기도 합니다. 병원광고의 필요성은 알지만 대부분 적은 예산에서 다양한 마케팅을 알뜰하게 꾸려가야 하는 병원들이 광고에 투자하기가 녹녹치 않아 전문 인력의 도움을 받기는 열악한 상황입니다. 그래서 병원마케팅계에 광고 전문가는 드물고 온라인마케팅 실행사에서 리플릿 디자이너들이 병원광고를 만들고 집행하는 경우들도 많죠.

그런데 분명한 사실은 다른 마케팅툴과 마찬가지로 광고는 병원이 전하고 싶은 이야기를 디자인하는 것이 아니라는 것입니다. 병원광고의 상투적인 면을 싫어하고 신뢰하시 않는 소비자기 경쟁병원들과 함께 우리병원의 광고를 보게 되는 상황에서 광고의 관심을 그들로부터 받을 수 있어야 광고의 최초 목적인 '도달'에 이르게 되는 것입니다.

광고의 '노출'과 '도달' 구별하기

광고에서 노출만으로 광고 목적을 달성했다고 할 수는 없습니다. '노출'은 그야말로 타깃소비자들이 모이는 곳에 광고가 놓여 있는 것입니다. 물론 노출이 잘 되면 그만큼 광고를 볼 가능성이 높아지죠. 그러나 우리가 체감하다시피 지하철 출퇴근 시간에 그렇게 많은 인파들로 북적이는 곳에 병원광고를 집행해도 소비자들이 휴대폰만 보고 있다가 내리면 광고효과가 있다고 말할 수 없죠. 온라인광고의 노출률 역시 광고효과에서 크게 유의미하지는 않습니다. 자신이 클릭이라도 하지 않은 광고의 노출은 인지를 일으키지 못하니까요.

그래서 더 중요한 것이 광고의 '도달'입니다. 소비자가 광고를 보게 되는 상황 말입니다. 사실 '노출'은 과거 매스미디어 시대에 일방적인 정보 전달의 수단으로 광고가 주목을 받던 때의 이야기입니다.

그러니 병원광고를 집행하려면 최소한 타깃 소비자가 보도록 해야 합니다. 그것은 매체 플래닝에도 중요한 고려사항이지만 광고 크리에이티브 개발에서도 기본적으로 고려해야 할 것입니다. 많은 사람들 속에 광고가 있다는 것보다 또 소비자를 고려하지 못한 병원광고가 여기저기 보인다는 것보다 훨씬 중요한 것은 소비자가 광고를 '관심을 가지고 본다', '보게 한다'는 것이란 걸 아셔야 합니다.

그런데 광고를 '보게 한다'는 의미를 쇼킹한 아이디어나 임팩트만 추구하는 광고여야 한다는 것으로 오해하지 마시기 바랍니다. 가령, 버스 앞자리에 앉은 남성의 콧물이 뒷자리의 여성 얼굴에 마구 쏟아지는 동영상 광고를 만든 한의원 광고는 여성 비하와 성적 뉘앙스를 불러일으킨다는 비난 여론을 감수하고 삭제해야 했습니다. '그 남자를 오늘은 내가 먼저 차버렸다'는 메시지를 담은 성형외과 광고나 여성 얼굴 대신 감자의 껍질을 벗기는 비주얼을 내세운 성형외과 광고 등 재미 위주의 아이디어만 있고 정작 그 병원브랜딩을 고민하지 않은 병원광고들은 효과를 내지도 못할 뿐 아니라 병원브랜드에 대한 부정적 이미지를 형성할 수 있습니다.

병원광고는 과자나 패션 광고와는 달라야 합니다. 단순히 병원브랜드 이름을 인지시키는 것만 목적으로 해서는 안된다는 말입니다. 재미있는 광고나 임팩트 있는 광고의 이미지를 좋아하는 이들이 아니라 실제 진료상품을 구매할 타깃 소비자는 병원광고를 통해 병원브랜드에 대한 신뢰성을 기본적으로 기대합니다. 병원의 부조리, 의료사고, 의사의 태도에 대한 소비자 불만, 부작용 등의 부정적 정보를 종종 접해왔고 검색만 해도 쉽게 그런 글들을 볼 수 있기에 병원

광고를 비롯한 마케팅 콘텐츠에 대해 경계심이 높습니다.

광고전략의 필요성 인식하기

소비자에게 원하는 것을 보여주거나 볼 수 있다는 기대감을 갖게 하는 것이 광고를 주목하게 하는 데 중요한 동기가 됩니다. 그러나 그러한 광고를 만드는 것은 말처럼 쉽지 않습니다. 소비자에게 관심을 받는 광고를 만들려면 진료상품 정보나 병원의 장점 위주로 전달하는 병원 입장의 광고여서는 안됩니다. 온라인 키워드 검색광고 문구들, 온라인 배너광고, 버스나 지하철 등 오프라인 매체의 광고들 역시 (의료광고법의 제약이 있더라도) 그러한 전형적인 병원광고 유형들을 따르고 있습니다만, 그러한 병원광고는 소비자가 낯설어하는 새로운 진료상품으로 초기시장에 진입하는 것이 아니라면 더 이상 소비자에게 기대감을 불러일으킬 수 없습니다. '도달'이 이루어지지 못하고 매체비만 소모된다는 얘기죠.

이제는 타깃 소비자들을 세그먼트화 해서 세분화된 키워드별 광고를 집행하는 것이 더 효과적입니다. 가령, 병원이 다양한 온라인 키워드 광고를 집행하면서 광고문구는 동일한 것으로 집행하는 경우가 많습니다만, 키워드별 소비자의 정보에 대한 니즈가 다를 수 있으므로 이렇게 기계적인 노출 위주로 광고를 하면 효과가 떨어지기 쉽습니다. 예를 들어 질환명 키워드는 진료상품에 대한 구매보다 질환에 대한 정보가 궁금한 소비자들이 주로 이용하는 키워드이므로 진료상품 키워드광고보다 양질의 진료정보를 제공하면서 병원브랜드를 인식하게 하는 콘텐츠 마케팅을 적극 고려할 필요가 있습니다.

파워링크 '갑상선기능저하증' 관련 광고입니다. ⓘ

████의원 갑상선클리닉 www.seouldoctors.kr
약물미세조절, 고주파시술2200건, 호르몬검사, 강변역도보5분, 서울대외과전문의.

갑상선클리닉 ████의원 www.kbseoulsurgery.co.kr
갑상선초음파, 비수술고주파열치료, 당일조직검사, 서울대출신, 종로위치 의32076

갑상선저하증 ████한의원 www.findhappy.org
갑상선기능저하증, 하시모토, 체중증가, 탈모, 우울증, 경희대한의학박사, 한14286

자가면역질환, ███한의원 www.singiyul.co.kr
류마티스관절염, 베체트병, **갑상선기능저하증**, 항진증, 비수술치료, 한24323호

████대항장문외과의원 www.breast1.co.kr
갑상선전문, **갑상선기능저하증**, 고주파치료전문, 당일 세포검사, 서울대동문.

████여성외과의원 www.souclinic.co.kr
갑상선결절, 당일세침검사, 기능검사, 저하, 항진, 이수역위치, 의40265.

████외과의원 wellop.co.kr
갑상선암, 조직검사, 갑상선양성결절, 고주파열치료술, 1호선역곡역2번, 의63799

갑상선검진 ████외과의원 mapou.co.kr/
갑상선암, 종양, 갑상선 기능이상, 혈액검사 초음파 진단, 마포역위치, 의41767

유방갑상선, ████외과의원 www.mammochoi.com
분당정자역, 당일조직검사, 갑상선고주파, 유방, 울산의대 외래부교수, 의42085

████외과의원 www.hanmaeumh.co.kr
치질, 대장내시경, 유방암, 맘모톰, 갑상선, 탈장, 건강검진, 의33317

검색 키워드와 무관한 광고문구들을 일괄적용하면 광고 전환을 일으키기 어렵습니다.

이처럼 타깃 소비자의 광고 이용행태와 광고를 하고 있는 진료상품에 대한 니즈, 관련 정보 수준, 비교되는 경쟁군 마케팅 등 다양한 것들을 파악하고 그것을 고려해 병원브랜드 광고를 차별적으로 만들어야 합니다.

경쟁군의 광고와 차별적으로 만들지 않으면, 즉 다르게 보이지 않으면 소비자가 굳이 인지하려 하지 않거나 경쟁병원 광고들과 혼란을 일으킬 수도 있는 등 광고 효과가 일어나기 어렵습니다. 우리 뇌가 감각기관을 통해 정보를 인지하는 메커니즘이 그렇답니다. 앞서 소개한 병원광고 유형화는 이런 이유로도 지양되어야 하는 것이죠.

그래서 흔히 병원에서 광고를 기획 또는 개발한다고 하지 않고 디자인한다고 하듯이 광고를 단순히 디자인물로 보아서는 안됩니다. 광고는 무심한 병원 타깃 소비자들에게 말을 걸어 관심을 만들고 궁극적으로 우리병원 브랜드를 주목하게 하기 위한 전략적 마케팅커뮤니케이션의 툴입니다.

광고전략을 먼저 개발해서 광고를 제작해야 하는 것입니다. 병원의 브랜드 포지셔닝 전략이 선행되어야 하고 그를 실행할 통합마케팅 전략 역시 고려해서 광고의 전략을 세워야 하는 것이죠. 결코 광고만 단독으로 제작되거나 진행되어서는 마케닝 효과를 제대로 일으키지 못하고 소멸되는 매몰비용만 늘게 됩니다.

광고의 주목성을 높이기 위한 크리에이티브에 대해 이해하기

병원광고들 상당수는 많은 정보를 광고 한 편에 넣는 경우가 많습니다. 심지어 광고 하나에 서로 다른 이야기들이 모여 있기도 합니다. 광고가 소비자 입장에서 전달된다는 생각보다 병원이 전달할 내용을 구성하는 것에 초점이 맞춰져 있기 때문입니다. 그러나 이런 광고일수록 오히려 광고비용을 낭비하게 합니다. 광고 주목 자체가 잘되지 않기 때문이죠.

《다시! 알아야 할 병원마케팅》에서도 소개한 바가 있는데 광고를 보는 소비자 시선을 연구한 자료에 따르면 소비자의 시선은 광고의 비주얼요소에서 눈에 띄는 것(모델의 눈과 같은), 헤드카피, 브랜드 로고 순으로 빠르게 훑고 지나갑니다. 광고를 보는 시간은 겨우 1, 2초 이내입니다.

한 광고면에 다른 메시지들이 섞이거나 너무 많은 내용을 전달하려고 하면 오히려 전달효과가
떨어집니다.

〈광고정보(한국방송광고공사 발행. 2008년 1월호)〉 '아이트래커 활용한 광고효과 측정(김재휘 저)' 중 사진자료 인용. 사진에서 보이는 선의 흐름이 광고를 보는 소비자의 시선 흐름입니다.

광고에 관심이 가면 온라인광고의 경우에는 랜딩페이지로 이동하고 오프라인광고의 경우에는 병원홈페이지를 검색하는 등 그 다음 정보 탐색의 과정으로 진행됩니다. 병원의 기대처럼 또 광고를 잘 모르는 마케팅 업체의 생각처럼 광고를 찬찬히 봐줄 소비자는 거의 없다고 봐야 합니다.

광고에서 너무 많은 텍스트와 복잡한 구성, 다양한 이야기가 있으면 보겠다는 욕구 자체가 떨어지고 오히려 가독성도 미비합니다.

소비자가 주목하지 못하면 그 광고는 무용지물이 되는 것이고 광고 집행에 드는 비용은 매몰비용이 되는 것입니다. 모바일의 작은 화면 이든 지하철 역사의 와이드 광고든 마찬가지입니다. 광고전략에 의한 임팩트도 중요하지만 여백을 충분히 두고 핵심 메시지만 한눈에 들어오게 구성하는 효율적인 광고 크리에이티브 역시 반드시 고려되어야 합니다.

단, 병원광고가 간결한 이미지 위주의 광고여야만 한다는 것은 아닙니다. 때로는 기사형태 광고든 정보성 콘텐츠로 효과적인 광고를 진행할 수도 있습니다. 그러나 이때도 역시 가독성과 주목성을 높이기 위한 노력을 해야 합니다.

광고 크리에이티브의 결정 역시 광고 전략에서 나옵니다. 어떤 타깃과 어떤 매체에, 어떤 진료상품에 대해 어떻게 다루기로 했을 때 그에 적합한 크리에이티브를 결정하는 것입니다.

다시 한 번 강조하지만 광고 크리에이티브는 유형을 좇는 것이 아니고 이미 만들어진 광고스타일을 좇는 게 결코 안전한 것이 아닙니다. 병원에 맞는 광고 전략에 의해 결정되는 것입니다.

광고를 병원브랜딩의 관점에서 보기

광고로 병원명의 인지도가 높아진 병원들 중에는 병원 이름을 검색했을 때 오히려 고객 불만의 이야기들이 모여있는 것을 목격할 수 있습니다. 병원이 광고를 비롯한 대외적인 마케팅을 통해 이름을 알리는 것만을 마케팅의 목표로 삼은 때문입니다.

그러나 이렇게 병원브랜드 검색 상황이 부정적이거나 특별한 경쟁력을 전하는 콘텐츠들이 보이지 않으면 광고의 효과는 사장되고 맙니다. 부정적 여론이 많거나 시의적으로 특별히 병원브랜드의 이미지에 안좋은 영향을 준 사건이 이슈화되었다면 광고를 통해 오히려 악소문이 집중되기도 합니다.

병원광고만 잘 노출되면 또 그로 인해 상담 신청이 늘면 된다는 생각은 타깃 소비자에 대한 무지와 병원브랜딩에 대한 무관심, 광고 운영의 안일함에서 옵니다. 오프라인 매체의 광고든 인터넷이나 SNS에서 보게 된 광고든 병원광고만 보고 내원을 결심하는 소비자는 더 이상 없습니다. 그들은 병원광고에 대해 관심이 생기더라도 우리병원에 대한 정보와 더 나은 병원에 대한 성보를 탐색하고 판단합니다.

그들은 과자나 패션상품이 아니라 자신이나 소중한 사람의 생명과 직결되는 진료를 구매하려는 것입니다. 더군다나 종종 언론매체에 떠오르는 병원 부조리, 시술 부작용, 의사들의 부정적 태도에서부터 병원을 체험한 고객들의 평에 이르기까지 다양한 정보를 쉽게 접할 수 있게 되었습니다. 그리고 부정적 기억은 더 오래 남아있어서 병원 선택을 할 때 신중할 수밖에 없습니다.

그래서 병원이 광고를 집행하기 전에 이미 병원브랜딩 상황이 양호하고 병원브랜드에 대한 긍정적 여론이나 차별적 가치를 느끼게 하는 디스플레이가 잘 되어 있어야 합니다. 병원광고는 여기저기 독특하게 보여서 많은 이들이 알게 되었는데 정작 실구매층이 그 병원에 대해 검색을 하니 파워카페에서 병원 체험 고객들의 불만이 이어지고 지식인에서 그 병원에 대한 혹평의 답글이 보인다면 그 병원은 선택되기 어렵습니다.

광고의 소비자와 병원 잠재고객층이 분리되어 있을 수 있으므로

(광고를 재미있게 보는 층은 10대나 20대, 또는 관련 업종자나 광고업계 지망자이고 실제 진료상품을 구매하는 소비자층은 30대, 40대인 경우처럼) 실구매층의 접점을 병원은 늘 살피고 평소 브랜딩을 열심히 해야 합니다.

병원광고 전략 세우기

병원이 진료상품에 대한 마케팅을 하고자 광고를 진행하기로 했다면 보통은 마케팅 업체에 의뢰해서 어디에 집행해야 효과적인지 매체를 결정하고 광고시안을 확정한 뒤 집행하게 되는 순인데요. 여기에는 관행만 있을 뿐 광고 목적을 이루기 위한 광고전략은 없습니다.

그러나 앞서 말씀드린 것과 같이 병원광고는 병원브랜드를 차별적으로 인지하게 하는 브랜딩 관점에서 전략적으로 이루어지는 것이 매우 중요하므로 광고 집행 전 전략을 개발해야 합니다. 이제부터 병원은 광고를 노출시킬 매체 선정과 광고 시안에 대해 왜 그렇게 해야 하는지에 대한 타당한 근거까지 컨펌해야 합니다. 광고제작사 역시 광고전략에 대한 프레젠테이션을 통해 광고시안을 설득시킬 수 있어야 합니다.

광고의 전략은 어떻게 개발될까요? 병원브랜딩 전략, 통합마케팅 전략들과 마찬가지로 정해진 답은 없습니다. 기획자에 따라서도 다릅니다. 다만 광고전략을 제대로 개발하기 위한 필수 항목들이 있습니다. 이에 대해 살펴보죠.

광고의 목표 세우기

광고의 전략은 무엇을 이루기 위함인지 그 목표가 분명해야 그에 대한 구체적 전략이 나오고 실행 후 목표를 잘 수행했는지 피드백을 하기 위한 기준 역시 있어야 하기에 광고목표가 필요합니다.

그런데 광고의 목표를 무조건 매출증대라고 이야기하는 것은 이제 바보 같은 말이 되었습니다. 마케팅에 대한 챕터에서도 강조한 바와 같이 광고가 매출증대를 직접적으로 일으키는 것이 아닙니다. 광고는 타깃소비자에게 우리병원의 존재감을 알리는 일입니다.

우리병원에서 진료 체험을 한 고객이 만족스러워서 주위에 입소문을 내주고 환자를 소개해주는 일도 병원브랜드 성장에서 매우 중요하지만 우리병원을 모르는 훨씬 더 많은 타깃 소비자에게 병원브랜드를 주목하게 하는 광고를 통해 의미있는 행동(광고의 공유, 상담 신청, 저장 등)의 계기를 만드는 것 역시 매우 중요한 병원브랜딩의 하나입니다.

소비자 입장에서는 관심있는 질환이나 진료에 대해 말을 걸고 그에 대한 기대와 신뢰를 주는 병원브랜드를 어필하는 광고를 통해 '이 병원이 있구나' 하는 병원브랜드에 대한 첫 인식을 갖게 됩니다.

결국 광고의 목표로는 이런 소비자의 광고 이용행태와 인식을 전제로 우리병원이 광고를 통해 현실적으로 얻고자 하는 바를 구체적으로 설정해야 합니다. 가령, 우리병원의 특정 진료상품에 대한 타깃소비자의 인식을 형성해서 진료상품에 대한 상담 신청의 동기부여를 형성하는 것이 광고 목표일 수 있고 그와 함께 모르고 있던 병원브랜드에 대한 인식을 형성하는 것 역시 광고목표가 될 수 있겠죠.

대체로 진료상품 광고 위주로 집행하기 때문에 이런 방향에서 병원 상황에 따른 목표들이 설정되겠지만 병원브랜드 자체의 인식을 교정하는 목적의 병원브랜드 광고를 집행할 수도 있습니다. 특히 부정적 여론이 형성되었거나 브랜드 포지셔닝이 정확히 이루어지지 못하고 병원이 원하지 않는 방향으로 소비자 인식이 형성되었다면 병원브랜드의 아이덴티티와 포지셔닝전략을 바탕으로 병원브랜드 광고를 집행할 필요가 있습니다.

예를 들어 진료상품에 대한 전문성보다 사고 나면 응급치료를 위해 가는 지역 병원으로 인식이 형성되어 있다거나 기존까지 척추 관절 전문병원이었는데 그와 연관성이 없어 보이는 새로운 진료상품에 대한 병원으로는 인식되기 어렵다면 특정 진료상품들을 위해 고려해야 하는 병원으로의 인식 형성을 목표로 병원브랜드 광고를 집행할 수 있습니다. 이러한 경우 대개는 진료상품과 병원 이름을 넣은 단순한 광고를 집행하는 것에 머물지만 그렇게 한다고 해서 광고효과가 기대만큼 일어나지 않습니다. 목표를 정확히 해서 그 목표를 이루기 위한 방법을 찾는 광고전략 개발이 성공적인 광고를 위한 기본전제입니다.

광고 목표 설정에서 주의할 것은 온라인 마케팅 실행의 목표와 혼동해서는 안된다는 것입니다. 전환률, 콜 수, 상담고객 DB 수 등은 광고목표가 아니라 실행 후 성과 측정의 일부 기준이 될 뿐입니다. 광고는 타깃 소비자의 병원브랜드에 대한 인식 형성을 위한 마케팅 툴로서 그에 합당한 목표가 설정되어야 합니다.

광고의 타깃 설정하기

광고를 누구를 대상으로 만들 것인지에 대한 것입니다. 광고의 타깃이 제대로 설정되지 못하면 그 타깃의 니즈를 자극할 광고메시지 개발도, 효과적인 매체 선정도 합리적으로 되지 못하죠. 결국 효과가 떨어지는 광고를 집행하게 됩니다.

그런데 이 광고의 타깃 소비자는 우선은 광고의 목표를 전제로 고려되어야 합니다. 특정진료상품에 대한 니즈를 자극해서 병원브랜드를 인식하게 한다면 특정 진료상품에 대해 관심과 구매가 이루어질 수 있는 소비자층을 설정해야 합니다. 병원브랜드에 대한 인식 교정이나 리더브랜드로서의 자리를 공고히 해서 경쟁군의 추격에 위협당하지 않기 위한 브랜드 로열티 제고를 목표로 한다면 지역민과 병원 기존 고객층이 타깃이 될 수도 있습니다.

진료상품에 대한 타깃 소비자를 설정할 때는 보다 세부적으로 구분할 필요가 있습니다. 경쟁이 치열한 진료상품 시장에서 보다 빠르게 병원브랜드의 진료상품에 대한 인식을 형성하게 하는 광고의 효과를 보려면 말이죠. 가령, 여드름치료 시장처럼 레드오션에서, 그만큼 소비자의 인식과 정보력 역시 높은 상황에서 광고를 집행할 때 경쟁병원과 유사하게 "여드름치료에 효과적인 이 진료상품"이란 메시지를 전달하는 것은 타깃 소비자에게 진부할 수밖에 없고 광고의 전환이 이루어지기 어렵습니다.

이 경우 흔히 경쟁병원들처럼 여드름이 난 성인이나 그 주변인을 타깃 소비자로 설정하기보다(이런 타깃 설정은 매체 선정의 근거 정도로밖에 작용하지 못합니다.) 타깃 소비자를 세부적으로 분류(타깃 세그먼트)해서 각 소비자에게 어필할 수 있는 메시지의 광고를 개발하는 것이 더 효과적일 수 있습니다. 가령, 사춘기 여드름, 시술 부작용이나 생활 습관에 의한 급성 여드름, 오랫동안 없어지지 않는 만성 여드름, 중요한 이유로 빠른 효과를 보고 싶은 경우 등으로 타깃 소비자를 세분화해서 각기의 니즈를 발생시킬 수 있는 광고가 소비자의 관심도를 더 높일 수 있습니다.

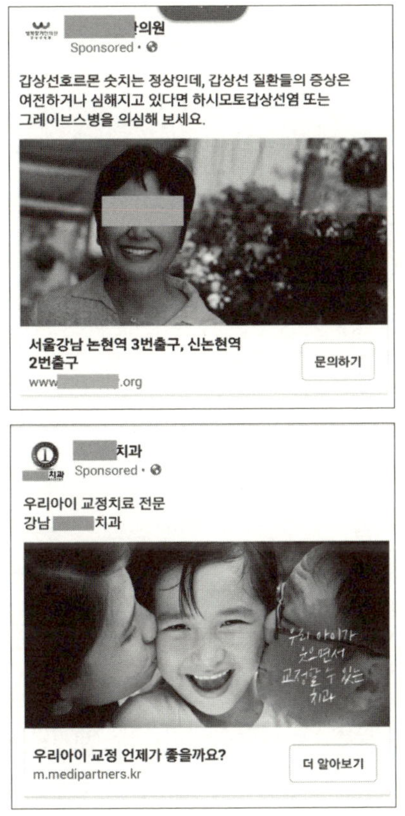

페이스북 병원광고 중 타깃 세그먼트 광고. 진료상품에 대한 타깃을 세분화한 광고로 광고 주목도와 효율성을 높일 수 있습니다.

또 실제 진료상품의 구매를 목적으로 하는 경우와 아직은 진료에 대한 관심 정보를 파악하는 수준에 있는 잠재 소비자(언젠가 소비를 할 가능성이 있는 이들), 진료보다 대안을 찾고자 하는 잠재 소비자 등 진료상품 구매에 이르기까지 각기 다른 니즈를 갖고 있는 소비자들에 대해서도 타깃소비자 설정에서 반드시 고려되어야 합니다.

소규모 예산으로 당장 고객 유입이 시급한 병원이라면 진료상품 구매를 목적으로 하는 소비자를 타깃소비자로 설정해서 그들의 구매 니즈를 자극하는 광고를 해야겠죠.('니즈 자극'이란 말을 낚시성 광고처럼 부정적으로 오해하지 않으셨으면 좋겠네요. 직업과 관련해서 오랫동안 '경제적으로' 써온 용어일 뿐이죠. "구매를 해야겠다는 욕구를 불러일으키는"으로 표현하기에는 좀 길죠.) 특정 진료상품을 직접 체험할 이들이거나, 미성년 자녀의 부모나 어르신의 자녀처럼 진료상품을 체험하진 않지만 구매하는 소비자들이 대표적이죠.

그런데 이보다 더 많은 포션을 차지하는 잠재 소비자들에 대해 전략적인 광고의 꾸준한 집행으로 진료 구매에 대한 니즈로 변화시키거나, 구매단계로 접어들었을 때 우리병원 브랜드를 떠올리게 하는 광고 역시 중요합니다. 이때 타깃 소비자는 아직 구매의사가 없고 관심 정보를 수집하기 원하기 때문에 그러한 니즈를 파악한 광고를 집행해야 합니다.

가령, 온라인 키워드 검색광고에서 질환명(가령 '백내장') 키워드나 진료 대표 키워드(가령 '백내장 수술')에 대한 광고의 타깃 대부분은 이러한 잠재 소비자입니다. 그런데 대부분의 병원광고 문구는 진료 구매 소비자나 질환 정보 검색 단계의 소비자나 동일하게 적용되고 있죠. 그것은 광고 효과를 떨어뜨립니다. 이미지 광고의 키메시지 역시 마찬가지입니다.

타깃 소비자의 설정이 제대로 되어야 그들이 공감하는 광고를 개발할 수 있고 그렇게 해야 광고 효과가 발생한다는 것을 이제부터라도 아시기 바랍니다.

병원 상황에 맞춰 효율성을 높이는 광고전략 짜기

병원 광고의 역사를 보면 지역신문이나 조중동 신문에 광고를 해서 효과를 보던 시절이 있었고 하루가 다르게 키워드광고 입찰가를 높이던 인터넷 검색광고가 각광받던 시절이 있었고 온라인 기사 여기저기에 따라다니는 온라인 배너광고가 효과적인 때도 있었고 사례 사진과 고객후기 또는 그를 가장한 상위노출 콘텐츠가 광고를 대체해가던 때도 얼마 전까지 있어왔습니다. 그러나 그러한 형태의 의료 광고들이 넘쳐나면서 소비자들의 회피나 거르기 행태의 강화, 네이버 같은 포털사이트 자체에서 후기성 콘텐츠의 노출을 막는 정책 등으로 상위노출 콘텐츠도 힘을 잃자, 병원광고는 모바일 상의 온라인 기사나 콘텐츠에서 보이는 모바일 배너광고, 페이스북 광고, 카카오스토리의 광고성 콘텐츠들을 포함해 다각적인 형태로 진화(?)하게 되었습니다.

그러나 어떤 매체 광고가 효과적이라고 말하는 것은 성급한 일반화의 오류입니다. 병원마다 다른 마케팅 상황, 광고의 목표와 타깃 설정에 따라서도 광고매체와 광고의 키메시지, 크리에이티브는 달라집니다.

가령, 공유와 확산이 빠르고 광고에 대한 인지가 순식간에 이루어질 수 있는 페이스북 광고는 주 이용자인 20~30대 소비자를 겨냥

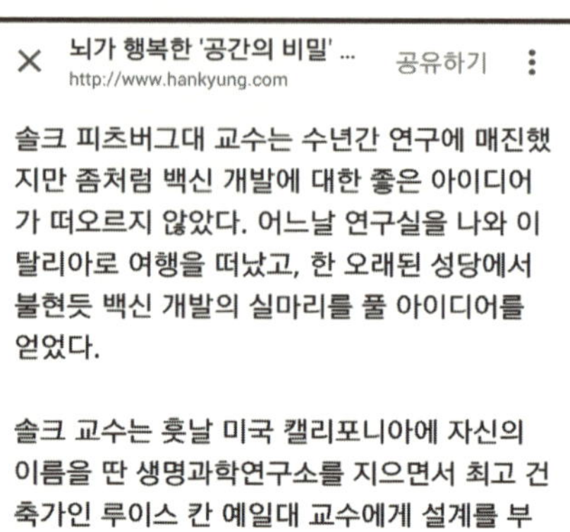

모바일 기사 일부 공간을 차지하고 있는 병원 배너광고의 예

해 병원 프로모션을 통한 고객 유입과 병원브랜드 인지 효과를 노려 볼 수 있습니다. (물론 전략적인 광고에 한해서지만 말이죠.) 페이스북 광고에서 병원브랜드의 장점을 어필하려는 진부한 병원광고는 환영받지 못합니다. 다소 낯선 진료상품에 대한 의료적 설명을 시도하는 것도 매체 이용 소비자에게 적합하지 않습니다.

페이스북에 집행된 2030을 겨냥한 프로모션 병원광고의 예

    타깃 소비자에게 익숙하지 않은 진료상품(초기 시장)에 대한 광고
는, 소비자가 이미 진료상품에 대한 선지식을 가지고 검색을 하는 상
황에서 보이는 검색광고보다 타깃 소비자의 동선에서 노출되는 온
오프라인 매체의 이미지 광고로 이슈화시키는 것이 더 나은 방법일
수 있습니다. 광고를 본 소비자가 그에 대해 인터넷 검색을 하게 될
때 진료상품에 대한 정보를 보다 상세히 보여줄 수 있는 마케팅 콘
텐츠 노출을 광고와 연계해서 진행해야 하구요.

    가령, 노안 시력교정술의 초기 시장에서 진부해 보이던 현수막 광고를 통해 노안 수술에 대한 이슈화를 시킨 결과 소비자의 큰 관심을 받게 된 안과의 경우(당시 실제로 그러했습니다.) 그 반응을 상담으로 전환시키려면 광고를 받쳐줄 마케팅 콘텐츠가 검색 상황에서 잘 노출되었어야 하는 것이죠.

또한 경쟁이 치열한 진료상품 시장에서 후발주자로 뛰어든 병원이라면 기존 진료상품에서 몰랐던 새로운 정보를 이슈화하는 광고를 통해 병원브랜드에 대한 인식을 형성할 필요가 있습니다. 이때는 소비자가 흔히 주목할 수 있는 병원광고 매체의 경쟁군 광고들과 경쟁하면서 진료상품에 대한 새로운 정보를 블로그나 온라인 뉴스 같은 마케팅 콘텐츠, 광고의 랜딩페이지, 홈페이지 등에서도 진정성 있게 전달하는 것이 특히 중요합니다.

병원브랜드에 대한 포지셔닝이나 로열티 강화를 통한 리더 브랜드로서의 자리 굳히기를 목표로 병원브랜드 광고를 집행해야 할 경우도 있습니다. 보통은 대형병원이나 전문병원들이 종종 교통광고나 신문광고 같은 오프라인 매체 광고를 집행하는 것을 볼 수 있죠. 이런 병원브랜드 광고를 집행할 때 병원 규모감을 보여주거나 소비자는 모르는 의료진 이미지와 우리병원이 최고라는 식의 폼 잡는 광고를 보여주기보다(특히 대학병원 광고들에서 이런 광고스타일을 종종 봅니다만) 소비자의 이익과 관련해 새롭게 업그레이드된 유용한 가치를 소비자가 공감할 수 있도록 광고 내용을 구성하는 것이 주효합니다. 가령, 새롭게 도입된 장비와 진료시스템이 기존 질환 수술의 부작용을 이만큼이나 낮추었고 그래서 이런 환자들까지 수술을 받을 수 있게 되었다는 것처럼 소비자가 편익으로 공감할 메시지를 전하는 것 말이죠.

차별적 가치에 대한 전략적 어필이 부족해 명확한 포지셔닝을 하지 못한 대학병원 광고 사례들

지역 소비자를 타깃으로 하는 중소병원이나 의원 역시 전략적인 브랜드광고를 집행할 필요가 있습니다. 혹 우리병원을 지역에서 모르는 이가 없다고 자부하는 병원장들도 있지만 병원을 안다는 것과 그 병원을 고려한다는 것은 다른 차원의 이야기입니다. 가령, 지역에서 출산을 위해 고려하는 산부인과로는 인식이 형성되어 있지만 부인과 수술로는 잘 인지가 되지 않았다면, 또는 동네 감기환자나 배탈환자 위주로 오는 가정의학과로만 인지되고 있을 뿐 만성질환 관

리나 금연클리닉, 또는 비만관리 등 준비된 진료상품으로는 고객이 잘 오지 않는다면 지역 오프라인 매체(지역 교통시설, 정류장 쉘터나 옥외 구조물, 현수막 등)나 지역 설정이 가능한 온라인 매체(지역 키워드 검색광고, 페이스북 지역노출 광고, 지도검색광고 등)를 적절히 활용해 진료상품에 대한 병원브랜드 포지셔닝 광고를 통해 소비자 인식을 형성할 필요가 있습니다.

그런데 경쟁이 치열할수록 진료상품에 대한 병원브랜드 포지셔닝 광고를 "**진료는 우리병원" 같은 식상하고 경쟁병원 광고와 혼동이 될 수 있는 메시지로 적용해서는 안됩니다. 병원광고의 맹점 중 하나가 앞서 말씀드린 유형화를 재생산하는 것이어서 소비자의 주목률이 점점 떨어집니다.

광고 크리에이티브를 다루는 전문가들은 '광고의 인사이트(insight)'라는 말을 자주 사용하는데요. 소비자가 광고의 내용에 대해 자연스럽게 자각하고 공감해서 광고 메시지를 수용하게 하는 것을 말합니다. 광고주(병원)가 이거야 라고 일방적으로 메시지를 주입하는 이른바 푸시형 광고가 아니라 소비자 스스로 '그럼 이렇게 해야겠군' 하는 생각을 갖게 하는 인사이트 광고는 진화한 광고 수용태도를 지닌 현 소비자에게 적합한 광고의 본질입니다. 그래서 광고가 전략적이어야 하는 것이구요.

쉽게 소비자 인사이트를 형성할 수 있겠습니까? 타깃 소비자들이 어떤 생각과 행동을 하는 이들인지 파악해야 하고 그들이 관심을 갖게 할 말을 걸줄 알아야 하고 건네는 말도 경쟁군과 다르게 해야 주목할 텐데 말이죠.

광고는 가능한한 하나보다 다양한 소비자의 접점을 커버할 수 있는 매체들에 다각적으로 집행하는 것이 효과적입니다. 하나의 진료 상품 광고에도 타깃 소비자별 매체 접근성이나 매체 이용행태가 다르므로 하나의 매체가 광고 노출을 전담할 수는 없습니다.

또한 지금 진료 구매를 생각하고 있는 소비자라면 검색 상황에서 보이는 관심 광고 하나에서도 광고에 집중하게 되지만, 질환이나 진료에 대해 잠재적 니즈는 있되 특별히 탐색을 하지 않던 소비자 다수는 동일 광고를 반복해서 보게 되어야 관심과 인식 형성이 이루어지게 됩니다.

소비자의 광고 인지에 대한 연구 논문에서는 소비자 1인에 대한 적정 광고 노출 횟수를 3회라고도 하는데 어쨌든, 가령, 버스 정류장에서 잠시 눈길을 보낸 광고를 잊고 있다가 모바일 뉴스에서 배너광고로 중복해서 보게 되었다면 광고에 대한 관심이 생기면서 클릭을 할 가능성이 높다는 것이죠.

그리고 앞서 예를 든 경우처럼 짧은 시간에 이슈를 발생시키는 광고가 있어야 하지만 그에 대해 시간을 가지고 충분히 파악하게 해서 병원브랜드의 진료상품에 대한 인식을 형성하게 하는 광고형 콘텐츠도 매체에서 함께 노출되는 것이 효과면에서 바람직합니다.

이처럼 소비자의 광고에 대한 반응 유도를 위해 타깃 소비자군에게 효과적으로 노출될 광고매체들을 선정하고 매체 속성과 광고 인지 형성에 대한 연계성을 고려한 미디어 믹스전략을 포함한 광고전략을 짜야 합니다. 이는 결국 병원브랜딩을 바탕으로 한 통합마케팅 전략에 따라 광고 전략을 짜야 한다는 이야기입니다.

그러나 병원이 마케팅 예산의 한계를 느껴 매체 운영이 협소해진다면 메인 타깃을 주공략할 수 있는 매체를 선정해 전략적으로 이슈화할 수 있는 광고를 개발하고 그에 대한 정보와 콘텐츠를 병원에서 운영하면서 광고 효과를 증폭시키도록 노력해야 합니다.

쉽게 얻어지는 사랑은 없습니다.

광고매체별 크리에이티브 개발 가이드

병원광고에서는 특히 전략적 크리에이티브에 대한 개념이 약합니다. 대부분 광고를 컨펌하는 원장의 취향에 따라 깔끔한 디자인, 과감하게 선정적인 디자인, 병원 이름이 크게 부각되는 디자인, 의료진을 모델로 한 광고, 연예인을 모델로 한 광고, 웹툰이나 재미있는 비주얼 소재를 이용한 이미지 광고, 또는 동영상 광고 등 광고의 디자인이나 장르를 결정하는 수준에 머물러 있는 게 현실입니다.

광고를 제작한 업체 역시 광고 크리에이티브에 대해 그 타당한 전략을 이야기하지 못하고 시안 위주 컨펌을 진행하는 경우가 많습니다.

그러나 광고의 크리에이티브 역시 소비자의 광고 주목성과 관심도를 재고히는 데 기어해야 하는 만큼 소비자의 인식과 행태를 고려하면서도 병원브랜드의 차별적 이미지를 형성해야 하는 등 전략적인 개발이 주효합니다.

만약 광고를 웹툰으로 만들고자 한다면 왜 그래야 하는지, 그것이 지금 우리병원의 타깃 소비자를 고려할 때 효과적인지, 광고 전략과 맞아떨어지는지 합리적인 판단이 필요합니다. 가령, 병원광고는 주로 실구매자를 겨냥하기 때문에 광고가 자칫 실구매층보다 이미지의 재미를 선호하는 10대나 20대에게 어필하는 것은 아닌지, 병원브랜드의 신뢰나 진료상품에 대한 소비자 인식과 기대 수준에서 너무 가벼워 보여 경쟁군 광고보다 관심도가 오히려 떨어지는 것은 아닌지 판단해야 합니다.

다양한 병원광고의 크리에이티브를 개발할 때 주의할 것들

병원광고 하면 쉽게 떠올려지는, 팔짱 낀 의료진의 모습을 보여주는 광고들은 병원광고가 있다는 느낌만 전하기가 쉽습니다. 너무나 유사한 형태의 광고들이 많기 때문에 시선을 잡기가 어렵습니다. 또한 소비자에게 낯선 특정 의료인(보통은 대표원장)의 모습을 어필하는 광고는 병원브랜드의 이미지를 제대로 보여주기보다 개인 캐릭터에 집중하게 해 소비자의 주관적 기호의 영향을 받을 수도 있고(인상이 편해 보이지 않는다든가 또는 너무 자주 보여서 지겨워진다든가, 방송에서 연예인처럼 보여서 진료는 신뢰가 안간다든가 등등), 병원이 진료를 확장하고 의료진들을 영입해 성장해갈 때 특정 의료인으로 형성된 병원브랜드 이미지가 장애로 작용할 수도 있기에 신중히 판단해야 합니다.

의료진 모습이 주로 부각되는 병원광고 장르는 유사한 많은 광고들에 익숙한 소비자의 눈길을 잡기 어렵습니다.

병원광고의 또 하나 흔한 형태는 광고 하나에 다양한 진료상품을 소개하는 것인데요. 이런 경우는 제대로 진료상품에 대한 병원브랜드 포지셔닝이 이루어지기 어렵습니다. 광고의 목표가 특정 진료상품에 대한 타깃 소비자의 관심을 형성하는 것이라면 그것에만 집중하는 것이 좋습니다. 또는 특화 진료상품들을 운영하는 병원브랜드를 홍보하는 것이 광고 목적이라면 그 진료군을 아우르면서 보다 상위 개념의 병원브랜드 가치와 아이덴티티에 대한 헤드카피로 병원브랜드를 집중시키고 그에 대한 연계 진료상품을 바디카피로 표현해 메시지의 체계를 잡는 게 좋습니다. 광고 집행 비용 절감을 생각해서 광고 내용에 다양한 진료과목이 대등하게 나열되어 있다면 병원브랜드나 진료상품에 대한 차별적 인식 형성의 어려움은 물론 광고 집중도나 메시지 전달력도 떨어지게 됩니다.

다양한 진료상품들을 나열하는 수준의 광고는 타깃소비자층이 다른 각 진료상품별 주목성이 떨어집니다.

이런 방향에서 아예 병원이름과 진료내용만 정리된 병원광고들도 버스나 지하철 역사에 종종 보이는데요. 소비자들은 특정 진료에 대해 필요하면 병원을 쉽게 검색해서 비교해보고 내원하기 때문에 병원브랜드를 특별하게 인식시키는 브랜드광고가 더 효과적일 수 있습니다.

광고 하나에 두 가지 이상의 주제와 많은 내용을 담은 경우도 정말 지양해야 합니다. 버스 외부처럼 좁은 면에도 전의료진을 다 채워넣고 진료과목들과 헤드카피까지 와글와글한 경우들도 있고 지하철 와이드광고나 신문 9단 광고처럼 지면이 작지 않아 보인다고 그 면에 알뜰하게 내용을 다 담는 경우들도 왕왕 보이는데요. 그렇게 할수록 광고의 주목성과 전달력은 떨어집니다. 소비자가 병원의 기대처럼 찬찬히 병원광고를 보는 경우는 드뭅니다. 여백이 충분해야 오히려 눈에 잘 띄고 1, 2초 내에 직관적으로 메시지가 전달되어야 관심을 유발해 상세한 내용을 검색을 통해 보게 됩니다. 비용이나 제작의 부담 때문에 광고 하나에 종합편을 만들려는 욕심을 버리세요. 소비자에게 도달하지 못하는 광고야말로 마케팅 비용을 낭비시키니까요.

광고 매체면이 넓다고 그 면 가득히 광고내용을 채우려 하면 오히려 광고 효과가 떨어집니다.

광고의 디자인은 괜찮은데 메시지가 전략적이지 못한 경우도 많죠. 소비자가 공감하기도 전에 효과만 부각하는 경우가 대표적인데요. 예를 들어 "엄마야, 누나야?" 하는 성형외과 광고나 안경 벗으니 더 젊어 보인다는 메시지를 담은 안과 광고, 탈모가 치료되어 샴푸도 자유롭게 한다는 탈모치료 클리닉 광고의 방향은 병원브랜드를 인식하게 하는 광고 목표에 도달하기 어렵습니다. 병원브랜드보다 많은 경쟁병원들도 운영하는 진료상품의 효과만 어필하고 있어 소비자가 차별적으로 구별할 수 없고 오히려 상업적 목적이 적나라하게 느껴질 뿐 아니라 병원브랜드의 경쟁력을 직관적으로 느낄 수 없기 때문입니다.

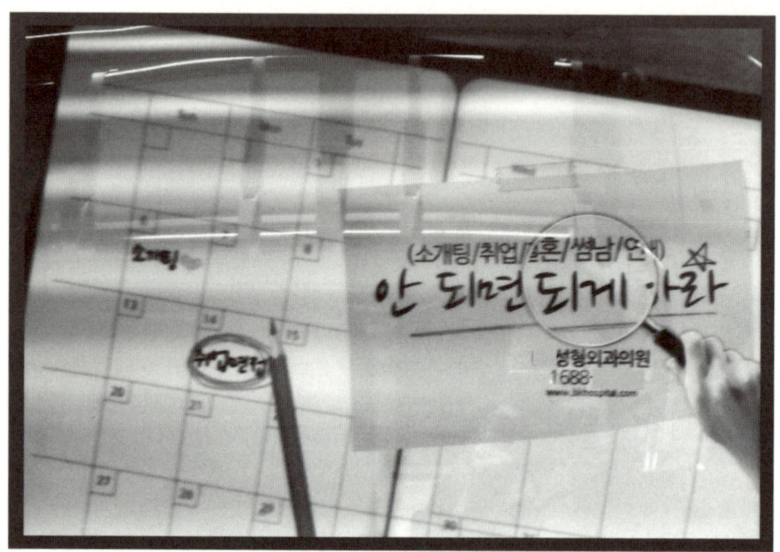

경쟁상황에서 병원브랜드보다 일반적인 치료효과를 가벼운 아이디어로 어필하는 병원광고는 지양
해야 합니다.

온라인 키워드 검색광고의 문구처럼 이미지 없이 한 줄에서 승부
를 봐야 하는 경우 보통은 의료광고법의 조건을 맞추느라 진료명 나
열에 그치게 되고 그래서 촘촘히 모여있는 경쟁군 광고문구와 변별력
이 크지 않은데요. 이 광고문구가 광고 클릭률을 좌우한다고 하면 보
다 고민해야 할 사안입니다. 대부분의 병원들은 검색 키워드의 연관성
이 떨어져도 하나의 키워드광고 문구를 동일하게 적용하는데요. 광고
효과면에서 볼 때는 비추입니다. 그렇다고 막연히 홍보성 문구를 사
용하는 것도 신중해야 합니다. 모두 키워드를 검색하는 타깃 소비자
들의 니즈를 고려하지 못하기 때문에 광고 반응을 얻기가 어렵죠.

글잣수의 제한으로 광고 문구에서 핵심 키워드 선정에 더욱 신경
을 써야 하는데요. 그 와중에 전철역 위치 같은 정보로 굳이 자리를

차지할 이유는 없습니다. 키워드광고는 클릭 유도가 목적이지 병원 안내가 목적이 아닙니다. 클릭해서 보이는 랜딩페이지나 홈페이지 콘텐츠가 설득력이 있다면 좀 거리가 멀어도 올 수 있는 소비자를 사전에 포기하게 하는 우를 범할 수도 있습니다. 키워드광고의 문구를 작성한 후, 적용할 키워드별 소비자 니즈를 감안했을 때 불필요해 보이거나 강조해야 하는 것이 무엇인지 점검해서 수정하는 과정이 필요합니다. 가령, '갑상선 결절'이란 키워드에서 보이는 광고문구가 '코곪이, 목 이물감…' 이런 식으로 시작하는 키워드광고 문구라면 소비자의 니즈를 자극해 클릭을 유도하는 광고전략과는 한참 먼 것이죠. 그저 병원에서 광고 문구를 하나 만들어서 여기저기 내걸어보는 정도일 뿐.

네이버 파워콘텐츠 같은 블로그형 광고에서도 키워드별 노출되는 이미지와 타이틀, 그리고 그 아래 두어 줄의 설명문구 역시 타깃의 검색 니즈를 고려한 광고전략에 맞춰 개발되어야 합니다. 물론 병원 브랜드 블로그의 포스트가 파워콘텐츠로 활용되는 것이므로 포스트 작성 때 이 전략적 노출에 대해 염두에 두고 작성해야겠죠. 노출되는 이 협소한 콘텐츠 부분이 경쟁군과 경쟁해서 소비자 클릭을 받는 요소입니다.

신문이나 잡지에 기사 형태나 칼럼 형태의 정보성 콘텐츠로 진료 상품에 대해 소개하는 병원광고들도 있는데요. 이 텍스트형 광고 집행을 결정할 때 우선 고려할 것은 이 광고의 타깃은 이 광고의 테마가 되는 진료상품에 관심 있는 타깃 소비자라는 것입니다. 대중에게 병원브랜드 포지셔닝을 하기 위한 광고는 비주얼 임팩트가 중요하기 때문에 텍스트형 광고는 적합하지 않습니다.

　진료상품에 관심있는 타깃 소비자를 지향한다 하더라도 이 정보들이 경쟁군의 정보와 타깃 소비자의 인식수준에서 새로운 것인가, 그래서 읽고 싶은 것인가 하는 기준을 만족시켜야 광고 효과를 기대할 수 있습니다. 가령, "비수술 척추치료", "레이저 미백시술" 등 여기저기에서 타깃 소비자에게 쉽게 보이는 병원광고 헤드카피를 보면 시간을 들여 읽어야 할 정보라고 판단하지 않고 제치기 쉽습니다. 헤드카피는 소비자가 이 정보를 읽을 것인가를 판단하는 첫 단서입니다. 병원 입장에서 할 이야기를 잘 정리했다고 해서 소비자가 반응하는 것이 아니란 걸 유념하셔야 합니다. 텍스트가 많은 콘텐츠일수록 헤드카피와 서브타이틀에서 타깃 소비자 관심을 높이는 것이 중요합니다.

텍스트가 많은 광고는 질환에 관심이 높은 타깃 소비자를 대상으로 하며 그들의 정보력과 니즈를 충분히 고려해 개발되어야 합니다.

헤드카피가 전략적으로 잘 개발되어 타깃소비자가 관심을 갖고 정보를 읽기 시작한 첫 단락 역시 중요합니다. 여기서 식상한 이야기나 소비자가 이해할 수 없는 어려운 이야기가 시작되면 이탈이 일어나기 때문이죠. 소비자는 기다려주지 않습니다. 헤드카피를 통해 촉발된 관심이 바로 해결되길 바랍니다. 그래서 광고 콘텐츠에서도 홈페이지나 랜딩페이지와 마찬가지로 첫 단락에서 소비자의 관심을 끈 뒤 끝까지 흥미가 유지될 수 있는 전략적 콘텐츠 구성과 카피라이팅이 중요합니다.

옥외광고나 온라인 배너광고의 경우 광고의 내용은 많은데 정작 병원이름은 작아서 잘 안보이거나, 디자인화된 로고 형태 또는 과한 디자인으로 이름이 변형되어 보이거나, 가독성이 떨어지는 서체와 컬러로 표현해서 병원명의 인지가 일어나지 못하거나 왜곡이 일어나기도 합니다. 이런 경우는 설사 광고 메시지가 효과적이라 해도 병원브랜드에 대한 인식이 잘 형성되지 못해 광고에 대한 전환이 일어나기 어렵습니다.

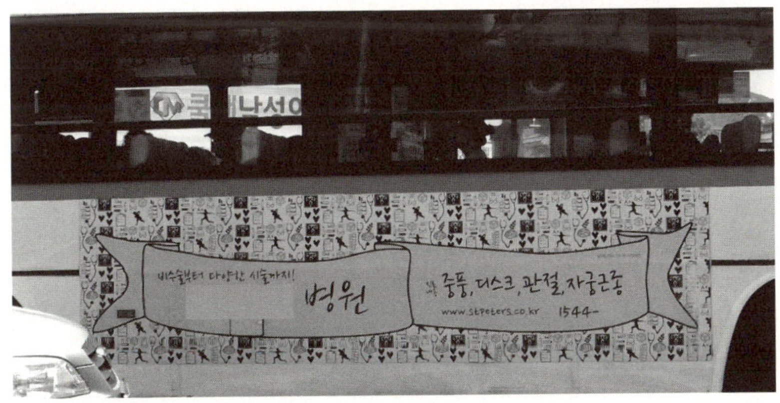

배경, 컬러, 서체 등 광고 가독성을 위해 다양한 디자인 요소를 살펴야 합니다.

버스광고같이 광고면이 협소한 곳이라 해도 병원이름만 크게 보이는 광고 역시 타깃 소비자의 주목을 받기 어려워집니다. 타깃 소비자는 낯선 병원이름에 관심을 두는 것이 아니라 자신의 니즈와 이익에 관련한 정보에 관심을 두기 때문에 그들이 병원광고에 주목할 동기를 부여하는 메시지가 있어야 합니다.

온라인 배너광고는 다양한 크기로 노출이 되기 때문에 동일 광고가 다양한 사이즈로 베리에이션 되어 집행되곤 하는데요. 그러다 보니 사이즈가 작아지면 메시지 자체가 잘 보이지 않게 되는 경우들이 종종 있습니다. 그런 광고는 전혀 반응을 유도할 수 없죠. 사이즈가 작으면 그에 최적화된 메시지로 베리에이션을 하고 가독성을 확인해야 합니다. 작은 화면에서 보이는 모바일 배너광고도 마찬가지죠.

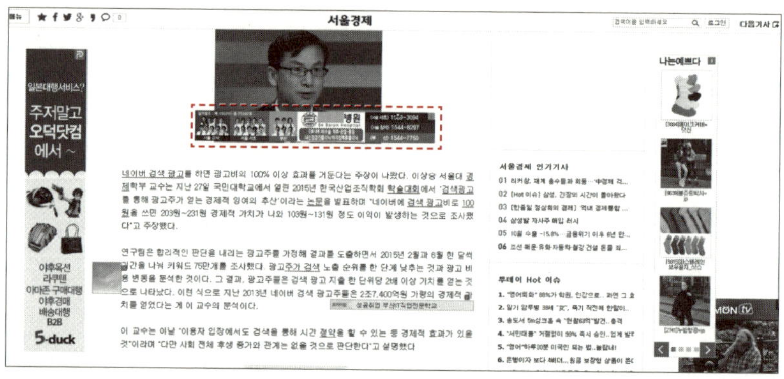

다양한 기사와 광고 요소들과의 경쟁이 이루어지는 온라인 배너광고의 경우 병원광고가 작아지면 노출률과 정보 전달률이 현저히 떨어집니다.

공식적인 병원광고는 아니지만 광고효과를 기대할 수 있는 간접광고들도 있죠. 대표적인 것이 의료진이 출판하는 책 광고입니다. 사실 우리나라 독서인구는 적고 출판시장 역시 활성화되어 있는 것은 아니어서 베스트셀러를 노리고 출판을 한다기보다 병원 홍보에 기여할 목적이 더 크다고 볼 수 있는데요. 그리고 의료광고법의 적용을 벗어나 자유롭게 광고할 수 있는 이점도 있고요.

그런데 이런 의도로 병원마케팅에 기여하려면 책 광고 역시 전략적으로 구성할 필요가 있습니다. 책 표지 이미지와 저술한 의사 위주로 광고하기보다 병원브랜드 포지셔닝에 연계된 책의 콘텐츠 일부를 집중 소개하거나 저자인 의사의 커리어가 차별적이라면 이를 좀더 부각할 수도 있을 것입니다. 책 출판을 하게 된 의료진의 목적, 질환을 바라보는 관점, 진료철학 등을 책 내용과 연계해 어필함으로써 병원브랜드의 차별적 신뢰와 이미지 형성에도 기여할 수 있을 것입니다.

의료기관에서 출판하는 책 광고를 통해 병원과 의료진을 간접적으로 홍보하는 경우들이 있습니다.

또 한 가지 간접적인 병원광고 형태로 직원 채용 광고를 생각해 볼 수 있습니다. 보통 병원은 기업과 달리 직원 채용을 위해 굳이 광고를 하지는 않습니다만, 수년 전 척추관절 전문병원의 직원 채용 광고를 신문에 집행한 적이 있었습니다. 이런 경우 단순히 인재 채용 조건이나 응모 전형만 안내하는 것이 아니라 병원브랜드의 아이덴티티와 경영철학, 사회적 비전, 경쟁력 등 병원브랜딩과 관련해 소개함으로써 인재의 응모율도 높이고 병원브랜드 포지셔닝도 할 수 있었죠. 비단 고가의 신문광고를 하지 않아도 온라인 병원 검색에서 보이는 취업사이트 내 병원 직원 공고와 달리 병원브랜딩을 겸한 전략적인 구인광고를 시도해보는 것도 좋을 것 같습니다. 최근에 페이스북에서 그런 시도를 한 병원의 구인광고도 등장했었고 말이죠.

어쨌든 광고 크리에이티브가 중요한 것은 광고가 타깃 소비자의 눈길을 받아야 하기 때문이죠. 지금까지와 다른, 그리고 소비자의 잠재의식을 잡아당기는 광고 크리에이티브를 개발하기 위한 노력이 중요합니다.

병원광고를 세일즈광고와 감성광고로 나누는 관점의 문제점

어떤 이들은 병원의 성수기에는 세일즈광고를 하고 비수기에는 감성광고를 하라는 이야기를 하기도 합니다만, 이런 이야기는 성수기와 비수기가 비교적 뚜렷한 병원들의 마케팅 전략 전반에 대한 고려 없이 광고를 제대로 이해하지 못한 상태에서 나오는 말에 불과합니다. TV CF를 포함해, 병원에 비해 훨씬 많은 마케팅을 진행하는 기업 브랜드들의 이야기를 병원마케팅에 무분별하게 적용하는 식, 또 적용되는 환경마다 달라지는 마케팅을 공식처럼 획일화하려는 태도는 곤란합니다.

성수기 마케팅의 진료상품군과 비수기 마케팅의 진료상품군이 다를 수 있고 비수기부터 노출되어온 진료상품에 대한 마케팅 콘텐츠나 광고를 통해 병원브랜드에 대한 인식을 형성하고 있던 소비자들이 성수기에 병원 내원으로 연계되는 행태에 대해서도 간과해서는 안됩니다.

성수기냐 비수기냐에 따라 병원브랜드의 광고 장르를 바꾸는 것은 별 개연성이 없습니다. 병원브랜딩 전략을 반영한 마케팅 전략의 한 부분인 광고전략에 의해 병원 진료상품 광고가 개발되면 성수기와 비수기에 따라 메인 타깃 소비자를 분류해 각각 효율적인 도달을 위한 미디어믹스와 노출을 조절하는 운영이 중요합니다.

비수기라 해도, 성수기에 비해 그 수는 적겠지만 진료구매 타깃 소비자에 대한 진료상품 광고의 크리에이티브가 막연히 감성적으로 갈 이유는 없습니다. 진료에 대해 관심을 갖고 있지만 여름방학으로 시술을 미루고 있는 소비자들이거나 진료상품 구매 의사는 아직 없지만 그에 준하는 방법을 찾는 이들에게 잘 모르는 병원의 감성광고라는 것은 별 의미가 없기 때문입니다.

다만 진료상품에 대한 광고 외에 평소 병원브랜딩을 위한 마케팅 콘텐츠를 꾸준히 개발해 지속적으로 노출시키면서 비수기에는 진료상품 광고가 상대적으로 줄고 진료 구매 전단계인 질환 또는 손쉬운 대체방법에 대한 정보를 찾는 이들에게 적절한 콘텐츠 제공을 통한 병원브랜드 인식 형성을 하는 것이 주효할 수 있습니다.

병원광고에서 감성광고라는 개념은 사실 막연합니다. 휴머니티나 인간사회의 보편적 선을 느끼게 해 브랜드 스피릿을 공감시키는 광고? 병원 의료진의 휴머니즘이나 인간적인 매력을 어필하는 광고? 모델이나 라이프 스타일의 이상적 이미지나 유머를 통해 잠재적 욕구를 자극하거나 브랜드에 대해 감정을 느끼게 할 수 있는 광고? 이러한 브랜드의 대표적 감성광고 유형이 병원브랜드 광고에서 효과적일 수 있을까요? 홈페이지나 블로그의 스토리텔링 콘텐츠도 아니고 매체비와 광고제작비를 협소하게 운영하면서 광고로 병원이 소비자의 감성을 실제로 자극하는 것, 그리고 병원의 감성광고가 타깃소비자에게 병원브랜드의 포지셔닝과 마케팅 효과에 실제로 기여하는 것은 현실적으로 쉬운 일이 아닙니다.

병원광고의 스타일, 디자인 장르가 중요한 것이 아니라 병원광고 목표에 부합하고 기대효과를 발휘할 수 있느냐가 중요한 것입니다. 가령, 오랫동안 살림하느라 고생한 아내의 변형된 발을 본적이 있느냐는 감성적인 광고 크리에이티브를 개발했는데 그 광고를 통해 소비자가 족부 클리닉을 운영하는 가까운 경쟁병원으로 갈 수 있다면(감성이 좀 자극되었다고 그 병원브랜드에 로열티가 쉽게 형성되는 것도 아니니까요.) 그 광고가 목표를 이룰 것이란 기대를 갖기는 어렵습니다.

현실적으로 소비자의 감성을 자극하면서 병원브랜드에 대한 목표 인식을 형성한 드문 사례가 예전에 있었죠. 오래 전 안면윤곽과 양악수술을 하는 병원브랜드가 브랜드 론칭 광고로, 주걱턱의 얼굴 때문에 심적인 고통까지 시달리던 한 여성을 수술해서 그녀의 생을 긍정적으로 변화시키는 스토리텔링을 영상과 브랜드광고로 어필해서 론칭에 성공한 사례가 있었죠. 병원브랜드를 효과적으로 포지셔닝하면서 타깃 소비자의 감성을 자극할 수 있는 사례였지만 지금은 이런 환자 경험을 소재로 한 광고는 의료법상 집행할 수가 없게 되었죠.

《다시! 알아야 할 병원마케팅》에서 브랜딩 사례로 소개된 한 산부인과의 개원 당시 병원브랜드와 특정 진료상품 론칭에 대한 각각의 감성광고들도 당시에는 지역 타깃 소비자들에게 반향을 일으켰고 병원브랜드 포지셔닝에 효과적인 결과를 냈지만 이제는 섣불리 감성광고만으로 효과를 볼 상황은 아닌 것이죠.

랜딩페이지의 크리에이티브 개발 가이드

랜딩페이지란 광고를 클릭했을 때 도달하게 되는 콘텐츠 페이지입니다. 광고의 짧은 카피에서 타깃소비자의 관심을 받은 진료상품에 대해 병원브랜딩 측면에서 상세히 소개하는 콘텐츠 페이지로, 별도로 제작해서 온라인에 적용시키기도 하고 홈페이지의 해당 콘텐츠 페이지를 광고의 랜딩페이지로 연결시키는 경우도 있죠. PC와 모바일 환경 모두에서 말이죠.

이 랜딩페이지가 설득력을 갖춰야 비로소 광고 전환이 이루어집니다. 광고를 클릭했지만 랜딩페이지에서 기대만큼의 정보나 병원브랜드에 대한 확신을 얻지 못하면 소비자는 이탈하고 광고비는 날아갑니다.

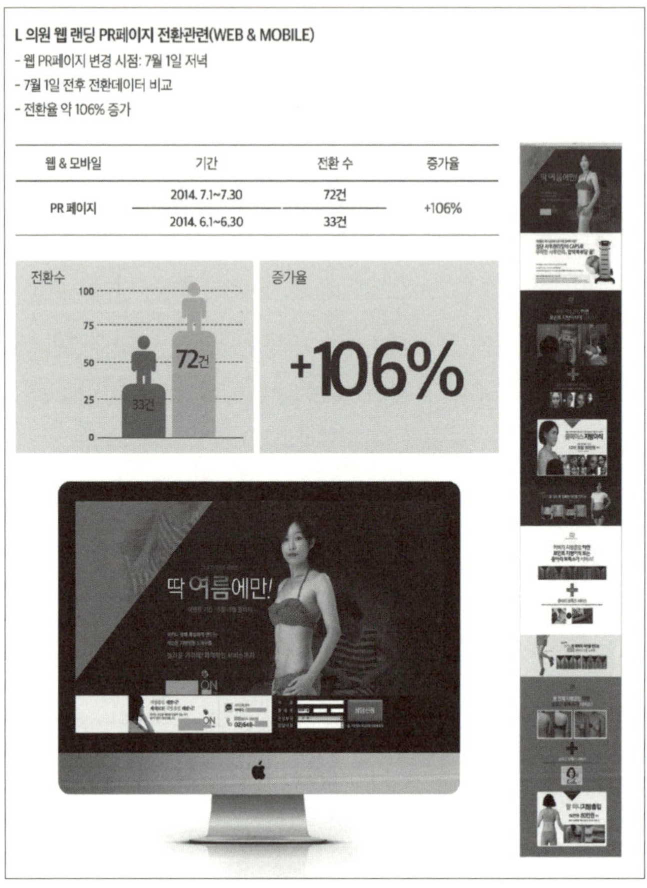

웹 & 모바일	기간	전환 수	증가율
PR 페이지	2014. 7.1~7.30	72건	+106%
	2014. 6.1~6.30	33건	

키워드광고나 배너광고를 클릭해서 보이는 상세페이지를 랜딩페이지라 하는데 이 랜딩페이지 콘텐츠의 설득력이 높아야 광고 전환률이 높아지게 됩니다. 수년 전 병원광고의 랜딩페이지를 개발해 전환률 성과를 올린 사례

경쟁이 치열한 진료상품일수록 랜딩페이지의 경쟁력은 정보의 신선도에서 나옵니다. 경쟁군들의 마케팅에 의해 익숙해진 진료정보, 특히 진료효과와 장점 위주로 어필하는 홍보성 콘텐츠만으로는 소비자의 관심을 받기가 어렵습니다. 사례들과 병원의 장비, 의

료진의 경력에 대한 어필도 병원브랜드의 차별성을 명확히 해주기는 어려워졌습니다. 이러한 콘텐츠 소재들도 경쟁군들에 의해 흔히 보이고 있어서 비교 탐색하는 소비자에게는 고려할 만한 병원 후보 기준에 불과하지 결정적 선택의 힘을 실어주기에는 역부족입니다.

소비자가 정말 궁금해 할 정보면서 경쟁군이 아직 말하지 못한 테마를 찾아 어필해보는 것도 좋은 시도가 됩니다. 가령, 성숙시장의 진료상품으로서 타깃 소비자들에게 익숙한 진료상품의 경우 일어날 수 있는 부작용과 이를 고려한 진료 노하우, 병원 고객늘의 진료 전 문제를 세부 분류해 그에 따른 각 진료 과정과 결과를 디테일하게 보여주는 스토리 등, 병원 입장에서 몇 가지 뻔한 어필을 하는 것보다 소비자에게 보다 상세히 그리고 구체적으로 보여주려는 병원의 시도는 병원의 차별적 신뢰성과 진정성을 느끼게 할 수 있습니다.

초기시장의 새로운 진료상품을 소개하는 랜딩페이지라면 비교될 만한 기존의 진료상품이나 대체 제품과의 차별적 특징을 어필하는 것도 주효합니다. 소비자는 새로운 진료상품에 대해 초기라는 부담감도 느끼게 되고 잘 이해하기 어려울 수 있기 때문입니다. 이때 주의할 것은 특징이 항목화되어 간략하게 보여서는 소비자 공감을 이끌어내기 어렵다는 것입니다. 익숙하지 않은 정보는 그만큼 감각적으로 구체적으로 이해시키는 것이 주효합니다.

랜딩페이지처럼 텍스트가 비교적 많이 다루어지는 콘텐츠는 술술 빠르게 읽혀지면서 동시에 직관적으로 이해시키는 카피라이팅 역시 매우 중요한 경쟁력 요소입니다. 문장이 너무 길어 읽다가 의미 전달이 바로 안되거나 지루해져서도 안되고 특히 소비자에게 어려운 진료내용이 의사의 용어 그대로 표현되어서도 안됩니다. 쉬운 비유나 비교, 텍스트의 이해를 돕는 비주얼 자료의 활용, 짧은 호흡의 문장, 체계적 이해를 돕는 글의 전개방식 등 진료 콘텐츠를 다루는 병원 전문 카피라이터로서 신경써야 할 특별한 것들이 많습니다.

요즘 누가 길게 읽느냐며 무조건 콘텐츠 양을 줄이는 것은 신중해야 합니다. 인포그래픽이나 임팩트 있는 디자인에 신경을 썼다 하더라도 오히려 내용에 대한 이해가 어려워지거나 콘텐츠 경쟁력이 떨어지고 함량 미달로 보일 수도 있으니까요. 콘텐츠의 가독성과 이해도, 흥미로운 구성력이 탄탄하다면 길이는 문제가 되지 않습니다. 심지어 모바일에서도 말이죠. 진료상품의 랜딩페이지는 재미 위주로 읽는 글이 아니고 실제로 병원을 선택하느냐 하는 소비자 고민에 대한 레퍼런스이기 때문이죠.

단, PC와 모바일 화면 모두에 랜딩페이지를 동일하게 적용하는 것보다 모바일에 적용할 랜딩페이지는 모바일 화면 환경에 맞추어 재정리되는 것이 좋습니다. 핵심 메시지를 유지하면서 카피를 더 줄이거나 때로는 비주얼을 먼저 보여주는 등 모바일에서 아래로 화면을 터치하며 내리는 방식에 적합한 구성을 재고민할 필요도 있습니다. 특히 PC 환경에서 보이는 형태 그대로 모바일에서 확대해서 보게 하는 안일한 방식은 비추입니다.

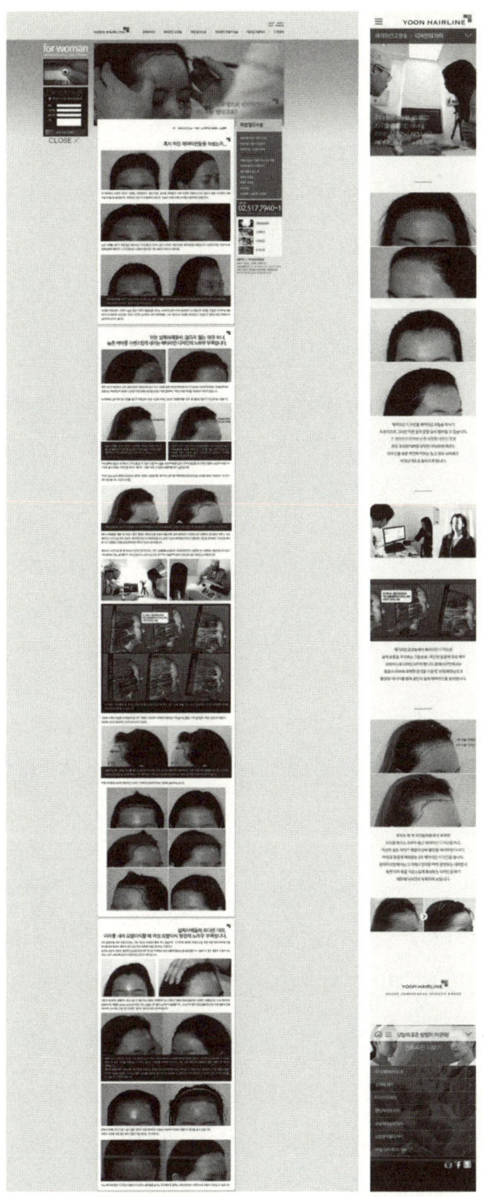

동일 병원의 PC와 모바일의 광고에 각각 연결되는 랜딩페이지를
PC와 모바일의 각 디바이스 기반으로 달리 개발해 효율성을 높인 사례

랜딩페이지도 병원마케팅의 다른 콘텐츠들과 마찬가지로 인트로에서 소비자의 마음을 붙잡는 것이 중요합니다. 소비자 니즈를 자극하고 기대감을 줄 수 있는 헤드카피와 인트로의 임팩트 있는 이미지, 그리고 콘텐츠를 미리 가늠하게 하는 서브 타이틀의 전략적 구현에 신경쓰는 것이 좋습니다.

병원의 생생한 진료가치가 느껴질 사진 역시 중요한 콘텐츠 요소입니다. 콘텐츠와의 연관성이 높고 고품질의 사진은 병원브랜드의 차별적 이미지네이션에 기여합니다. 여기저기 보이는 일반 슬라이드 렌탈 이미지보다 말이죠. 촬영할 사진들에 대한 기획과 배치의 스토리보드, 감각적인 캡션까지 고려해보세요.

랜딩페이지의 콘텐츠를 개발하고 나면 모니터링을 할 필요가 있습니다. 소비자의 전환을 이루어야 하는 중요 마케팅툴을 주관적 감으로만 처리할 수는 없죠. 병원 내 시각이 아닌 주변 소비자 그룹에 모니터링해보고 그들의 의견을 적절히 참조하세요. 콘텐츠를 개발한 다음날 다시 읽어보고 전략적으로 부족한 부분도 체크해보시기 바랍니다.

랜딩페이지는 보통 상담 유도와 광고 전환 체크를 위한 상담 DB창을 다는데요. 이때 상담을 적극 유도할 수 있는 고민이 더해져야겠죠. DB창의 위치, UX(User Experience 디지털 산업 각 분야에서 반영해야 하는 사용자 경험을 의미하지만 여기서는 웹사이트 이용에 대한 유저의 경험, 그로 인해 학습된 이용행태를 의미)를 고려한 구동 방식의 편의성뿐 아니라 작은 DB창에서 상담으로 유도할 짧은 카피나 디자인 요소에 대해서도 말이죠.

그리고 랜딩페이지에서 병원브랜드의 VI(Visual Identity)와

HI(Hospital Identity)의 적용도 적절하게 구현되어 병원브랜드에 대한 이미지 형성에 기여해야 하겠습니다. 다양한 진료상품의 광고와 랜딩페이지마다 시각적으로 브랜드 이미지를 일관되게 느끼게 하는 것 역시 병원브랜딩 효과를 냅니다.

병원광고의 운영과 관리 가이드

온라인 광고의 운영과 관리 가이드

온라인 매체에 집행하는 병원광고들에 대해서는 대체로 효과 분석을 잘하고 있습니다. 관련 교육이나 정보도 많이들 이용하는 편이고 실행업체들의 노하우도 축적되어가고 있죠. 키워드 검색광고, PC 배너광고, 모바일 배너광고, 페이스북 광고, 블로그형 광고 등은 랜딩페이지와 함께 (각 매체마다 다소 차이는 있지만) 조회수, 체류시간, 페이지 뷰 열람수, 유입경로, 이용 시간대, 방문자 분석, 전환률, 이탈률, 도달수 등의 데이터를 확인하고 성과가 저조한 광고나 콘텐츠 부분을 수정하거나 변경합니다. 효과 분석 데이터 프로그램을 이용해 헛클릭이나 악의적 클릭 체크, 키워드 노출 순위나 노출 시간 변경, 효과 없는 키워드 오프, 성과별 키워드 그루핑 관리, 지역 키워드나 틈새 키워드 활용, 광고 효과와 소비자 반응에 따른 광고 소재나

랜딩페이지 콘텐츠 변경 등 효율적이고 경제적인 운영에 신경을 쓰고 있죠.

물론 데이터를 통해 성과를 파악하는 것과 피드백을 제대로 해서 바른 방향으로 수정을 하는 것은 서로 다른 문제입니다. 문제점을 발견했지만 그 원인과 해결책을 제대로 세우는 것은 누구나 잘할 수 없는 전문적인 것이죠. 그에 대해 유능한 마케터의 도움을 받는 것이 필요하겠습니다. 그러나 시간이 걸리더라도 학습과 시도를 통해 병원에 맞는 운영과 관리의 가이드를 정립해나가는 것도 병행하는 것이 좋습니다.

다만 병원광고 효과를 어떤 기준으로 평가하느냐, 어떤 전략을 세워가느냐는 마케터마다 차이가 있어 보입니다. 병원광고의 성과 기준은 대체로 전환률, 전환수입니다. 내원의 전조증세로 인식되는 전환은 광고를 본 소비자가 내원을 생각하며 상담 신청을 하는 것을 데이터화한 것이죠. 그러나 앞서 마케팅 챕터에서도 강조한 것과 같이 소비자는 예전처럼 단순한 경로로 즉각 답을 주지 않는 경우가 많습니다. 가령, 광고의 랜딩페이지를 보더라도 홈페이지까지 들어가 보고 면밀히 살펴서 상담글을 랜딩페이지의 상담창이 아닌 홈페이지 게시판에 남길 수도 있습니다. 또 지금 상담신청을 하지 않고 미루는 상황이 발생할 수도 있습니다. 그래서 전환수는 생각보다 높지 않은데 페이지 방문수(클릭수)와 체류시간이 높은 편이고, 페이스북 광고의 경우 댓글, 친구 소환, 공유, 광고 도달수 데이터가 괜찮다면 광고 효과가 있다고 볼 수 있습니다.

갈수록 광고 경쟁이 심화되고 광고 회피율이 높아지는 상황에서 광고의 효과는 이제 단순히 상담신청을 몇 명 했느냐가 아니라 광고를 얼마나 타깃 소비자들이 보고 브랜드를 인식하게 되었느냐에 초점이 맞추어져야 합니다.

그리고 광고를 집행한 것으로 마케팅 과제를 수행했다고 생각할 것이 아니라 홈페이지와 키워드별 노출되는 마케팅 콘텐츠와 병원브랜드 검색시 노출되는 마케팅 콘텐츠 등 다른 마케팅툴과의 통합적 운영으로 시너지효과를 내야 하고 병원브랜딩으로 병원브랜드에 대한 지속적이고 긍정적인 인식을 탄탄하게 쌓아가야 합니다.

오프라인 매체 광고의 운영과 관리 가이드

오프라인 매체의 광고는 온라인 광고에 비해 성과 분석을 잘 하지 않게 되는데요. 기껏해야 내원 고객에게 무엇을 보고 왔는지를 데스크에서 체크하는 정도입니다. 그러나 이러한 고객 설문이나 체크만으로 정확한 데이터를 얻었다고 보기는 어려울 것입니다. 가령, 설문에 응한 고객이 버스 정류장 옥외광고를 보고 병원을 인터넷에서 검색하면 그 고객은 인터넷을 보고 왔다고 답할 수 있고 병원은 자칫 옥외광고의 효과를 사장시키게 됩니다. 그래서 광고 효과가 발생하고 있으나 충분한 광고 도달이 이루어지지 못한 시점에 성급히 광고를 내리거나 다른 매체로 갈아타고 비용 낭비를 막았다 생각할 수도 있는 것입니다.

오프라인광고는 예산의 한계를 느끼는 많은 병원들이 크게 고려하지 않습니다만, 앞서 광고 전략에서도 말씀드린 바 있듯이 병원의 마케팅 상황에 따라, 또 진료상품의 타깃 소비자에 따라 고려할 수 있는 매체 광고입니다. 특히 지역 내 (특정 진료상품의) 대표 병원브랜드로 포지셔닝을 하거나 로열티를 강화해서 리더 브랜드의 자리를 굳건히 해야 할 때, 또는 검색이 이루어지기 어려운 초기시장의 특정 진료상품에 대해 이슈화를 시키기 위해 소비자 동선에서 효과적으로 광고 노출을 해야 할 때, 아파트 LCD 광고나 골프장 거울의 광고처럼 특정장소의 타깃 세그먼트를 통한 마케팅을 할 때 오프라인광고 매체를 선정해 광고를 노출하면서 소비자 반응을 체크해 매체를 가감하거나 설치물 위치를 변경하는 등 광고 노출 효과에 신경을 써야 합니다.

병원브랜드 인지도 및 로열티 강화를 위해 타깃소비자의 동선을 고려한 오프라인 매체를 선정해 병원광고를 집행할 수 있습니다.

오프라인 병원광고가 타깃 소비자에게 '도달' 되면 대개 병원브랜드 검색량과 홈페이지 내 상담신청이 보다 늘 수 있습니다. 이렇게 되려면 물론 홈페이지 경쟁력이 갖추어져 있어야겠죠. 아울러서 병원브랜드 검색 상황에 적어도 부정적 여론이 노출되지 않도록 사전에 체크하고 관리해야 합니다. 사실 오프라인 매체뿐 아니라 온라인광고에서도 광고의 효과를 심각하게 훼손하는 것이 바로 검색 상황에서의 병원브랜드에 대한 소비자의 부정적 반응(가령, 파워카페에 그 병원에 대한 불만 글이 노출된다거나 하는)에 대한 글입니다.

광고의 효과에 대한 조사

광고 성과에 대한 데이터상의 파악 외에 정확하고 유의미한 광고 효과 측정을 위해서는 소비자 설문이 정교해야 할 뿐 아니라 표본 고객들을 제대로 선정해서 정성조사(FGI : Focus Group Interview)를 실시할 필요가 있습니다. 단순히 무엇을 어디서 몇 번 보았는지 같은 단답형 질문 외에 광고에서 느끼게 된 인상과 느낌, 그로 인해 얻게 된 병원브랜드의 이미지, 회상도, 다른 경쟁병원과의 비교 평가, 광고와 실제 내원해서 본 느낌의 차이와 그 원인 같은 것에 대한 유의미한 고객들의 이야기를 수집하는 것 말입니다.

이러한 광고에 대한 고객(유의미한 고객수와 순수 표본 소비자임을 전제로)의 구체적이고 다각적인 인식은 광고가 병원브랜딩과 마케팅에 효과적이었는지, 광고목표를 제대로 수행했는지를 평가하는 객관적 기준이 될 수 있습니다.

만약 병원브랜드에 대한 부정적 이미지가 온라인에 회자되고 있어서 그를 해소하기 위한 병원브랜드 광고를 집행했다면 (물론 광고하나에서 소비자 인식이 단번에 바뀌는 것은 아니며, 통합마케팅의 일관된 목표와 콘셉트의 광고를 충분히 도달시켜야 합니다.) 그 광고효과가 소비자 인식에서 발견되어야 할 것입니다. 설문에 응한 고객 대부분이 광고목표나 광고콘셉트와 다른 엉뚱한 이야기를 하고 있다면 그 광고의 크리에이티브는 광고 목표를 제대로 수행했다고 보기 어렵습니다. 광고 수정이나 변경이 필요한 것이죠. 또 광고에 대해 잘 모르고 있다면 노출상황을 검토해 매체환경이나 매체 자체를 변경해야겠죠.

이처럼 광고에 대한 표적 소비자의 인식에 대한 심층조사는 자칫 소비자와 분리되어 병원 내 광고 담당자와 컨펌자의 주관성과 안일함으로 운영되는 비효율적 광고의 생산 관행을 개선시키고 향후 병원브랜드 광고의 방향 설정에 근거자료가 됩니다.

또 내원 고객에게 병원브랜드를 알게 돼서 내원하기까지 거쳐온 경로를 상세히 리스트업해서 간단히 체크하게 하는 것 역시 필요합니다. 물론 여기에는 매체에 비용을 들여 집행한 광고 외에 병원브랜드 블로그나 페이스북 병원브랜드 페이지 같은 마케팅 콘텐츠도 포함될 것입니다. 최초 발원부터 내원 직전까지의 모든 병원마케팅과 지인 소개 등 다양한 경로를 항목화해서 해당사항을 모두 체크하게 하는 것도 하나의 방법입니다.

고객들이 귀찮다고 참여를 잘 안하려 한다 해도 적절한 베니핏을 주어서라도 파악하는 것이 좋겠죠. 약간의 긴장감이나 경계심을 갖고 있는 첫 진료 접수시보다 만족스러운 진료를 받은 후 고객이 홀가분한 기분으로 다음 진료나 후관리에 대한 안내를 받을 때 함께 부탁하는 것이 더 나을 수도 있답니다.

이 고객 데이터들은 마케팅에 대한 각 성과와 고객 이용행태, 고객의 주요 접점 등 주제별로도 정리 분석하고 매체별, 타깃 소비자별, 진료상품별 등 주제별 그래픽화도 해보는 것이 좋습니다. 이 자료를 토대로 병원마케팅과 병원광고 전략을 수정하거나 새로운 목표의 광고전략을 개발할 때 전제 자료로 활용합니다. 마케팅 대행사에도 공유시켜 현실적인 병원 광고와 마케팅 전략을 개발하도록 돕습니다. 물론 자료에 국한된 제한된 전략 개발이 되지 않도록 해야겠지요.

그런데 광고의 효과를 이런 방법이든 저런 방법이든 측정해서 유의미한 데이터를 추출해 광고정책에 반영하려면 광고가 충분히 목표 (타깃) 소비자에게 도달함을 전제로 해야 합니다. 광고를 인지하는 사람이 적다면 광고가 제대로 목표 소비자에게 도달하지 못한 것이고 그 문제의 원인은 광고 집행기간이 부족했거나 집행기간은 충분했으나 매체가 타깃 소비자에게 잘 노출되지 않았거나 광고 크리에이티브의 주목성이 부족했거나 강력한 경쟁군 마케팅의 영향을 받았거나 등등 다양한 원인일 수 있습니다.

물론 병원광고의 효과에 대해 면밀하게 파악하기는 현실적으로 어렵죠. 신뢰할 수 있는 리서치 기관에 꽤 큰 비용을 지불하고 매체광고 한두 개의 효과를 측정할 수도 없고 말이죠. 내원고객의 반응, 광고 게첨 상황, 주위 경쟁군의 광고 상황, 병원브랜드 검색량과 고객 DB 상황의 변화 등을 수시로 관찰할 수밖에요.

광고 매체별 적정한 노출 기간

타깃 소비자에게 광고가 마냥 오랫동안 노출되면 그만큼 효과를 볼 것 같지만 사실은 그렇지 않다는 것이 오래전부터 광고 연구 논문들에 의해 밝혀져 있습니다. 우리의 뇌는 늘 새롭고 강력한 자극에 의해 반응하고 정보가 반복적으로 학습될 때 단기기억에서 장기기억으로 넘어간답니다. 광고의 인지 역시 마찬가지입니다. 그러나 그 반복이 필요 이상 지속되면 그때부터는 인지가 일어나지 않습니다. 뇌에서 인지할 필요를 느끼지 못하기 때문입니다. 나아가 광고에 대한 지겨움과 짜증, 기피현상 같은 부정적 태도가 일어납니다. 광고 효과의 마모성, wear out 현상이란 것인데요.

광고 적용 기간이 부족해서 타깃 소비자의 충분한 인지가 이루어지지 않는 것도 문제지만, 너무 오래 노출되어 광고의 wear out 현상이 발생하는데도 놔두는 것 역시 생산적이고 효율적인 광고 운영이 아닙니다. 그러나 실제로 병원들은 진료상품이나 병원브랜드의 포지셔닝 전략이 바뀌는 상황이 오지 않으면 기존 광고를 오랫동안 유지하는 경우가 많은데 이러한 광고의 기피현상이 발생해 광고를 집행할수록 매몰비용만 쌓이지 않나 살펴야 합니다.

그렇다면 병원은 효율적인 광고 집행을 위해 어느 정도의 기간을 염두에 두어야 할까요? 참고로 TV CF에서 일 3회 이상 광고를 집행하는 기업 브랜드광고의 경우 광고 한 편에 대해 통상 3개월 이내로 집행합니다. (물론 광고 하나만 집행하기보다 동일 콘셉트의 광고들을 연속적으로 집행하는 광고 캠페인이나, 광고와 뮤직비디오나 단편영화 같은 문화 콘텐츠를 크로스오버한 브랜디드 엔터테인먼트 같은 획기적인 시도로 이러한 광고 wear out 현상을 방지하고 소비자가 적극적으로 광고를 즐기도록 노력하죠.) 병원의 경우, 갈수록 인기를 더하는 페이스북 광고처럼 노출률과 광고 집중도가 좋은 매체의 광고는 상대적으로 광고 집행 기간이 짧습니다. 특히 광고 집행 후(병원마다 다르지만) 보통 일주일에서 열흘 이내 광고 인지와 그에 대한 반응이 두드러지고 이후부터는 반응이나 도달률이 급격히 떨어진다고 합니다. 소비자 반응이 떨어지는 것은 광고 효과의 마모현상이 동시에 일어나고 있다는 것을 의미합니다.

그래서 동일 광고 하나로 오랫동안 노출시키기보다 기업 브랜드 광고에서처럼, 동일 콘셉트의 광고라도 카피와 디자인을 달리해서 연속적인 집행을 하는 것이 광고에 대한 인지율을 끌어올리면서 wear out 현상을 예방하는 방법이 될 수 있습니다. 물론 온라인 배너광고도 마찬가지입니다.

또한 광고 효율성을 높이기 위한 노출방법으로 타깃 소비자와 노출 시간대를 달리 운영하는 것을 고려해볼 수도 있습니다.

비교적 오랫동안 고정적인, 키워드 검색 광고의 광고문구는 광고 wear out 현상보다는 노출되는 경쟁상황에 따라서 교체될 필요가 있습니다.

페이스북 광고나 온라인 광고는 분석 데이터를 볼 수 있기 때문에 소비자 반응에 대해 대처하기가 비교적 빠르고 수월한 편인데 오프라인 매체 광고의 경우는 판단하기가 쉽지 않을 수 있죠.

지역이나 특정장소에 한정된 매체를 이용해 광고 노출률이 높다면 마찬가지로 광고를 오래 집행하지 않는 게 좋습니다. 병원브랜드 검색 상황이나 내원 고객의 유입경로 조사 등을 통해 고객 반응의 추이를 관찰하면서 광고 교체 시기를 판단하는 것이 현실적일 수 있겠습니다만, 광역버스나 전국권 오프라인 매체 등 시장 범위가 넓은 경우라 하더라도 통상 4개월 정도 또는 최대 6개월 이내로 운영하시기를 권합니다. 파급력 있는 매체들을 활용하는 기업 브랜드보다는 매체 집행 기간을 늘리는 것이 합리적이지만 매체의 신규 이용률이 높지 않은 편(신문, 잡지 구독자, 지역 교통수단을 이용하는 소비자 중 새로운 소비자의 유입이나 소비자층의 변화가 크게 일어나지 않기 때문에)이라 그 이상 오래 집행하는 것은 광고효과의 마모성 문제가 생길 수 있다고 보입니다.

반대로 소비자의 인지가 이루어지기 전에 광고를 내리는 것 역시 효과에 도달하지 못하고 그 사이 집행한 광고 제작비와 매체비만 낭비하게 되는 상황일 수 있습니다. 효과적인 광고 도달회수에 대해서는 여러 이론이 있고 광고와 매체의 특성과 타깃 소비자의 인지상황 등 여러 요인에 의해서도 달라지기 때문에 획일적으로 적용할 수는 없지만 기존 광고계에 통용되어온 것은 1인이 광고에 3회 정도 노출될 때 전환이 이루어질 수 있다는 것입니다. 처음에 무심히 보던 광고가 반복적으로 보임으로써 보다 구체적인 관심이 생기게 되어 행동을 유발하게 된다는 것인데요. 가령, 질환에 대해 관심이 있던 소비자라도 광고를 보자마자 검색 등의 유의미한 행동을 하지 않을 수 있습니다. 그러나 두세 번 반복적으로 보게 되면 광고를 통해 관심도가 좀더 높아지고 급기야 검색을 하는 단계로 이동할 수 있다는 것이죠.

그런데 이 모든 광고를 각각 유효기간까지 운영할 것인가에 대한 판단은 광고에 대한 소비자 반응이 집행 초반에 체감되는지 여부를 전제로 합니다. 반응이 없는 상태의 광고를 집행기간까지 끌고 가는 것 역시 심각한 비용낭비인 것이죠.

광고 노출 상태에 대한 관리

앞서 말씀드린 것처럼 온라인 배너광고의 사이즈 축소 적용에 따른 메시지 가독성 저하나 모바일 배너광고에서 역시 메시지가 잘 보이지 않는 상황이 발견되면 광고를 수정하거나 매체 적용 크기나 위치, 아니면 매체 자체를 재고해야 합니다.

그런가 하면 온라인 광고의 랜딩페이지 내 상담DB창이나 그 외 클릭버튼의 구동 상태도 사전에 점검하고 상담글이 잘 도착하는지, 답변이 신속히 제공되는지 등등 소비자의 광고 이용상황에 대해 광고를 운영하는 중에도 종종 확인해봐야 합니다. 간혹 오류가 생기는 경우도 있고 어처구니없게도 광고와 연결된 홈페이지 호스팅이 만료

된 채 뜨는 경우도 간혹 있답니다.

　버스 외부가 너무 지저분해서 광고가 잘 보이지 않아 병원브랜드의 이미지에 부정적 영향을 미칠 수도 있고 심지어 광고 일부가 훼손되어 노출 자체가 어려운 경우도 있습니다. 버스 정류장 옥외광고가 야간에 조명이 안켜지거나 지하철 와이드광고 패널에 전기가 안들어와 광고 효과를 훼손시키는 경우도 있고요. 버스 음성광고 소리가 너무 작아서 잘 들리지 않는 경우도 있습니다. 광고매체 대행사에 실제 광고 적용 상태 촬영 이미지나 현장 녹음 파일을 정기적 보고 자료로 받고 수시로 담당자가 점검할 필요가 있습니다.

광고 적용 상태가 최적화되어 있는지 살피고 매체 대행사로부터 보고를 받는 것이 좋습니다.

　또는 실제 적용한 광고가 시안과 달라 보이거나 다르게 느껴져 효과에서 부족한 면이 파악된다면 시안 자체를 수정 교체할 수 있습니다. 광고 개발과 집행 대행에 대한 노하우가 풍부한 대행사일수록 이런 실수는 최소화되겠지만 말이죠.

Part VI 병원브랜디드 콘텐츠 전략적으로 개발하기

쉽지 않은 브랜디드 콘텐츠 분야지만 병원광고 도달률의 저하 현상과 병원브랜드 콘텐츠를 통한 전환의 행태, 당장의 구매를 목적으로 하지 않는 폭넓은 잠재 소비자에 대한 병원 브랜딩의 필요성 등을 고려할 때 병원이 투자해야 할 마케팅 분야입니다.

병원브랜디드 콘텐츠에 대한 바른 관점 갖기

브랜디드 콘텐츠란 전형적인 광고가 아니라 영화, 드라마, 뮤직비디오 등의 엔터테인먼트를 통해 브랜드를 인식시키는 브랜디드 마케팅 목적의 콘텐츠를 말하는데요. 병원브랜드를 광고 외에 효과적으로 인식시키고 나름의 마케팅 효과를 창출하기 위한 콘텐츠를 '병원브랜디드 콘탠츠'로 명명했습니다. 병원마케팅을 목적으로 한 콘텐츠 중 홈페이지나 광고의 랜딩페이지, 광고의 콘텐츠는 병원마케팅 역사에서 비교적 오랫동안 큰 포션을 차지하며 진화해왔죠. 그러나 최근 온라인, 특히 SNS의 커뮤니티를 통해 상업성을 전면에 드러내지 않고 소비자와 커뮤니케이션을 할 수 있는 병원브랜디드 콘텐츠가 주목받게 되었기에 이를 별도로 소개하게 되었습니다.

광고 하나로 소비자 관심을 받는 때는 지났습니다. 다들 체감하시겠지만. 스마트폰 문화에서 콘텐츠의 소비가 급격히 늘면서 그와 함께 광고 기피 현상도 심화되었죠. 기업 브랜드들은 이러한 트렌드를 반영해 다양한 브랜디드 콘텐츠를 개발, 제공하면서 오프라인광고에서 SNS 공유까지 함께 이루어지는 컨버전스 광고나 TV CF의 SNS 동영상 콘텐츠 버전 등 새로운 스타일의 광고형 콘텐츠들을 선보이고 있죠.

병원들 역시 광고를 마케팅으로 이해하던 시절에서 벗어나 홈페이지 외에도 블로그, 페이스북, 카카오스토리, 인스타그램, 유튜브의 병원브랜드 영상 등등 다양한 브랜디드 콘텐츠를 운영하고 있는 상황이죠. 간간이 회원지를 발행하거나 작가를 통해 웹툰을 개발하는 병원들도 있죠.

그러나 병원들이 브랜디드 콘텐츠를 만드는 동기와 그 운영 행태는 대체로 광고와 유사해 보입니다. 광고의 대안으로 좀더 적극적인 프로모션이나 병원브랜드 홍보 콘텐츠를 통한 신규 고객 모집의 수단으로만 생각하는 경향이 큽니다. 인스타그램까지도 광고 노출의 장으로 생각할 뿐이죠. 웹툰이든 동영상이든 다양한 장르의 시도 역시 목적은 병원광고와 대체로 같습니다. 그러나 광고 목적을 드러낸 콘텐츠는 대체로 반응이 그리 좋지 않습니다. 그럼에도 소비자 인사이트를 형성하지 못하는 콘텐츠에 대해 조회수나 좋아요, 댓글, 공유 같은 소비자 반응의 양을 체크해서 효과를 판단하고 있는데요.

어쨌든 소비자들이 질환이나 진료 정보를 검색하는 상황뿐 아니라 콘텐츠를 소비하는 다양한 장에서 병원브랜디드 콘텐츠가 '도달'되어야 병원브랜드에 대한 소비자의 주목을 받게 되기에 이 콘텐츠의 경쟁도 병원들 간의 광고 못지않게 심화되고 있습니다. 실제로 병원브랜드 페이스북의 콘텐츠를 받아보다가 또는 병원 블로그의 포스트를 보고 댓글을 남기다가 내원하는 고객들이 있을 만큼 병원

마케팅은 이제 콘텐츠가 화두가 되었습니다.

소비자들이 주로 이용하는 네이버나 다음 등 인터넷 포털사이트들이나 온라인 미디어들, 심지어 통신사들도 콘텐츠 경쟁중입니다. 구글, 페이스북, 유튜브…. 세계적으로도 그렇죠.

그래서 새로운 콘텐츠 터미널들이 계속해서 생겨나고 있죠. 페이스북의 형제 인스타그램의 대항마로 네이버가 개발한 네이버폴라, SK컴즈의 잇픽은 주제별 분류와 태그 검색 기능, 리픽(Repic 사진으로 댓글 달기) 기능, 보다 확장된 공유 기능 등의 특장점을 바탕으로 꾸준히 마케팅을 하고 있지만 아직 점유율이 높은 편은 아닙니다. 카카오의 인증제를 통해 고품질 콘텐츠만 보여주는 블로그 형태의 "브런치"는 네이버가 "파워콘텐츠"라는 블로그형 광고 상품을 출시하고 얼마 되지 않아 공개되었습니다. 네이버포스트도 주제별로 지속 발행되는 간결한 양질의 콘텐츠 폼으로 네이버에서 키워드에 따라 PC와 모바일에서 노출이 가능하고 포스트 작가 양성을 위한 교육도 운영하고 있죠.

그런가 하면 네이버, 페이스북, 유튜브 등 대표적 콘텐츠 유통 기업에서 상업적인 저품질 콘텐츠를 걸러서 콘텐츠 시장을 관리하려는 정책을 계속 발표했죠. 네이버는 후기성 블로그 형태를 로직에 의해 노출되지 않게 하고 있고 광고성 블로그 역시 상위노출을 어렵게 했습니다. 페이스북은 낚시성이나 공유 목적의 콘텐츠 폼, 좋아요나 댓글 같은 소비자 반응이 없는 콘텐츠 등 저품질 콘텐츠들을 뉴스피드에서 보이지 않게 한다고 발표했습니다. 앞서 소개한 카카오의 브런치 역시 고품질 콘텐츠를 양성하기 위해 블로거의 자격을 사전에 인증한 것이죠. 유튜브는 인기 검색 순위별 동영상 선정 기준을 단순

재생수가 아닌 체류시간으로 바꾸어 실제 소비자들이 즐긴 영상 콘텐츠들을 어필하고 있죠. 이는 콘텐츠에 대한 소비자의 니즈를 적극 반영해 소비자가 떠나지 않도록 하는 필터링 운영책입니다.

광고를 회피하게 하는 앱이나 기능이 개발될 만큼, 콘텐츠를 방해하는 광고에 대한 기피현상이 심해지는 반면 재미있고 유익한 콘텐츠에 대해서는 적극 공유되는 등 양극화가 심화되고 있습니다.

병원마케팅계에서도 이러한 콘텐츠 소비 환경과 소비자의 행태에 대해 유념해야 합니다. 이러한 콘텐츠 매체 환경, 콘텐츠 품질지수의 중요성, 소비자 인사이트를 형성할 콘텐츠 개발의 필요성과 함께 의료광고 기준의 확대 적용 상황까지 고려해 양질의 브랜디드 콘텐츠를 개발하고 지속적으로 공급해나가야 하는 것입니다.

이렇게 쉽지 않은 브랜디드 콘텐츠 분야지만 병원광고 도달률의 저하 현상과 병원브랜드 콘텐츠를 통한 전환의 행태, 당장의 구매를 목적으로 하지 않는 폭넓은 잠재 소비자에 대한 병원브랜딩의 필요성 등을 고려할 때 병원이 투자해야 할 마케팅 분야입니다.

병원의 브랜디드 콘텐츠가 지양할 것과 지향할 것

그렇다면 병원브랜디드 콘텐츠는 어떻게 운영해야 할까요? 상세한 이야기는 다음 주제에서 다루기로 하고 우선 앞서 언급한 대로 콘텐츠를 광고 대체물로 여기는 행태에서 벗어나야 합니다. 또 소비자가 광고를 기피하고 유용하거나 재미있는 콘텐츠를 적극 소비하는 행태를 유념해야 합니다. 쉽게 말해 광고처럼 운영하면 병원브랜드 마케팅의 목표를 이루기가 쉽지 않다는 얘기입니다.

병원브랜디드 콘텐츠는 마케팅을 목적으로 (병원)브랜드가 콘텐츠를 이용해 소비자와 커뮤니케이션 하는 것입니다만, 여기서 중점은 '마케팅'이 아니라 '커뮤니케이션'입니다. 콘텐츠를 통한 커뮤니케이션이 만족스럽게 이루어지지 못하면 마케팅의 목적을 이룰 수 없습니다.

그래서 흔히 병원브랜디드 콘텐츠들에서 보이는 것처럼 상위 블로그 노출 마케팅 수준이어서도 안되고 지루하고 건조한 의료 뉴스 수준이어서도 안되고 병원 홍보 목적이 뻔해서도 안됩니다. 전후 사례사진을 단순히 소개하는 것이나 홈페이지 정보 수준을 블로그나 페이스북용으로 재가공한 수준이어서도 안됩니다. 개그나 방송 콘텐츠와 같이 유행하는 소재를 단순히 재활용해서 뒷북치는 수준도 안되고 특정한 정치적 성향이나 종교적 성향, 도덕적으로나 사회 보편적 가치관에서 오해의 소지가 있는 것 등 무리수를 두어서도 안됩니다. 평이한 긴 서술도 안되고 내용 전달이 안되는 난해한 내용이나 지나치게 짧고 부실한 콘텐츠도 곤란합니다.

마케팅을 목적으로 하더라도 커뮤니케이션은 자연인 간의 소통에 대한 복잡한 메커니즘이 반영됩니다. 상대의 인지 상태와 정보 수준, 니즈, 문화, 라이프 스타일뿐 아니라 이야기를 수용하는 과정에서 느끼게 되는 감정과 심리상태까지도 콘텐츠에 대한 커뮤니케이션의 상황에서 작용하게 되는 것입니다. 전략적인 브랜디드 콘텐츠를 개발하는 전문가는 이러한 점들을 고려하고 놓치지 않으려 노력합니다.

병원브랜딩을 염두에 두면서도 소비자가 즐길 만큼 감각적이고 이왕이면 감성적 울림도 있어야 하고 병원브랜드의 콘텐츠로서 특히 유용성을 갖추어야 하고 무엇보다 신선해야 합니다. (그렇게 느껴져야 합니다.) 뻔한 병원 홍보 아니면 어디서나 볼 수 있는 대중적 정보나 재미거리로 양극화되어 있는 현재의 병원브랜디드 콘텐츠를 '병원브랜딩'과 '커뮤니케이션'이라는 중요한 두 축을 조화시켜 전략적으로 개발하는 노하우 여부에 따라 승패가 갈릴 것입니다.

병원브랜디드 콘텐츠 개발을 위해 필요한 것들

이상에서 알 수 있듯이 브랜디드 콘텐츠 개발은 전략과 테크닉 모두를 요하는 전문 분야입니다. 기존 광고 카피라이팅만큼이나요. (정제된 광고 카피를 쓰는 것과는 다른 전문성을 요하죠.) 전략적인 글쓰기를 체험해본 많은 분들이 공감하시겠지만 쉽고 편하게 다가가는 글조차 일반인은 그렇게 쓰기가 쉽지 않습니다. 전담 직원이 있다면 교육의 기회를 제공하고 지원을 해줄 필요가 있는 분야입니다.

콘텐츠 개발자는 글쓰기에 대한 테크닉뿐 아니라 콘텐츠가 소비되는 매체의 로직도 이해해서 그 환경을 고려한 효율적인 글쓰기를 할 수 있어야 합니다. 적어도 블로그나 페이스북, 카카오스토리 같은 소비자가 활발히 사용하는 매체의 로직과 콘텐츠 폼을 이해하고 반응을 얻을 수 있는 브랜디드 콘텐츠를 개발할 수 있어야 합니다. 이 외에 브랜디드 영상, 인스타그램이나 네이버폴라 같은 이미지 콘텐츠 등 다양한 콘텐츠 장르를 이해하고 소화할 수 있다면 트렌디하게 다양한 브랜딩을 시도할 수도 있겠습니다. ㅍㅍㅅㅅ나 허핑턴포스트, 스브스뉴스 같은 상품성 있는 기사나 정보를 새로운 스타일로 편집한 콘텐츠, 1인 인터넷방송 등 소비자들이 좋아하는 콘텐츠의 장르와 특징들을 살펴보고 참조하는 것 역시 병원브랜드의 새로운 콘텐츠 개발에 도움이 됩니다.

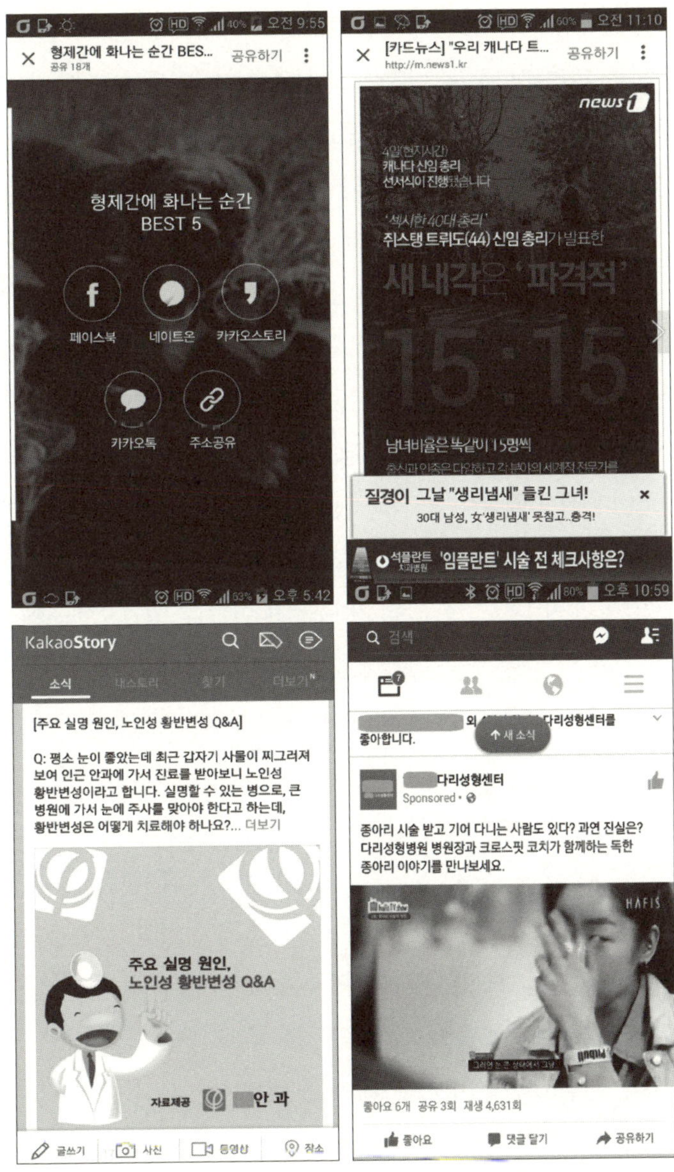

이미지 중심의 콘텐츠를 다양하게 공유할 수 있는 잇픽, 이미지와 짧은 콘텐츠로 구성한 카드뉴스 등 SNS 이용행태 중심의 콘텐츠 문화가 자리잡고 있습니다. 병원브랜디드 콘텐츠 역시 이러한 행태에 따라 카카오스토리의 진료 정보, 라이브 토크 동영상 등 새로운 시도들이 이루어지고 있습니다.

이처럼 다양한 매체와 유용한 정보, 그 정보를 콘텐츠화한 형태들을 수시로 파악하면서 소비자의 관심과 니즈, 콘텐츠의 질, 글의 감각 등 다양한 요소들을 분석해보는 등 콘텐츠 개발자는 늘 감각과 사고를 열어두고 부지런히 찾아다녀야 합니다.

무엇보다 병원브랜딩을 염두에 둔 전략적 글쓰기를 할 수 있어야 합니다. 여기저기 회자되는 방송 콘텐츠나 다이어트 정보처럼 익숙한 테마들을 병원 이름의 페이스북 뉴스피드에서 전하는 것은 오히려 소비자 반향도 크지 않습니다. 병원 원장이나 좋아할 병원 홍보 뉴스 역시 마찬가지죠. 병원브랜드와 관련한 정보에 대한 관심을 가질 소비자에게 질환이나 진료, 평소 관리나 예방법 등 병원브랜드와 연계성이 있는 유용한 정보를 그들의 입맛에 맞게 구성해서 내놓을 줄 알아야 합니다. 또 병원 홍보글이 아니라 병원브랜드에 대한 다양한 테마의 색다른 콘텐츠들을 소비자 감성을 고려해 스토리텔링할 줄도 알아야 합니다. 크리에이티브란 광고주(병원) 편이 아니라 소비자 편입니다.

그리고 적어도 몇 년을 내다보고 성실하고 꾸준하게 콘텐츠를 개발하고 일상적으로 운영해야 합니다. 검색어 노출에 효과적인 병원브랜드 블로그도 노출 가능한 지수까지 도달하려면 통상 6개월 이상 걸립니다. 물론 서이추(서로 이웃 추가 하기), SNS의 경우 친구, 소식받기, 맞팔(서로 팔로잉 해주는 것) 등을 유도하는 것도 필요하지만 그렇다 해도 블로그 지수가 올라가 노출 가능성이 높아지거나 인기 콘텐츠로 검색되려면 오랜 시간 노력을 투자해야 합니다. 몇 개월 운영하다가 말아버리거나 저품질이 되어 노출 자체가 막히면 무용지물이 되고 그간의 노력은 수포로 돌아갑니다.

계획적인 콘텐츠 개발과 함께 소비자 반응에 대한 피드백과 댓글 관리, 콘텐츠 사이트의 메뉴나 스킨 디자인 변경, 위젯 설치 등의 보완, 타기팅의 변경이나 추가, 정기적 운영 보고서 작성과 피드백 등 관리 역시 성실하게 이루어지는 것이 매우 중요합니다.

그래서 병원 내에서 안정적으로 운영할 인력을 꾸리는 것이 필요합니다. 외주 업체에 의존하고 보고만 받는 경우도 있는데 전문가의 도움을 받더라도 관리와 운영은 가급적 병원 내에서 하는 것이 장기적으로 더 낫습니다. 병원 원장들은 직원의 블로그나 페이스북 관리를 가외 업무 정도로 생각하는 경향이 있습니다만, 이러한 브랜디드 콘텐츠들이 병원브랜딩과 마케팅에 중요한 포션을 차지하고 있고 업무 수준이 전문성을 요하는 만큼 시간과 집중력을 필요로 하기 때문에 전담 시스템 구축과 직원에 대한 배려가 있어야 합니다.

이렇게 해서 전략적이고 경쟁력 높은 병원브랜디드 콘텐츠를 지속적으로 제공하고 노출시킨다면 경우에 따라 광고보다 더 많은 팬수를 확보할 수도 있습니다. 병원브랜드의 가치가 올라가고 잠재고객층이 그만큼 확보될 수 있습니다.

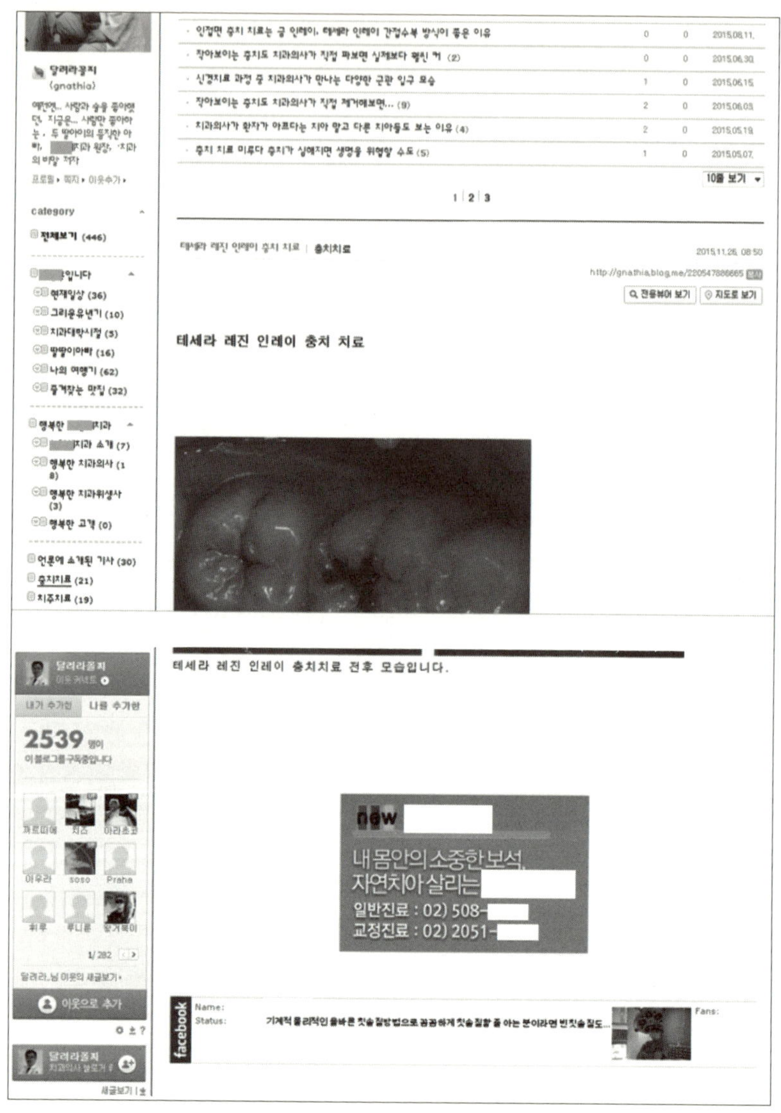

양질의 콘텐츠를 꾸준히 포스팅해온 치과원장의 블로그

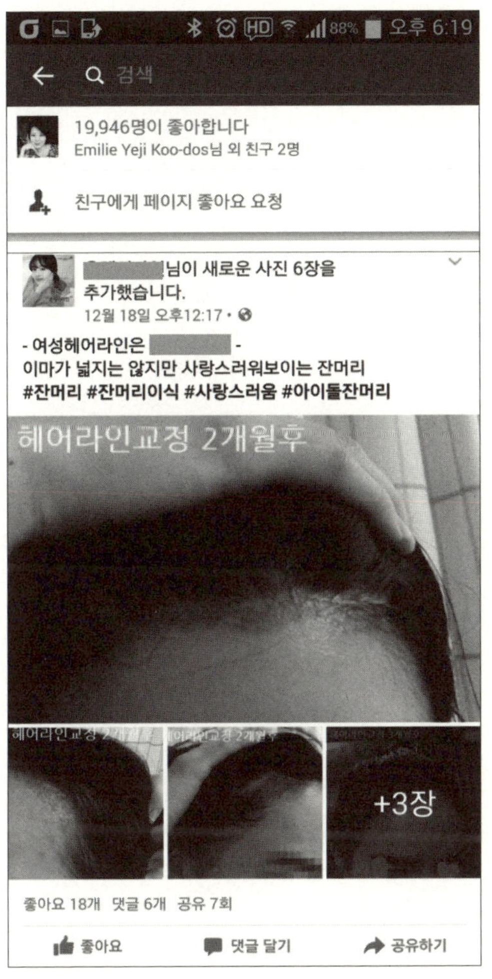

타깃소비자에게 재미있고 유용한 정보들을 꾸준히 제공함으로써
상당수의 팬수를 확보한 병원브랜드 페이스북

브랜디드 콘텐츠는 여력이 닿으면 할 수 있는 것이 아니라 광고를 보완해가는 그리고 그 이상의 가치를 발휘하는 강력한 마케팅 무기가 될 것입니다. 지금도 그렇게 되어가고 있고요.

병원브랜디드 콘텐츠를 외부 대행사에 제작비를 주지 않고 병원 내부에서 (보통은 직원이) 만들어 올린다고 해서 비용이 안드는 것이 아닙니다. 콘텐츠 개발과 운영에 드는 시간의 기회비용과 노동의 대가 대비 브랜딩 효과, 즉 ROI에 해당하는 생산성의 가치는 존재합니다. 생산성과 효용성을 고려한 콘텐츠 개발과 운영이 이루어지도록 시스템화하고 전략과 노하우를 개발해나가야 합니다.

병원브랜디드
콘텐츠 전략 짜기

병원에서 브랜디드 콘텐츠를 운영하기 위해서는 앞서도 언급했듯이 전문성을 갖추거나 갖추기 위한 학습을 받고 집중적으로 개발하는 인력이 있어야 하며 우리병원 브랜드에 맞는 콘텐츠 개발 전략이 있어야 합니다. 앞서 강조한 것처럼 병원브랜디드 콘텐츠는 병원브랜딩과 커뮤니케이션을 축으로 하는 콘텐츠이기 때문에 즉흥적으로 그때그때 콘텐츠 소재를 찾아 업로드하는 것은 바람직하지 않으며 효과도 떨어집니다.

인기 있는 콘텐츠나 대중적 관심이 있는 테마의 콘텐츠를 병원브랜디드 콘텐츠로 올리는 것은 단지 오늘 할 숙제를 했다는 의미에 불과한 일입니다. 타깃 소비자가 그 많은 커뮤니티와 웹사이트에서 얼마나 다양한 콘텐츠를 쉽고 빠르게 접할 수 있는지를 안다면, 그런 가운데 우리병원 브랜드가 제공하는 콘텐츠를 어떤 차별적 가치를 느끼게 해서 들여다보게 할까를 고민해야겠죠. 더군다나 병원브랜드의 콘텐츠 페이지라는 것을 인식한 소비자가 기꺼이 우리병원의 콘텐츠를 선택하게 되는 이유가 무엇일지 생각해보고 나아가서 콘텐츠의 호응과 공유를 통한 확산이 최대한 이루어질 수 있도록 소비자의 니즈를 반영한 콘텐츠를 개발해야만 합니다.

병원마케팅의 치열한 경쟁 속에서 경쟁군의 브랜디드 콘텐츠들과도 경쟁이 이루어집니다. 가령, 키워드 검색시 노출되는 병원 블로그나 뉴스, 네이버포스트 등의 콘텐츠들을 보면 노출 순위뿐 아니라 콘텐츠의 설득력 역시 효과의 차이를 만든다는 것을 알 수 있습니다. 콘텐츠의 노출은 경쟁군보다 좀 뒤라도 콘텐츠 경쟁력이 우월하면 더 효과적입니다. 그래서 소비자들이 경쟁군의 콘텐츠와 비교하게 되는 상황에서 우리병원 브랜디드 콘텐츠는 어떤 경쟁력을 갖고 있는지도 고려할 필요가 있습니다.

병원브랜디드 콘텐츠의 효율적 믹스 전략

병원 내부에서 블로그를 운영하면서 페이스북, 카카오스토리(스토리채널을 포함해서 여기서는 대표적으로 이렇게 명명할게요.) 같은 SNS도 운영하고 이런저런 새로운 매체와 커뮤니티 사이트들이 소개될 때마다 그것들을 우리병원에서 활용하기 위해 열심히 시도하는 열성적인 마케터들이 있는가 하면, 원장 혼자 또는 직원 한 명이 한두 개 커뮤니티를 관리하면서 콘텐츠까지 개발하느라 애 쓰는 의원도 있고, 애초에 블로그 하나만 운영하고 다른 툴은 방만 개설하고는 제대로 운영이 안돼 우리 영역 밖이라 생각하는 병원들도 있죠.

병원브랜딩과 마케팅 측면에서 이상적인 것은 효과적인 커뮤니케이션 툴들을 효율적으로 또 지속적으로 실행하는 것입니다. 예를 들어 블로그, 카페, 네이버포스트 등 키워드별 검색이 되는 브랜디드 콘텐츠를 운영하면서, 잠재고객층과 밀도 있는 커뮤니케이션을 할 수 있는 페이스북과 카카오스토리를 지속적으로 운영하는 것입니다.

당장 질환이나 진료 관련 정보를 찾고 싶은, 진료상품 구매 단계나 그 전단계의 소비자들에게 우리병원의 관련 콘텐츠가 전달되어 소비자가 우리병원을 주목하게 하는 마케팅 효과를 창출하는 것은 키워드 검색별 노출되는 콘텐츠 영역입니다. 당연히 진료와 질환에 대한 다양한 정보들이 경쟁력 있게 구성되어 있어야 하고 노출될 수 있어야 하죠. 이것이 키워드 검색형 병원브랜디드 콘텐츠의 주요 요건이고 콘텐츠 기획자가 주목해야 할 핵심입니다.

그러나 계속 강조하고 있는 것처럼 구매 니즈를 갖고 있는 잠재고객층만을 대상으로 그만큼 치열한 경쟁의 무대에서 마케팅을 하는 것만으로는 역부족입니다. 지금은 구매의사가 없는 잠재 소비자들에게 병원브랜드에 대한 특별한 인식과 신뢰를 형성하며 관계를 맺고 유지하는, 브랜딩 기능의 콘텐츠 역시 병원에게 중요한 또다른 마케팅툴입니다. 이러한 기능을 수행하기 위해 SNS의 대표적인 커뮤니티인 페이스북과 카카오스토리를 운영할 필요가 있습니다.

페이스북과 카카오스토리는 이용자의 연령대와 이용방식이 좀 다르면서 국내에서 대표적인 SNS 커뮤니티로 자리잡고 있는 만큼 기본 운영 아이템이 됩니다. 세계적으로 활용 인구가 많은 페이스북은 20~30대 층과 비즈니스 피플을 중심으로 정보 수집의 이용 측면도 상대적으로 많아 시사나 분야별 고급 정보들을 소비하는 경향이 카카오스토리에 비해 좀더 두드러진다고 하겠습니다. 카카오스토리는 40대 이상의 이용률도 높고 살림, 여행, 취미, 소비재 정보 등 일상의 정보 소비가 보다 두드러져 보입니다.

이렇게 타깃 소비자 별로 정보에 대한 니즈나 이용행태를 고려해 개발된 콘텐츠가 효율성이 큰데요. 그런데 문제는 앞서 언급한 것처럼 병원 내에서 이 많은 콘텐츠들을 개발 운영하는 것이 쉽지 않다는 것입니다. 전문성뿐 아니라 시간 투자 면에서도 말이지요. 그래서 고효율 운영 전략을 세워야 하는 것입니다.

노력을 최소화하면서 효과를 최대한 내고자 한다면 블로그를 기반으로 콘텐츠를 운영하는 것이 현재로서는 최선이라 생각됩니다. 블로그의 콘텐츠를 축으로 페이스북과 카카오스토리의 콘텐츠를 그 매체 스타일에 맞게 베리에이션하는 것인데요. 이 외에 카페, 네이버포스트, 브런치, 인스타그램, 네이버폴라 등 병원 타깃 소비자의 정보 소비율이 상대적으로 적은 커뮤니케이션 툴들은 우선 포기하는 것입니다. 각 매체마다 제대로 운영도 못하면서 방만 개설해놓은 경우들도 종종 눈에 띄는데 여력이 안되면 주효 툴만 잘 운영하는 게 낫습니다. 허접해 보이는 커뮤니티는 병원브랜드에도 부정적 이미지를 형성할 수 있고 목표를 이루지도 못하면서 에너지를 분산하는 것은 생산적이지 못하니까요.

블로그 콘텐츠를 SNS에 공유시키거나 툴에 맞게 재편집해서 다각적으로 활용함으로써 콘텐츠 개발의 생산성과 효율성을 높일 수 있습니다. 전문용어로 OSMU(One Source Multi Use 하나의 콘텐츠 소스를 다양하게 재가공해 다양한 마케팅툴과 커뮤니티에 활용하는 것)라 하는데 온라인마케팅과 SNS 커뮤니티를 경제적으로 운영하는 한 방법입니다.

가령, 우리병원 진료와 관련해 소비자가 관심을 가질 테마로 허리통증의 다양한 원인에 대해 블로그 포스트를 작성했다고 합시다. 포스트에는 척추관협착증, 디스크, 근육이나 주변 조직 손상 등 3가지

원인에 의한 요통에 대해 소개했다면 페이스북이나 카카오스토리는 척추관협착증에 의한 요통의 특징에 대해 블로그 콘텐츠 일부를 가공해서 양식에 맞게 개발할 수 있는데요. 포스트를 기반으로 하기 때문에 내용의 새로운 개발보다 시간과 노력이 절약됩니다.

정 바쁠 땐 블로그 자체를 링크시켜도 괜찮습니다. 포스트 내용이 진정성 있고 충실하게 작성되어 있다면 분량은 크게 문제되지 않습니다. 양질의 정보를 제공하는 병원브랜드 블로그의 홍보효과도 노릴 수 있습니다. 단, 늘 이런 식이면 곤란하겠죠. 차라리 블로그를 보든지 같은 형식의 긴 글을 SNS에서 계속 받아볼 소비자는 많지 않으니까요. 반대로 페이스북이나 카카오스토리의 콘텐츠 몇 개를 테마로 묶어서 블로그에 재가공하는 것도 경제적 운영의 한 방법입니다.

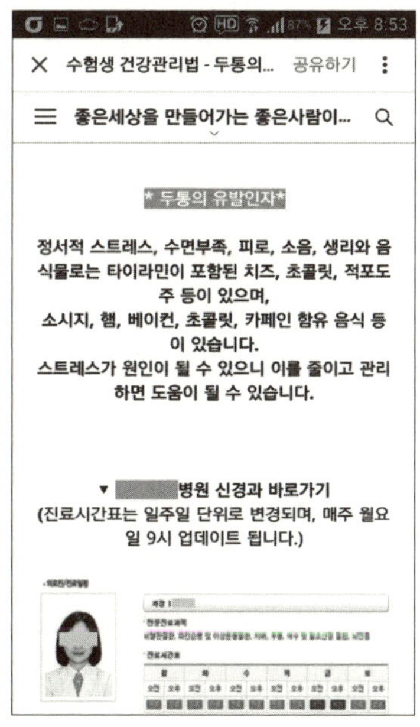

블로그 콘텐츠를 병원브랜드 페이스북 콘텐츠로 활용한 사례

매체별 정보 소비행태를 고려한 콘텐츠 운영 전략

만약 병원이 인력과 시스템을 갖추고 브랜딩에 힘쓰고자 한다면 다양한 매체별 효율적인 콘텐츠 운영을 권장합니다. 그렇다고 시중에 이용되는 콘텐츠 터미널들과 커뮤니케이션 툴을 무작위로 활용하라는 것은 아닙니다. 병원브랜딩의 장기적 목표를 위해 운영하는 커뮤니케이션 툴의 콘텐츠와 단기적 마케팅 목적의 콘텐츠들을 전략적으로 믹스하고 브랜딩의 균형을 유지하는 전체적인 콘텐츠 운영 전략을 짜는 것이 주효합니다.

가령, 병원브랜딩을 위해 블로그, 페이스북, 카카오스토리를 운영하면서 새롭게 포지셔닝해야 할 진료상품이나 병원의 특별한 홍보를 위해 언론매체 뉴스를 시의적으로 추가 활용하고 그 콘텐츠 소스를 다시 브랜디드 콘텐츠로 가공하는 것이 전략적으로 필요할 수도 있습니다.

진료상품의 특별한 노하우를 보유한 의료진이 병원브랜딩에서 핵심가치요소라면 전략적으로 의료진의 캐릭터와 진료노하우의 특별한 가치를 형성하게 하는 원장의 블로그나 SNS 커뮤니티를 운영할 수도 있습니다. 원장 1인이 운영하는 의원에서 효율적인 마케팅을 하고 싶을 때, 여러 진료상품을 운영하더라도 특정 진료상품에 대해 효과적인 포지셔닝을 해야 할 때, 진료 노하우의 입증자료가 부족한 개원병원에서 특히 고려할 만합니다.

프로모션을 위해 병원브랜드 카페를 활용하면서 SNS 커뮤니티를 통해 카페 유입을 유도하는 마케팅을 할 수도 있겠죠. 카페 얘기가 나와서 좀더 말씀드리자면, 최근에는 병원이 활성화의 노하우 부족으로 카페를 운영하는 경우가 많지 않은데요. 블로그 포스트 내용이나 홈페이지에 있을 내용을 카페 콘텐츠로 올리는 수준이라면 차라리 카페 운영을 하지 않고 다른 데 힘을 쏟는 게 더 낫습니다. 카페는 멤버십의 기능을 갖추는 것이 좋습니다. 카페 회원의 베니핏, 멤버끼리만 공유되는 정보 등 좀더 폐쇄적인 운영이 더 매력적일 수 있습니다. 그리고 그러한 카페의 매력을 SNS, 블로그, 홈페이지 등 다른 마케팅툴에서 어필해 카페 유입과 병원브랜딩 효과를 함께 노릴 수도 있죠. 여기서 주의할 것은 단순히 카페 방문에 대한 포인트 쌓기나 카페 회원에게 시술가격 할인 수준의 베니핏을 주는 것으로 방문율을 높이려 하지 말고 매력적인 콘텐츠와 브랜딩을 위한 프로모션을 지속적으로 기획, 제공해 자발적인 재방문율을 높이는 노력을 해야 한다는 것입니다. 그렇게 할 수 없다면 굳이 병원브랜드 카페를 운용할 이유가 없습니다.

타깃 세그먼트를 해서 타깃별 커뮤니티를 꾸려 보다 집중력 있는 마케팅을 할 수도 있습니다. 가령, 특정질환자와 관심자들에게 유용하고 매력적인 정보들을 제공하는 페이스북을 전략적으로 운영한다면 바이럴 효과에 의해 타깃 소비자들의 자발적 유입률을 늘리고 병원브랜딩과 진료상품에 대한 포지셔닝 효과를 창출할 수도 있습니다. 단, 유용성과 신선함을 갖춘 정보의 경쟁력과 실시간 고객 댓글의 성의 있는 관리가 관건입니다. 이러한 정보와 커뮤니케이션 수준이 받쳐주지 않는다면 활성화되기가 어렵습니다.

10대, 20대의 젊은 층이나 이미지 콘텐츠로 비즈니스를 하는 층에게 병원브랜딩과 바이럴 마케팅 효과를 창출하기 위해 인스타그램이나 네이버폴라 같은 이미지 콘텐츠를 전략적으로 운영할 수도 있습니다. 이는 아직까지 직접적인 마케팅 효과보다는 잠재 고객층에 대한 병원브랜드의 이미지네이션 효과가 더 크겠지만 이 매체들이 다양한 커뮤니티로의 공유가 이루어지는 만큼 보다 효율적인 운영을 할 수도 있습니다.

이미지 콘텐츠의 관건은 이미지의 매력에 의한 타깃 소비자의 공감 유발입니다. 이미지 콘텐츠는 블로그나 페이스북의 진료 콘텐츠와 믹스된 자료사진 수준의 이미지보다 감각적으로 촬영된 특별한 소재의 병원 관련 사진으로서, 이미지 자체의 경쟁력이 높고 스토리텔링이 이루어져야 비로소 소개하는 텍스트와 병원정보에 관심이 가게 되기 때문에 그 니즈에 부합되어야 합니다.

병원브랜디드 영상을 개발해 유튜브를 통해 SNS나 블로그, 홈페이지 등 다양하게 링크할 수도 있는데 여기서 영상이 바이럴 효과를 일으키려면 병원이나 진료상품에 대한 영상이라 하더라도 스피디하면서 재미있거나, 신선한 스토리텔링이 이루어지거나, 인포그래픽과 일러스트 등의 시각자료를 참신하게 활용해 정보를 효율적으로 전달하거나, 예방이나 홈케어를 위해 따라하기 쉬운 유용한 정보를 보여주는 식이 효과적이기 때문에 영상 스토리보드 기획부터 전략적으로 이루어져야 합니다. 만약 소비자에게 익숙하지 않은 진료상품이나 질환에 대한 정보로 그만큼의 희소성이 있다면 기존 의료진의 지루한 진료설명 스타일의 동영상도 타깃 소비자는 기꺼이 볼 수 있지만 말입니다. 병원브랜디드 영상은 SNS에서 특히 빠른 확산을 통한 병원브랜딩 효과를 기대할 수 있기에 개발을 시도할 만하지만 영상 스토리의 경쟁력이 미비하다면 다른 마케팅이나 커뮤니케이션 툴로 에너지를 돌리는 것이 낫습니다.

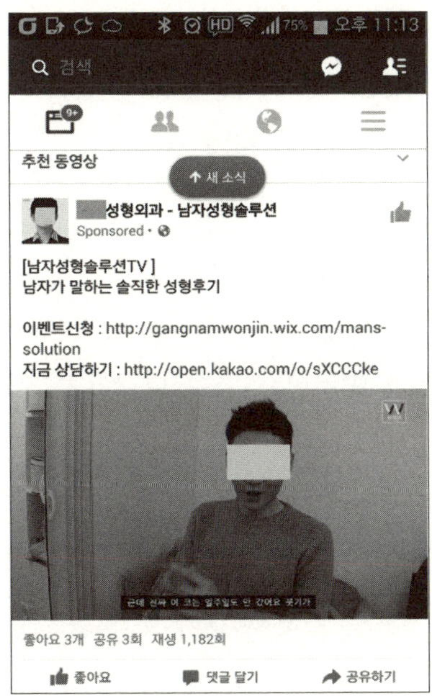

성형을 한 남성 고객의 자연스러운 경험담을 영상으로 구성한 병원브랜디드 콘텐츠 사례. 타깃소비자에게 관심을 불러일으킬 만한 신선한 재미나 유용한 정보가 관건입니다.

병원브랜딩과 마케팅 전략을 전제로 한 브랜디드 콘텐츠 운영 전략

이상에서 보듯이 병원브랜디드 콘텐츠 운영 전략은 병원브랜딩 및 통합 마케팅 전략과 무관할 수 없습니다. 또한 다양한 커뮤니티와 마케팅툴을 전략적으로 연계시키는 병원브랜디드 콘텐츠의 고효율 운영 전략이 시너지 효과를 창출합니다.

매체는 계속 새롭게 개발되어 매체의 운영 로직 안에서 다양한 콘텐츠들이 소비되고 공유될 것입니다. 매체마다 우리병원 타깃 소비자의 니즈와 정보 이용행태, 병원브랜딩 전략, 마케팅 전략 등을 고려해 운영 여부를 검토하고 브랜디드 콘텐츠 운영의 목적을 구체적으로 명시해 그를 염두에 둔 효율적 운영전략을 짜야 합니다.

또한 매체별 콘텐츠 개발 역시 OSMU를 통한 경제적 운영을 바탕으로 하되 각 매체 속성과 폼, 타깃 소비자의 정보 이용행태와 스타일에 최적화되도록 노력해야 합니다.

그리고 무엇보다 인내심을 갖고 오랫동안 성실하게 운영하고 부지런히 관리하면서 파워 콘텐츠가 될 수 있도록 노력해야 합니다. 그 도달점까지 운영하지 못하면 그간의 노력과 인력 투여는 헛수고가 될 뿐 아니라 그 실패의 기억이 병원 성장을 위해 필요한 병원브랜딩의 적극적 의지마저 희석시킬 수 있습니다.

브랜디드 콘텐츠를 전략적으로 또 효율적으로 운영하기 위해서는 기획서와 운영 플랜을 작성할 필요가 있습니다. 병원브랜딩 전략을 반영해서 브랜디드 콘텐츠가 실행해야 할 미션, 지금 진행되는 마케팅 또는 계획된 마케팅 실행과 연계된 브랜디드 콘텐츠의 미션, 타깃 소비자와 매체의 효과 및 병원 내 운영상황을 고려한 매체 선정, 매체별 속성과 로직에 따른 주요 가이드, 콘텐츠 카테고리 분류(가령, 병원브랜드 스토리텔링, 의료진 스토리텔링, 진료상품별 진료 정보, 질환 예방 정보, 병원브랜딩과 연계성 있는 생활 정보 등), 카테고리별 콘텐츠 테마(가령, 임플란트라는 진료상품 카테고리에서 임플란트 재수술, 임플란트 종류 등 콘텐츠의 구체적인 주제) 기획, 콘텐츠 테마별 활용할 우리병원 콘텐츠 및 이미지 소스(또는 촬영 계획), 참조할 콘텐츠 소스 URL이나 정보, 브랜디드 콘텐츠 사례 자료, 매체별 요일별 · 분기별 · 연도별 콘텐츠 개발 및 퍼블리싱 계획, 콘텐츠 퍼블리싱 후 고객 반응과 댓글 관리 상황, 효과 분석 등 기획에서 운영과 피드백에 이르기까지 기획서와 스케줄 운영표를 작성하면 효율적이고 생산적인 콘텐츠 운영과 일관성 있는 브랜딩이 실현될 수 있을 뿐 아니라 협업 파트너와의 효율적인 공조가 이루어집니다. 원장의 컨펌을 받기도 수월하구요. 이는 병원의 의뢰를 받은 마케팅 대행사에서도 마찬가지로 주효합니다.

브랜디드 콘텐츠 운영 역시 이처럼 전문성을 요하며 특히 병원브랜딩에 대한 관점을 가지고 그를 반영한 전략적 운영이 중요한 만큼 경험이 부족한 병원에서 운영하기는 어려울 수 있습니다. 브랜디드 콘텐츠의 전략과 총괄 기획, 주요 콘텐츠 개발은 전문가에게 의뢰하면서 내부에서는 병원 내부의 밀도 있는 뉴스나 스몰 토크(주요한 주제 외에 가볍게 즐길 거리의 콘텐츠로, 그러나 병원브랜느와 무판하지 않게 연계시키는 것이 주효합니다.) 관련 콘텐츠를 개발하는 등의 협업 시스템이 당분간 필요할 수도 있습니다.

마지막으로 주의점을 말씀드리면 페이스북이나 카카오스토리, 블로그 등의 커뮤니케이션 툴도 누군가의 신고나 보건소의 모니터링에 의해 후기성 콘텐츠나 타병원이나 타시술과의 비교 형태의 콘텐츠, 과장 표현 등은 시정명령을 받는 일이 발생하고 있으니 콘텐츠 개발 때부터 염두에 두시는 것이 좋습니다.

병원브랜디드 콘텐츠 개발 가이드

모든 매체의 마케팅과 병원브랜딩의 효과에 결정적 영향을 미치는 것은 콘텐츠입니다. 그러나 이 콘텐츠는 병원이 전해야 할 말을 빠짐없이 잘 구성한 것이 아니라 소비자가 좋아할 콘텐츠를 의미합니다. 식상하지 않고 상업적이지 않으면서 유용성, 신선도, 재미, 때로는 감동이 있어서 정보에 접근한 소비자가 기꺼이 좋아해주고 공유나 친구 소환을 해줄 정도의 콘텐츠들이 매번은 힘들지만 자주 보인다면 그 병원브랜디드 콘텐츠는 입소문을 타고 자발적 유입과 재방문율이 늘게 됩니다.

물론 우리병원 브랜딩을 기반으로 하는 콘텐츠라는 사실을 염두에 두고 브랜딩 효과를 만들 수 있는 콘텐츠 운영 역시 중요합니다. 그러나 소비자가 좋아하면서 병원브랜딩에 효과적인 콘텐츠가 시술비용 할인 이벤트 고지나 사례사진, 병원 홍보뉴스 같은 것만은 아닐 것입니다. 이러한 콘텐츠들은 병원홈페이지나 여기저기 병원이 마케팅하고자 하는 곳곳에, 또 우리병원뿐 아니라 경쟁병원들에 이르기까지 넘쳐나고 있죠. 마케팅 목적이 적나라한 이런 정보들은 오히려 브랜디드 콘텐츠에 대한 기대감과 신뢰성을 훼손하고 다수 소비자의 기피대상이 됩니다.

당장 구매를 위해 정보를 검색하는 소비자에게 노출되는 콘텐츠가 아니라 일상의 관계를 형성하며 지속적인 정보를 발행하는 브랜디드 콘텐츠로서의 특성을 염두에 둔 콘텐츠 개발이 이루어져야 합니다.

콘텐츠의 테마 기획과 글의 구성 방향

소비자가 병원브랜드에서 발행하는 콘텐츠를 기꺼이 받아보고자 하는 니즈와 우리병원의 브랜딩 목적이 교차하는 부분에서 글의 소재와 구성에 대한 기획이 이루어지는 것이 좋습니다. 가령, 코성형 전후 사례를 올려놓고 강남 아리랑성형외과를 고지하는 수준의 콘텐츠보다 코 성형에 만족하는 고객들의 얼굴과 코의 비율을 수술 전과 비교 조사한 결과를 토대로 얼굴마다 만족스러운 코의 비율에 대해 소개한 콘텐츠가 코 성형에 당장 관심 없는 소비자에게도 관심을 끌 수 있으면서 병원의 코 성형 전문성을 어필해줄 수 있는 콘텐츠 방향입니다.

이러한 전략적 콘텐츠를 개발하려면 병원이나 진료상품과 관련해 관심을 가질 만한 소비자의 니즈와 그들이 관심을 가지는 정보 수준을 우선 파악하는 것이 좋습니다. 질환, 질환이 의심되는 자각증세, 진료상품, 병원, 대체물과 대안 등에 대해 갖고 있는 선지식, 궁금증, 최근 이슈가 된 정보 등 인터넷 검색만 꾸준히 해도 소비자 니즈에 대해 관련 자료나 단서들을 찾아낼 수 있습니다.

그러한 소비자 니즈에 대해 우리병원 브랜드가 제공할 수 있는 콘텐츠의 구성을 기획하는데 여기서 주의할 것은 병원의 마케팅 목적을 드러내면서 접근해서는 안된다는 것입니다. 결론은 우리병원이 최고다, 우리병원에 와야 한다는 식이 되어서는 그 콘텐츠 자체의 신뢰가 무너져버리고 소비자는 떠나갑니다. 콘텐츠는 진정성이 생명입니다. 사심 없이 공정하고 진실한 것을 소비자는 콘텐츠에서 기대하고 무의식적으로도 그와 상반된 것에 대해 경계합니다.

지속적으로 공급되는 콘텐츠가 다양한 소재를 통해 풍성해지고 다양한 소비자의 니즈를 수용할 수 있으려면 그만큼 소비자를 다양하게 보는 시각이 필요합니다. 관심사, 취향, 고민, 우려, 라이프스타일, 정서, 그들의 주변 환경 등 소비자와 관련한 정보들과 그들이 좋아하는 트렌디한 정보들을 수시로 수집합니다. 우리병원과 유사한 타깃 소비자를 대상으로 양질의 콘텐츠를 발행하는 브랜디드 콘텐츠들 역시 쉽게 벤치마킹할 수 있습니다. 이러한 소스들을 상시적으로 수집하고 분류, 정리해 놓으면 이를 통해 콘텐츠 테마와 구성안을 기획하거나 테마별 자료로 활용하기가 용이합니다.

단, 여기서의 활용은 모방이 아닙니다. 콘텐츠의 도용은 형사처벌 대상의 범죄일 뿐 아니라 소비자에게도 신뢰를 얻을 수 없습니다. 소비자가 좋아할 콘텐츠 소스와 우리병원 브랜딩을 연결시켜서 새로운 콘텐츠를 개발해야 합니다. 가령, 석촌호수에 세계적 아티스트의 러버덕을 띄운 행사가 언론과 소비자의 주목을 받았을 때 여성 헤어라인 모발이식 병원이 그 자료사진의 러버덕에 여성 단발머리를 입혀 헤어라인의 중요성을 코믹하게 어필한 경우처럼 말이죠. 그러한 콘텐츠는 소비자의 주목을 받고 병원브랜드에 대해 새롭게 각인시킬 수 있으며 나아가 공유가 이루어집니다.

대중적으로 화제가 된 러버덕을 병원브랜디드 콘텐츠 소스로 활용한 예. 타깃 소비자들에게 관심을 받을 콘텐츠를 개발하기 위해 다양한 소스들을 지속적으로 수집, 관리할 필요가 있습니다.

수많은 정보들 속에서 우리병원 브랜딩을 고려해 주제에 적합한 소스를 찾아내고 새롭게 구성하는 일을 큐레이션이라고 하는데요. 전시 주제에 적합한 미술작품들을 선정하고 전시공간을 기획해 관객의 호응을 이끌어내는 큐레이터처럼 콘텐츠 개발자 역시 병원브랜디드 콘텐츠의 주제에 맞게 정보들을 선정하고 기획을 거쳐 재가공해 배포함으로써 타깃 소비자의 호응을 이끌어내는 역할을 합니다.

페이스북이나 카카오스토리처럼 단기간 소비되어버리는 콘텐츠의 터미널과 달리, 블로그처럼 다양하고 많은 콘텐츠들이 축적된 형태로 보여지는 커뮤니티에서는 메뉴의 기획 역시 효율적으로 구성할 필요가 있습니다.

많은 병원들의 블로그에서 메뉴 수를 필요 이상으로 늘려서 나열하거나 반대로 메뉴 구성은 별 신경 쓰지 않고 메뉴와 상관없는 콘텐츠 노출만 열심이듯이 메뉴 구성을 전략적으로 하지 못하는 경우들이 있는데요. 메뉴는 이 블로그가 어떤 정보를 주로 전하는 곳인지, 유용한 정보들을 얼마나 체계적으로 보유하고 있는지 등 블로그(나아가 병원브랜드)의 아이덴티티와 신뢰성을 느끼게 하고 유저들이 빠르게 정보를 찾아내는 내비게이션 기능을 하는 만큼 체계적이고 효율적인 구성이 중요합니다.

만약 병원의 주요 진료상품에 대한 브랜드 포지셔닝을 목적으로 블로그를 운영하고 있다면 소비자 입장에서 직관적으로 이해할 수 있는 진료상품별 카테고리를 구성하되 동등한 범주의 메뉴명으로 분류해 각 카테고리에 적합한 콘텐츠들을 고루 꾸준히 포스팅할 필요가 있습니다. 가령, 카테고리가 임플란트, 투명교정, 소아청소년 교정 등으로 구성되어 있다면 임플란트와 동질의 범주인 교정치료로 카테고리를 재정리하고 각 교정종류별 포스팅을 하거나 교정치료에 집중된 메뉴들로 구성된 블로그를 운영할 것인지 등 전략적 운영에 대한 고민을 해야 합니다. 한눈에 어떤 콘텐츠들이 구성된 블로그라는 인지가 이루어질 수 있도록 메뉴를 체계적으로 간결하게 구성해 보세요.

영상은 잘 만들어 놓으면 블로그, 카페, SNS 등의 다양한 공유로 인해 확산 효과가 클 수 있는데요. 텍스트 중심의 콘텐츠보다 주목성도 훨씬 높을 수 있습니다. 이슈가 될 만한 영상 콘텐츠를 만들기 어렵다면 진료 정보를 세부 주제별로 쪼개어 더 디테일하게 보여주거나 기존 상식을 깨는 신선한 정보를 제공하는 등 새로운 이슈를 만드는 것이 효과적입니다. 테마별로 지속적으로 만들어 제공하는 것도 전략이 될 수 있습니다. 유튜브에 병원브랜드 방을 만들어 주제별 경쟁력 있는 콘텐츠의 동영상을 지속적으로 업로드하면서 다양한 마케팅물에 링크시킬 수도 있죠. 이때 동영상의 콘셉트, 타이틀, 카테고리 구성 역시 전략적이어야 합니다.

검색이 잘되는 콘텐츠 개발 가이드

블로그는 병원들이 오랫동안 운영해온 익숙한 매체인데도 불구하고 여전히 운영의 노하우가 미숙한 경우가 적지 않습니다. 제목 맨 앞에 키워드가 들어가야 한다는 둥, 사진을 3개 이상 중앙에 배치하는 구성이 노출에 더 유리하다는 둥, 콘텐츠 양을 이 정도는 해야 한다는 둥, 내용에서 키워드가 몇 번 이상 적절한 간격으로 반복되어야 한다는 둥 검색 로직과 관련해 주관적 가이드만 공유될 뿐 정작 블로그 지수에 직접적 영향을 미치는 콘텐츠의 흡입력에 대한 고민과 공유는 참 부족합니다.

네이버, 페이스북, 구글, 카카오, 유튜브 등 콘텐츠를 유통시키는 기업들이 콘텐츠 검색 기준의 방향을 콘텐츠 품질에 두고 있고 이러한 정책은 강화되고 있으므로 얄팍한 꼼수나 테크닉보다 콘텐츠 질과 소비자 반항을 염두에 둔 전략적 개발에 힘써야 합니다.

블로그는 거의 매일 포스트 하나씩은 올리는 성실성과 직접 작성한 성의 있는 콘텐츠의 진정성, 그리고 포스트에 대해 소비자들이 읽고 반응을 표하거나 공유하는 등의 인기도가 모두 갖춰져야 노출의 최적화가 이루어집니다. 이러한 양질의 콘텐츠가 쌓이는 기간과 비례해서 블로그 상위노출 가능성이 커집니다. 빈익빈 부익부가 블로그에도 적용됩니다. 콘텐츠가 빈약하고 소비자 반향을 일으키지 못하면(이런 경우는 열심히 이웃 추가 하러 다녀봤자 블로그 지수를 올리기 어렵습니다.) 블로그 노출률이 떨어지고 방문 소비자들이 적어 블로그가 존폐 위기에 놓이게 될 수 있습니다. 이와 반대로 소비자 반응을 이끌어내는 콘텐츠가 풍성해서 방문자가 많아지면 블로그 품질 지수가 높아져 노출이 잘되고 그래서 방문자가 증가하게 되는 선순환이 일어납니다.

이렇게 되려면 앞서 말씀드린 것처럼 콘텐츠 개발 노하우와 장기간 노력의 의지가 필요합니다. 블로그는 그럴 가치가 충분히 있습니다. 콘텐츠가 거의 고정화된 병원홈페이지나 진료상품 한 아이템에 국한된 광고 랜딩페이지만으로 병원브랜딩이 이루어지기는 역부족입니다. 블로그는 상시적으로 병원브랜딩 스토리와 진료 관련 정보를 (소비자가 관심을 갖도록 기획해서) 전할 수 있고 노출 지수가 좋은 병원브랜드 블로그는 때로는 광고 이상의 훌륭한 마케팅 기능도 수행합니다. 그리고 SNS의 다양한 공유가 가능한 브랜디드 콘텐츠의 베이스입니다.

잘 키운 블로그가 효자 노릇을 하겠지만 그렇게 키우려면 블로그 성장에 문제가 되는 요소들을 지양해야 합니다. 블로그에서 상업적 목적이 두드러지는 포스트는 노출에도 문제가 되지만 타깃 소비자의 흥미를 유발하는 측면에서도 비추입니다. 과거 상위노출을 노리던 콘텐츠들처럼 검색 키워드의 의미 없는 반복 노출이나 나열, 사진 위주에 텍스트는 한두 줄 얹힌 후기성 블로그의 전형적인 패턴, 병원브랜드 블로그인데 병원브랜드와 무관한 내용들로 채워져 있거나 체계 없이 이것저것 짜깁기한 듯한 품격 없는 포스트 역시 노출 지수와 병원브랜딩의 목표를 고려할 때 조심해야 합니다.

블로그를 노출시키는 일을 대행하는 업체에서 간혹 처음 몇 달은 맛집 정보 같은 병원과 무관한 정보를 올리고 병원 진료 정보는 수개월 후 포스트를 시작해야 블로그 지수가 올라가는 데 더 유리하다는 이야기를 합니다만, 이는 콘텐츠에 대한 이해와 노하우가 부족하기 때문으로 보입니다. 패턴화된 상업적 콘텐츠로서 병원 홍보 포스트 아니면 병원과 무관한 콘텐츠라는 이분법적 운영만 생각하는 것이지요. 앞서 소개한, 병원브랜딩과 소비자의 관심도 제고라는 두 축을 만족시키는 전략적인 콘텐츠 개발이 충분히 이루어진다면 굳이 병원브랜딩의 효과 없이 수개월을 보내지 않아도 됩니다. 오히려 병원브랜드 블로그답지 않게, 흔하고 노출 경쟁이 그만큼 치열한 콘텐츠를 포스팅하는 것이 오히려 블로그 지수를 높이는 운영방향에도 바람직하지 않습니다.

이와 상관없이 블로그 자체의 노출 지수가 높아지려면 수개월 이상 양질의 콘텐츠가 충분히 누적되어야 합니다.

콘텐츠 검색 키워드는 전형적인 광고형 키워드만 생각하기보다 틈새 키워드들을 활용하는 것이 유리합니다. (특히 블로그 운영이 그리 오래되지 않았다거나 콘텐츠 경쟁력이 높지 않다면 더더욱!) 진료명 외에, 질환이나 홈케어, 예방 관련 정보를 얻고 싶은 소비자에게 검색 가능성이 높은 정보 키워드, 타깃 소비자 관련 키워드(연령, 직업군, 성별, 취향 등), 지역 관련 키워드 등 세부 키워드들이나 그 조합을 고려해서 타이틀과 콘텐츠 내용에 적용해보세요.

가령, 불면증에 대해 키워드를 검색하는 소비자는 진료 구매나 병원 내원을 염두에 두기보다 우선 불면증이 왜 생겼는지, 나와 같은 사람들은 어떤 상태를 겪었는지, 그들은 어떤 해결책을 만났는지, 어떻게 해결할 수 있는지(좋다는 방법, 음식, 자세, 기구 등), 그 해결책들의 장단점은 무엇인지, 조심해야 할 것은 무엇인지 등등 관심사들에 대해 검색을 할 수 있기에 이와 관련된 세부 키워드들을 추출해 콘텐츠에 적용하고 그에 대한 설득력 있는 정보를 구성해서 제공할 수 있습니다.

또는 '40대 직장인들의 노안 대처법', '노원구 롯데백화점 인기 음식점에서 메뉴 고를 때 고려할 3가지' 같이 병원 관련 타깃 소비자나 지역 키워드, 소비자 관심도를 제고할 정보, 그리고 병원 진료상품이나 브랜드 포지셔닝 관련 콘셉트를 믹싱한 전략적 테마(포스트 타이틀과 다릅니다. 포스트의 주제에 대한 것입니다.)의 콘텐츠를 개발하는 것이 인기와 노출을 모두 제고할 수 있습니다.

블로그 지수나 SNS 콘텐츠의 검색률을 높이는 또 하나의 방법은 최근 인기 검색어와 관련해 병원브랜디드 콘텐츠를 개발하는 것입니다. 연말정산, 최근 인기 드라마나 영화의 캐릭터처럼 시의적인 인기 키워드들도 있죠. 이러한 키워드를 소재로 병원브랜디드 콘텐츠를 기획해 퍼블리싱하면 노출률이 순간 올라갈 수 있는데요. 이때 병원브랜디드 콘텐츠에 다양하고 유용한 정보들이 준비되어 있다면 고정 팬들이 늘어나는 계기가 될 수 있습니다.

블로그 콘텐츠를 페이스북이나 카카오스토리에 링크시켜서 경제적으로 활용할 수 있다는 말씀을 드렸는데요. 이는 블로그 콘텐츠를 통해 페이스북이나 카카오스토리에서 브랜디드 블로그로 유입되어 블로그 지수를 높이는 방법이 되기도 합니다. 단, 콘텐츠가 소비자가 좋아하고 공유하고픈 것이어야겠죠.

블로그 포스트나 카페에 삽입된 이미지나 동영상이 포털사이트의 이미지나 동영상 검색단에서 노출되는 경우가 있죠. 이를 통해 블로그 유입과 병원브랜딩 효과를 창출할 수 있는 만큼 경쟁력 있는 병원 사진이나 이미지, 동영상 콘텐츠가 중요합니다.

동영상은 연출과 편집력이 경쟁력 있고 감성을 자극하거나 이슈가 될 수 있는 콘텐츠라면 15초 내의 콤팩트한 동영상으로 편집해 SNS로 확산시킬 수도 있습니다. 이때 텍스트단의 소개 카피가 동영상 재생을 유도할 수 있어야겠죠.

카카오스토리는 스토리(타이틀), 게시물, 태그, 장소 등의 검색어별 검색이 가능합니다. 인스타그램이나 네이버폴라에서 검색 되려면 해시태그(키워드 단어 앞에 붙여 검색 기능을 갖게 하는 # 모양의 기호)를 활용하게 되는데요. 그래서 콘텐츠와 관련해서 검색 가능성이 있는 키워드를 해시태그와 태그로 정리하든가 텍스트 내용 중 검색어가 될 만한 단어 앞에 해시태그를 붙여줍니다. 그런데 SNS의 텍스트단에서 해시태그 검색어만 거의 나열되는 경우들도 있는데 이는 비추입니다. 콘텐츠의 진정성을 느끼지 못하고 광고글처럼 보여 소비자 반향을 이끌어내기에 적절치 못합니다. 필요한 한두 곳 정도로 제한적으로 사용하는 것이 좋습니다.

검색어에 대해 스토리, 게시물, 장소 등 다양한 검색이 가능한 카카오스토리

블로그든 페이스북이든 카카오스토리든 인스타그램이나 네이버 폴라든 운영을 한다면 이웃이나 친구, 맞팔 신청을 열심히 해서 관심을 모으는 것이 기본적으로 필요하죠. 이때 신청 대상에 대한 기준을 가질 필요가 있습니다. 병원 타깃 소비자와 유사한 소비자를 대상으로 하는 브랜드나 업종 종사자, 지역 단체나 빅마우스(입소문으로 다른 소비자들의 소비에 영향력을 행사할 수 있는 단체, 파워블로거, 리더 소비자 등), 콘텐츠를 잘 운영하고 있는 블로거나 인기 SNS 커뮤니티, 유의

미한 팬수가 확보된 SNS 커뮤니티 등을 찾아 친구 신청을 하면 좀더 효율적이죠. 인기 커뮤니티를 찾는 방문객들에게 병원브랜드의 아이덴티티를 대표하는 프로필 사진과 커뮤니티 제목을 통해서도 노출이 될 수 있고 말이죠. 이웃에게 인사말과 이웃 신청 요청을 할 때도, 인기 콘텐츠에 댓글을 달 때도 개성을 담아 감성적인 글쓰기를 한다면 주목 효과를 낼 수 있을 것입니다. 단, 여기서도 마케팅 의도를 드러내서는 안됩니다. 안좋아하니까요!

블로그의 경우 관리 페이지에서 방문자의 유입 시간대 분포를 알 수 있는데요. 이를 통해 보다 유입이 많은 시간대를 노려 포스트를 올리기도 합니다. 많은 이들이 보고 반응을 할 수 있다면 상위노출 가능성이 커지니까요. 그러나 이것은 노출의 절대적 기준은 아닙니다. 경쟁이 치열해 시시각각 콘텐츠들이 업로드되지 않는 한 콘텐츠가 확실한 경쟁력을 갖추고 있다면 언제든 노출 가능성은 큽니다.

콘텐츠에 대한 소비자 반향 끌어올리기

콘텐츠는 매체별로 노출과 제작의 요건 외에 소비자의 UX를 기본적으로 고려해야 합니다. 직관적으로 빠르게 훑어보면서 바로바로 느껴지게 하는 UI를 중시하세요. 가령, 페이스북이나 카카오스토리처럼 짧은 텍스트와 이미지 중심의 UI에서는 카드 뉴스나 이미지 콘텐츠 스타일로 가공해서 적정한 페이지의 연속 정보 형태로 퍼블리싱하는 게 효과 면에서 나을 수 있습니다. 이때는 연속 정보라는 표시를 타이틀에 적절히 표시해주어도 좋겠죠.

좌우나 상하로 터치하면서 빠르게 훑어보는 행태를 고려한 병원브랜디드 콘텐츠를
개발한 사례(투비원)

블로그나 웹사이트 콘텐츠를 SNS에 소개하고 싶다면 콘텐츠에
대해 궁금증이나 관심을 유발하는 간결한 타이틀과 게시글을 작성
하고 전달할 콘텐츠의 블로그나 관련 웹사이트를 링크시키면 됩니
다. 게시글 없이 블로그를 병원브랜드 페이스북이나 카카오스토리의
콘텐츠로 바로 링크시키려면 애초에 블로그 포스트를 작성할 때 글
을 보고 싶다는 마음을 이끌어낼 수 있는 포스트의 타이틀과 한 단
락 정도 소개되는 리드글을 전략적으로 작성할 필요가 있습니다. 블
로그나 웹사이트의 콘텐츠를 작성할 때부터 다양한 공유 상황을 염
두에 두는 것이 좋습니다. 글의 서문 위치에 해당하는 리드 글을 밋
밋하게 작성하고 마지막 결론에 힘을 주는 구조는 SNS나 인터넷의
빠른 콘텐츠 소비와 공유의 커뮤니케이션에는 맞지 않습니다.

블로그 포스트를 개발할 때도 물론 이러한 첫 노출 요소들을 전
략적으로 개발해야 합니다. 키워드 검색에서 노출되는 것만으로 블
로그의 소임을 다한 것이 아닙니다. 더 중요한 것은 블로그가 노출
된 첫 화면 상태에서 소비자의 니즈를 자극하는 타이틀과 리드글, 대
표이미지가 효과적으로 보여 비로소 블로그 포스트를 열람하게 하
는 일입니다. 소비자는 많은 정보 중에서 굳이 이 정보에 시간을 들
여 볼 것인가 말 것인가에 대해 이러한 단서들을 가지고 판단하기 때
문에 노출되는 콘텐츠 영역별로도 신경을 써야 합니다. 노출이 되었

지만 익숙한 내용 같다거나 뻔해 보인다면 지나치게 되고 그러면 블로그의 목적인 브랜딩이나 마케팅은 이루어지지 못하는 것입니다. 그래서 노출보다 더 중요한 것이 소비자 반향을 끌어낼 수 있는 콘텐츠 파워입니다.

인스타그램이나 네이버폴라 같은 이미지 중심의 커뮤니케이션 툴은 페이스북이나 카카오스토리에서 텍스트단과 관련 자료사진을 올리는 방식처럼 운영하기보다는 주목성 높은 특별한 이미지 콘텐츠(콘텐츠를 텍스트로만 이해하시는 분들이 있는데 소비자에게 전달되는 정보 형태는 다양하고 이러한 정보를 포괄적으로 콘텐츠라 일컫습니다. 이미지 역시 콘텐츠인 것이지요.)를 개발하고 간결하면서 감성적인 카피라이팅과 해시태그 검색어 활용에 더 신경을 써야 합니다.

가령, 성형 고객의 얼굴에 디자인을 하는 장면을 감각적으로 촬영한 사진과 함께 "아름다움을 창조하는 또 하나의 설계도" 같은 감각적인 카피를 쓰고 병원, 지역, 진료상품과 관련해 검색될 만한 해시태그 검색어를 입력하는 식이죠. 단순히 병원광고 이미지와 병원명, 진료상품명, 지역, 연락처 등 마케팅 정보만 해시태그로 나열하는 것은 이미지를 즐기는 타깃들에게 외면받기가 쉽습니다. 그들이 즐기는 이미지 스타일을 고려하세요.

SNS나 인터넷에서 활발히 소비되는 콘텐츠 유형은 유머, 감동, 새로운 이슈, 감각적이고 효율적으로 이해시키는 유용한 정보입니다. "아, 웃겨. 아, 슬퍼. 세상에 이런 일이. 아하, 이렇게 따라하면 되는군." 하게 되는 정보와 스토리들이죠.

병원브랜디드 콘텐츠는 이러한 콘텐츠 문화 속에서도 여전히 건조하고 획일화된 느낌입니다. 대놓고 마케팅 의도를 드러내고 홈페이지나 어디서든 병원자료로 볼 수 있는 사례사진들과 병원홍보 내용, 이벤트 프로모션, 병원 홍보 블로그의 투박한 링크 같은 것들이 대표적이죠. 심지어 웹툰을 활용해도 웹툰을 가장한 병원마케팅이 돼버려 소비자의 반향을 이끌어내는 데 실패하곤 합니다.

이제는 소비자의 코드를 적극 반영해서 반향을 일으킬 콘텐츠 개발에 힘써야 합니다. 그것이 공감과 바이럴 효과를 일으키고 차별적인 인식이 형성되어 병원브랜딩과 마케팅 효과를 창출하니까요. 그렇다고 유행하는 방송 프로그램이나 개그 영상을 공유하는 것처럼 병원브랜드와 무관한 인기 콘텐츠를 공유시키는 것은 아닙니다.

병원브랜드가 자연스럽게 느껴지지만 먼저 소비자가 공감하고 재미있거나 유익하다고 생각하게 되는 콘텐츠의 방향을 몇 가지 고민해보는 것이 나름 연습이 되겠네요.

가령, "아무개 원장의 **진료 이야기" 같은 콘셉트(블로그 타이틀이 아니라)의 블로그를 운영하면서 진료 노하우를 갖추기까지의 그의 스토리텔링, 구체적 진료 노하우에 대한 팩트, 그가 만난 고객들과의 진료상담 정보나 에피소드, 상담코너 등을 콘텐츠로 구성하고 공유나 재가공을 할 수 있을 것입니다. 인간적인 매력이나 휴머니즘을 느낄 수 있는 캐릭터의 형성과 구체적인 진료 노하우에 대한 특별한 스토리텔링은 병원브랜드의 이미지를 형성합니다.

그러한 이야기에는 어려움을 겪으면서 극복한 개인의 인내와 노력, 도전 정신, 희망 등 소비자가 보편적으로 좋아하고 바라는 가치와 서사구조가 있고 그들이 공감할 수 있는 한 남자 또는 한 여자가 있는 것이죠. 그리고 그(그녀)가 지금 하는 진료 노하우가 그저 포장된 것이 아니라 오랜 그의 땀과 고난의 결과로 느껴지면서 소비자는 감동하거나 적어도 공감할 수 있게 됩니다. 물론 이러한 스토리라인의 형성은 팩트를 전제로 한 진정성이 생명입니다. 허구는 결코 감동을 줄 수 없으니까요. 그 진정성을 가시화할 빛바랜 사진이나 당시 사용했던 오래된 수술기구가 그래서 임팩트가 있는 것이죠.

또 다른 방향으로 솔까말(솔직히 까놓고 말하기의 인터넷 속어)의 60자 뉴스 형태도 생각해볼 수 있겠죠. 흔히 마케팅에서 다루는 식의 장점 위주 진료 설명 말고 반대로 주의점이나 보고된 부작용을 이슈화해서 주목을 끌고 그 대안을 진정성 있게 제시하는 식의 콘텐츠로 돈 앤 매너도 질제된 뉴스 형태로 힘으로씨 객관적 신뢰를 전할 수 있죠. 공유 효과도 높아질 수 있습니다. 레드오션의 진료상품에 보다 효과적일 수 있습니다.

물론 진료 관련 콘텐츠만 보여줘야 하는 것은 아닙니다. 앞서 소개한 '병원브랜드를 입힌 러버덕' 콘텐츠처럼 스몰토크(잡담이나 수다처럼 가벼운 이야기)를 병원브랜드가 좀 느껴지도록 개발하는 것도 좋습니다.

어쨌든 익숙하고 진부한, 남들과 유사한 패턴의 콘텐츠는 브랜디드 콘텐츠로서는 효과면에서 부적합합니다. 그래서 크리에이티브의 노력과 능력이 주효하죠.

콘텐츠의 효과적 전달을 위해서는 시청각 자료 활용이 매우 중요합니다. 이러한 감각적 자료들은 자칫 지루할 수 있는 텍스트의 주목률을 높여주고 내용을 보다 쉽게 이해하게 하거나 더 강하게 느끼게 합니다. 더 오래 기억하게 하고 더 공유하고 싶어지게 만들기도 하죠. 라이브한 병원 관련 사진, 특별해 보이는 오브제, 텍스트를 효과적으로 이해시키는 인포그래픽, 이슈가 되는 콘텐츠의 자료사진

등 시선을 잡으면서 콘텐츠를 주목시킬 수 있는 이미지를 적극 개발, 활용하되 저작권이나 콘텐츠 유통 매체의 가이드에서 무리가 되지 않아야 합니다.

영상 콘텐츠 역시 가급적 이슈화할 수 있는 것이 좋습니다. 주제와 키메시지를 설정하고 동영상으로 전개시킬 스토리를 아이데이션해서 스토리보드로 구성하고 연출, 촬영, 편집해서 블로그, 카페, 페이스북, 카카오스토리, 유튜브, 인스타그램, 네이버폴라 등 다양한 커뮤니티 사이트에 올릴 수 있습니다.

구태의연한 병원 홍보영상은 제발 지양하시고요. 혐오감이나 의료광고법에 저촉되지 않는 선에서 라이브 진료영상을 색다르게 촬영, 편집할 수도 있고 의료진의 하루 모습을 빠르고 역동적으로 촬영, 편집해서 활발한 병원 이미지를 창조할 수도 있죠. 트렌디한 인터넷 1인 방송이나 팟캐스트, 유튜브의 인기 동영상, 타깃 소비자가 선호하는 브랜드 영상, 다양한 고급 동영상을 볼 수 있는 비메오(www.vimeo.com) 같은 동영상 콘텐츠 소개 사이트 등을 참조하는 것도 아이디어나 트렌드 파악에 도움이 됩니다.

갈수록 동영상 꾸미기나 셀프 편집 앱들도 개발되고 있어서 요즘에는 콘텐츠 개발자가 쉽게 동영상 제작부터 편집까지 개성 있게 제작할 수 있답니다. 조금만 공부하면요.

다양한 브랜디드 콘텐츠의 일관된 톤 앤 매너와 VI를 반영해 브랜딩 효과를 감각적으로 구현하는 것이 주효할 수 있습니다. 꼼꼼한 병원 담당자는 이미지 하나마다 워터마크(사진이나 이미지에 병원 로고를 살짝 삽입해 저작권을 표시하는 것)를 삽입하기도 하는데 이는 병원브랜드에 대해 인지시키는 효과도 있습니다. 다만 워터마크가 과해서 이미지 느낌을 훼손하는 수준이어서는 곤란하겠죠. 이 외에 HI를 콘텐츠 페이지마다 일관된 위치에 적절한 크기로(콘텐츠 가독성에 방해가 안되는 수준으로) 삽입하는 것도 병원브랜드에 대한 인지와 순수 개발된 콘텐츠로서의 신뢰를 형성할 수 있으므로 고려할 만합니다.

병원브랜디드 콘텐츠에 대해 타 콘텐츠와 구별하게 하고 병원브랜드의 개성을 느끼게 하기 위해 콘텐츠 카피의 톤 앤 매너를 일관되게 형성할 수도 있습니다. 블로그, 페이스북, 카카오스토리 등 각 콘텐츠별로 또는 통합적으로 어투나 서술형 표현, 글의 분위기를 일관되게 형성하는 것인데요. 가령, 블로그 포스트를 기사체나 수다처럼 친근하고 가벼운 화법으로 일관되게 작성한다든가 첫 시작 내레이션을 늘 유사한 톤앤매너로 구사해서 병원브랜드만의 분위기를 연출한다든가 하는 것이 예가 되겠습니다.

사실 콘텐츠 기획부터 어려울 수 있습니다. 예, 쉽지만은 않은 전략적인 일인데요. ㅍㅍㅅㅅ, 허핑턴포스트코리아, 카드형 뉴스 같은 감각적인 정보와 뉴스 스타일, 브랜드의 네이티브 광고(전형적인 광고 장르가 아니라 정보 전달이나 기사형의 간접 광고 형태) 스타일, 타깃 소비자가 선호하는 브랜디드 콘텐츠들을 참조하고 분석해 보는 것도 콘텐츠의 구성이나 톤 앤 매너 등 병원브랜디드 콘텐츠 스타일링에 도움이 됩니다.

이 글의 마지막에 잔소리를 더 해드린다면, '이웃'이나 '친구'의 게시글에 다는 댓글을 콘텐츠로 인식하라는 것입니다. 댓글의 차별화로 댓글에 참여하는 다른 소비자들까지 주목을 받게 할 수 있죠. 관심이 생기면 프로필 사진을 눌러 병원브랜드의 '프로필보기'나 '내스토리'에 들어올 수도 있습니다.

병원브랜디드 콘텐츠 운영 가이드

병원브랜드 블로그나 페이스북, 카카오스토리, 인스타그램 등의 콘텐츠 확산과 공유를 통해 마케팅 효율성을 높이기 위해서는 지속적으로 콘텐츠를 공급받고 반응하는 '이웃(친구)'의 확보와 증대가 필요합니다. 그러기 위해서 유의미한 이웃들을 지속적으로 찾아다니고 인사하고 콘텐츠에 반응해주고 친구 맺기를 유도해야 하죠. 그저 "우리 이웃해요, 맞팔 환영, 제 블로그에도 함 놀러오세요." 같은 '영혼 없는 멘트'로 유도하기보다 병원브랜드 블로그나 SNS 콘텐츠의 유용성을 어필하고 방문한 커뮤니티에 대한 감상 등 호의를 전하는 것이 좋습니다.

블로그나 페이스북, 카카오스토리 등의 타이틀, 스킨과 프로필 이미지, 소개글 등에서 아이덴티티를 명확히 전달하는 것이 주효합니다. 간혹 개인 취향이나 주관성으로 타이틀이나 소개글을 처리하기도 하는데 우리병원 브랜디드 콘텐츠 사이트를 처음 방문할 때나 리스트에서 검색될 때 타이틀과 프로필, 스킨 이미지 등에서 우리병원 브랜드의 아이덴티티가 전략적으로 전달되어야 타깃 소비자층이 관심을 갖게 됩니다. 그저 '병원이구나' 하는 느낌이라면 이탈 가능성도 그만큼 클 수 있죠. 또 다른 이웃 콘텐츠에 대해 댓글이나 반응을 표현할 때 노출되는 프로필 이미지를 통해 병원브랜드를 어필하기도 합니다.

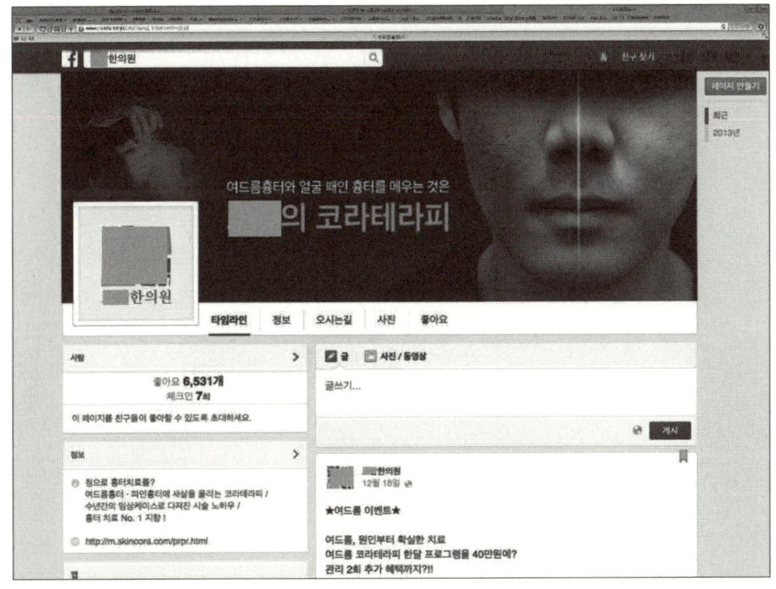

병원브랜드의 아이덴티티와 포지셔닝을 염두에 둔 병원브랜드 페이스북 스킨 개발사례(투비원)

　　우리병원 콘텐츠에 댓글을 단 소비자에게도 마찬가지로 기억에 남을 댓글을 달면 브랜드 로열티와 팬수 증가에 도움이 됩니다. 해충 박멸 서비스를 제공하는 세스코가 론칭하고 얼마 안되었을 때 짓궂은 소비자들로부터 해충을 연구하는 박사들이 질문 공세에 시달린 적이 있었는데요. 가령 "바퀴벌레와 우리 마누라의 공통점과 다른 점은?" 같은 어처구니없는 질문들이었다죠. 그런데 이러한 질문마다 연구자가 곤충에 대한 해박한 지식을 바탕으로 조리있고 친절한 답변을 달자 바이럴 효과가 창출되어 인기 사이트가 되었고 언론홍보까지 자연스럽게 이어지게 되었답니다. 참조해볼 이야기지요.

블로그든 SNS든 댓글이 달릴 때 보통 상담 문의 내용이 아니면 답글을 달지 않는데요. 위의 사례처럼은 아니어도 성의 있고 친밀감을 주면서 간략한 답글을 달아주는 것이 병원브랜드의 호감도 형성에 도움이 됩니다. 댓글을 단 당사자 외에 그 댓글을 보는 다른 유입자들도 볼 수 있고요. 설사 부정적이거나 시니컬한 댓글이라 해도 성심을 다하는 모습을 느끼게 해주면 오히려 다른 이들이 보더라도 호감을 형성할 수 있어요.

다양한 콘텐츠 터미널은 콘텐츠만 소비하는 곳은 아니죠. 간혹 콘텐츠를 통해 병원에 문의나 상담을 하고 싶어질 때를 대비해 그러한 툴이 편리하게 갖춰져 있어야 하는데요. 블로그에는 카톡이나 전화걸기 위젯(관련 기술은 검색을 통해서도 충분히 알 수 있으므로 여기서는 생략합니다.)을 달아 상담 유입의 효율성을 높이는 것이 좋습니다. 페이스북은 메신저, 카카오스토리는 쪽지, 카카오스토리채널은 카카오톡 연계 기능이 있죠.

페이스북 광고를 집행하고 관심소비자들의 댓글이 달려도 그에 대해 빠르게 정성어린 답글을 달지 못하면 소비자의 이탈률이 늘어납니다.

병원브랜드 카카오스토리채널 사례. 톡보내기, 친구초대, 공유 등의 기능이 상단에 있습니다.

그러나 콘텐츠에 대한 소비자 반응을 섣불리 광고 성과 분석하듯 이 하지 않아야 합니다. 사실 광고 외에 콘텐츠 자체에 대한 디테일 한 효과 분석이 현실적으로 어려워 좋아요나 느낌 표현수, 댓글수, 공유수, 팬수, 방문수 등 가시적인 데이터를 통해 대략의 콘텐츠 도 달 정도를 파악하게 되는데요. 여기서 가시화되지 못한 상당수의 눈 팅족도 무시할 수는 없습니다.

더군다나 콘텐츠는 단기간에 효과 측정을 할 수 없고 짧게는 수 개월에서 수년간 콘텐츠와 운영 노하우가 누적되어가면서 비로소 파워를 발휘한다는 것을 염두에 두어야 합니다. 단기간의 저조한 효과에 대해 지적하거나 운영을 멈추려 하는 원장들이 종종 있는데요. 괜한 오해와 무지로 열심히 일하는 담당자의 기운 빼는 실수는 하지 마시길 바랍니다.

사실 바쁜 와중에 블로그나 SNS들을 운영하는 것은 쉽지 않은 일입니다. 더군다나 익숙한 업무가 아니고 시작한 지 얼마 안되는 직원들은 시간이 더 많이 걸리거나 잘 몰라서 대충 올리기가 쉬운데요. 좀더 생산적인 운영 계획을 나름 세우는 것이 필요합니다.

주 단위 스케줄표를 작성해 요일마다 테마를 정해 올리는 것부터 시도해보시는 것도 좋습니다. 가령, 월요일은 병원 내 에피소드나 뉴스, 화요일은 특정 진료, 수요일은 건강관리 정보 이런 식으로 테마를 정해서 주 5~6일간 콘텐츠를 개발해 업로드하는 것입니다. 바쁠 땐 블로그의 경우 예약 기능이 있어서 콘텐츠를 짬짬이 미리 작성하고 원하는 날짜와 시간으로 예약 설정을 하면 돼죠. 주말에 몰아서 그렇게 운영해보시든가요. 또 바쁠 땐 블로그 콘텐츠를 SNS에 링크시켜도 되니 가급적 1일 1건은 처리하는 것이 좋습니다.

블로그나 SNS 글을 올리기 전에는 반드시 검수 과정을 거쳐야 합니다. 블로그는 콘텐츠 등록이 된 후 수정하면 노출지수가 떨어진다는 것 아시죠?! 등록 전에 맞춤법, 오자, 탈자, 띄어쓰기 문제 등을 기본 체크하시고 글 흐름이 어색하거나 좀더 자료 삽입을 통해 내용 이해를 돕는 게 좋겠다든가, 타이틀이나 리드글을 좀더 구체적으로 관심을 끌도록 수정할 필요가 있다든가 하는 내용 수정도 고려합니다. 콘텐츠들은 병원브랜드의 이미지이고 신뢰를 형성하는 것이기 때문에 오자나 맞춤법이 제대로 되어 있지 않으면 콘텐츠 자체에도 신뢰를 주기 어렵습니다. 그리고 이왕이면 소비자 반향을 최대한 끌어올리기 위한 노력을 해야 그만큼 빠른 효과를 기대할 수 있습니다.

운영하는 각 콘텐츠 터미널마다 업로드한 콘텐츠 주제, 반응, 댓글과 처리 상황 등을 리포트 형식으로 만들어 관리하는 것도 필요합니다. 누적된 콘텐츠의 방향을 보면서 보강해야 할 것이나 소비자 반응에 대한 보완책을 마련하는 근거자료도 되고 담당자가 바뀌어도 그간의 진행업무에 대해 파악하기가 용이합니다. 콘텐츠는 병원브랜딩의 자산입니다. 자산 관리도 나름 잘 이루어져야겠죠.

콘텐츠를 개발하고 운영하는 일은 기술적인 능력만으로 효과를 나타내기 어렵습니다. 평소 우리병원 브랜드와 조화로운 좋은 소스들을 수집하고 좋은 글들을 자주 접하는 습관을 들여야 합니다. 문체, 문장의 호응, 구성, 전개방식, 타이틀 등에 대해 동종의 콘텐츠나 기사, 책, 영상, 방송프로그램 등 다양한 자료들을 수시로 보세요. 분명 시간이 갈수록 콘텐츠 개발에 대한 능력과 노하우가 쌓이는 것이 느껴지실 것입니다. 시간 차이는 있지만 포기만 하지 않으면요.

그래도 초반에 전략적인 콘텐츠 기획과 틀을 설계하고 주요 진료상품이나 병원브랜드에 대한 콘텐츠의 경쟁력을 높이려면 전문가와 협업하는 것도 방법입니다.

Part Ⅶ 내원 고객 마케팅 전략적으로 하기

'Moment Of Truth 진실의 순간' 이라는 의미의 MOT는 고객이 병원브랜드에 대해 다양하게 경험하게 되는 순간을 의미함과 동시에 병원브랜드의 체험 접점에서 그 신뢰와 기대를 형성하게 하는 병원의 대내적 브랜딩 행위를 의미합니다.

MOT 가이드

대외적인 마케팅을 열심히 해도 병원 내부에서 병원브랜드에 대한 기대와 신뢰가 형성되지 못하면 고객은 이탈합니다. 마케팅 비용은 목표를 이루지 못한 매몰비용이 돼버리죠. 또 진료를 마쳤어도 결과나 병원에서의 체험에 대한 부정적 느낌을 갖고 있다면 악성 여론이 형성되기도 합니다. 병원 광고 아무리 해봤자 악성 여론이 인터넷에 퍼지면 광고는 무용지물이 됩니다. 오히려 악소문을 증폭시키기도 합니다. 병원이 성장하기 위해 대외적인 마케팅만 신경써서는 안된다는 얘기입니다.

무의식적으로는 죽음의 공포와 맞닿아 있는 진료를 행하는 병원에 대해 소비자들은 제품을 고르는 매장과 동일시할 수 없습니다. 그들이 더 까다롭고 더 경계하고 더 의심하게 되는 것은 당연합니다. 그리한 고객들을 맞이해 우리병원 브랜드에 대해 느끼고 경험하게 하는 과정에서 그들로부터 자연스러운 신뢰와 호감을 형성하려면 그에 대한 MOT의 전략이 필요합니다.

'Moment Of Truth 진실의 순간' 이라는 의미의 MOT는 고객이 병원브랜드에 대해 다양하게 경험하게 되는 순간을 의미함과 동시에 병원브랜드의 체험 접점에서 그 신뢰와 기대를 형성하게 하는 병원의 대내적 브랜딩 행위를 의미합니다. 대면관계가 중요한 진료상품을 운영하는 병원에서 특히 고려해야 하는 브랜딩의 미션이기도 합니다. 보다 구체적으로 말하자면 MOT는 고객의 다양한 접점별로 병원브랜딩의 목적에 맞게 병원브랜드를 체험하고 느끼고 인식하게 만드는 전략적 준비이고 전직원의 미션이며 내부 고객 관계형성을 위한 시스템이라 할 수 있습니다.

그러나 마케팅의 완성이자 병원브랜드의 성장에 중요한 핵심인 MOT에 대해 많은 병원들이 잘 모르고 있습니다. 특히 고객의 병원브랜드에 대한 인식은 결코 병원광고나 홈페이지처럼 경험 전 탐색한 정보로만 형성되지 않고 첫 내원부터 진료과정이 모두 끝나기까지의 짧지 않은 시간 내 다양한 접점의 병원 경험을 통해 병원브랜드에 대한 평가와 함께 일어난다는 것을 방기하고 있습니다. 내원 고객의 상담과 진료과정에 대한 프로세스나 데스크 안내와 상담의 몇 가지 응대 매뉴얼만 갖추고 있는 경우도 많은데요. 병원이 미처 알지 못하고 내원 고객이 의식하지 못하는 너무나 다양한 접점에서 병원브랜드의 체험과 인지가 이루어지고 있기 때문에 이러한 고객 접점별로 병원브랜드의 특별한 이미지 형성과 브랜드에 대한 신뢰와 호감을 형성하기 위한 노력을 일관되게 할 필요가 있습니다.

고객 접점 설정과 접점별 MOT 개발 가이드

　MOT가 병원 내 고객 접점에서 병원브랜딩을 실행하는 것이라면 그 접점을 어떻게 설정해야 할까요? MOT라는 말을 처음 접한 분들부터 앞에서 언급한 수준의 기본 매뉴얼만 갖추고 있는 병원들에 이르기까지 많은 병원들이 단순히 친절 서비스나 CS 교육 수준을 넘어 우리병원에 적합한 MOT를 실행하기 위한 첫 단계는 반드시 MOT에 대해 전략적 실행을 해야 하는 접점을 설정하는 것입니다.

　대외적 마케팅과 병원브랜드 홈페이지를 보고 상담 문의를 하는 고객에게 답글을 다는 것, 전화로 안내를 하는 것과 같이 내원 전단계 고객과의 커뮤니케이션 접점이 첫 번째 MOT가 실행될 단계입니다. 내원을 결심하는 동기를 부여하는 단계이지요.

　형식적이고 의례적인 답변, 문의에 대해 답은 했는데 특별한 인상을 남기기 어려운 답글이 아니라 우리병원 브랜드에 대해 특별한 가치를 전하거나 인상을 남길 수 있는 답글, 안내 태도와 어조, 문의 내용이나 니즈, 태도가 다른 고객들마다 적절한 전화 응대 등은 무엇이어야 하는지에 대해 병원 나름의 매뉴얼을 정리해보고 공유하는 것이 필요합니다. 다른 서비스 업계의 벤치마킹이나 관련 정보 수집, 내부 직원들의 고객과의 경험에 대한 공유와 아이데이션 등을 통해 우리병원만의 인포메이션 MOT를 정리해보세요.

　내원 고객의 대기상황 역시 주요한 접점으로 MOT를 전략적으로 실행할 필요가 있습니다. 대기를 하는 동안 둘러보게 되는 병원에 대한 다양한 이미지, 스태프들의 모습, 대기실 테이블에 놓여있는 홍보 자료들, TV 모니터, 대기실에 함께 앉아있는 사람들, 대기시간 정도, 대기시간의 응대 또는 방치 등의 다양한 상황들이 고객마다 특별한 인상을 만들거나 종합적으로 이 병원 분위기를 평가하게 합니다.

대기실을 찾아 앉는 순간부터 사람들은 주위 사람들을 의식합니다. 그리고 스태프들의 움직임을 감지하게 됩니다. 두리번거리기도 하고 그런 기분을 무시하고 휴대폰에 집중하기도 하지만 만약 주위 고객이 이 병원에 대해 이야기를 하거나 스태프에게 묻고 스태프가 그에 대해 어떤 태도를 취하면 그것을 감지합니다. 낯선 병원에 나의 신체를, 건강과 생명을 맡기러 온 사람의 기본적인 마음 상태죠. 주위에 순간 예민해지고 경계하게 되는 것은.

그런데 보통은 스태프들이 자기 일에만 열중하거나 심지어 잡담들을 하다가 원장이 진료실에서 콜사인을 줄 때나 환자를 호명할 뿐입니다. 고객은 호명될 때까지 투명인간이 되어 지루한 대기시간을 참다가 짜증이 날 수도 있고 병원에 대해 이런저런 탐색을 해보기도 하지만 마땅히 눈길이 가는 것이 없어 다시 휴대폰을 들여다보기도 합니다. 데스크를 쳐다보고 사소하지만 필요한 이야기를 하려다가 책상에 코를 박고 있는 직원에게 말을 걸기 어려워 참습니다. 대기시간에 고객은 작은 불안감과 불편을 나름 감수하고 있고 스태프는 자신의 업무를 처리할 뿐이지만 병원브랜드를 체험하는 접점의 MOT로서는 불합격입니다.

어떤 병원의 직원들은 고객이 한 명이라도 있으면 필요한 업무 이야기도 귓속말로 합니다. 고객이 기다리는 중 필요한 것이 있는지, 차를 드릴지 묻습니다. 진료 차례가 된 고객에게 데스크에 앉아서 부르는 법이 없습니다. 직접 고객 곁에 와서 안내하고 필요하면 고객의 짐을 보관하는 등 고객의 상황을 살피고 민첩하게 대응합니다.

어떤 병원은 대기 테이블을 카페형으로 배치하고 상담실장이 대기하는 고객들의 테이블마다 찾아가 필요한 상담과 안내를 진행함으로써 대기 후의 상담 시간을 줄여줍니다. 대기를 오래 하고 있다는 불만을 나름 줄이고 다른 고객에게도 고객의 응대에 대해 좋은 인상을 남깁니다.

브랜드의 체험 전 브랜드에 대해 호감이 생기면 동일한 체험결과에 더 후한 평을 한다는 것이 광고심리학 연구논문들에서도 밝혀져 있습니다. 진료상담을 받기 전의 대기 상황은 고객이 미처 의식하지 못하더라도 불안과 경계심을 안고 있는 상태이며 자신의 선택에 대한 확신을 느끼고 싶어하는 단계입니다. 그러한 고객 심리에 만족을 주는 MOT가 진료 후의 만족도를 배가시키고 자발적인 입소문을 내는 최초 동기가 되는 것입니다.

내원 전 홈페이지에도 봤던 비슷한 사례 사진 정도의 자료집이나 병원 홍보기사를 스크랩한 자료집은 내원고객에게 더 이상 매력을 느끼기 어렵습니다. 이미 정보를 보고 비교 선택을 하고 온 병원에서 고객들이 관심을 갖는 것은 자신의 선택에 대한 진정성 있는 확신의 근거들입니다. 병원브랜드와 진료상품에 대한 차별적 가치와 진정성을 구체적으로 보여줄 다양한 자료들이 고객 동선에 그리고 눈에 띄는 형태로 준비되어 있다면 고객은 병원브랜드에 대한 확신을 갖게 됨과 동시에 병원브랜드에 대한 제2의 학습을 하게 됩니다. (관련 내부 마케팅은 다음 챕터에서 다룹니다.)

의료진의 진료상담이나 상담실장의 비용 안내 및 부가적 상담을 진행할 때 고객의 니즈와 성향, 대화의 태도 등을 고려해 개개인별 효율적이고 만족스러운 상담을 하는 것이 중요한데 이러한 상담을 자칫 병원 입장에서의 마케팅 목적 달성을 위한 상담 수준으로 운영하는 곳들이 적지 않습니다. 대외마케팅 성과는 괜찮은데 진료상품에 대한 구매결정률이 낮은 결정적 이유의 다수는 이 상담 문제에 있습니다.

가령, 고객은 시술의 부작용에 대한 정보를 보고 그에 대한 기우를 가지고 있는데 그에 대한 언급은 미비한 채 패키지 상품의 가격 메리트만 어필하고 있다거나, 시술 상담에 이어 시술에 필요하다며 제품들을 권하면 그 고객에게 이 병원은 '장사하는' '좋지 않은' 병원이 되기 십상입니다. 부작용을 묻는 고객에게 가능성 있는 부작용에 대해 이야기 하고 그에 대해 우리병원이 어떤 합리적 예방책을 가지고 있고 그간의 진료사례에서 그에 대해 어떤 결과들이 있었는지를 구체적으로 설명하는 것이 더 신뢰감을 줍니다.

자신과 같은 사람들이 많이 치료를 받았는지 확인하고 싶어하는 고객에게 대답을 회피하고 말을 돌리는 듯한 인상을 준다면 고객은 그 점을 민감하게 감지하게 됩니다. 역시 이 병원은 '믿을 수 없는 병원'이 되기 십상입니다. 구매결정을 포기할 뿐 아니라 병원에 대한 나쁜 인상을 전할 가능성마저 키울 수 있습니다.

고객이 왜 꼭 그 치료를 받아야 하는지, 치료에 대해 비용이나 시간이나 부담을 느낀다면 그 치료를 받았을 때와 받지 않았을 때, 다른 대안을 선택했을 때 어떤 차이가 있는지, 아니면 단계별로 진행할 수 있는지 등 고객의 심리적 부분까지 염두에 둔 합리적 설명을 통해 고객 스스로 기꺼이 부담을 감수하겠다는 동기를 부여해줄 필요가 있습니다.

상담은 고객의 니즈와 질문의 요지를 빠르고 정확히 파악해 적절한 대답을 진정성 있게 전하는 것이 최선입니다. 어떠한 경우든 고객의 입장을 존중하면서 그 니즈와 심리를 이해하고 대응하는 상담 스킬을 의료진과 스태프는 학습하고 훈련해야 합니다. 상담이란 다양한 심리요소를 안고 있는 사람을 상대하는 커뮤니케이션이고 진료상품의 구매결정과 병원브랜드에 대한 인식에 큰 영향력을 발휘한다는 것을 생각하면 당연한 일입니다.

진료과정에서의 불가피한 불편과 고통을 주게 되는 상황에서나, 시술에 쓰이는 재료나 기구를 적용할 때 스태프나 의료진이 적용 직전에 효능과 필요성, 불편감과 그에 대한 처리에 대한 예고를 해 고객 스스로 진료를 받을 마음의 준비를 하게 함으로써 보다 원활하고 편안한 진료가 이루어질 수 있고 병원브랜드에 대해 긍정적 인상을 받게 할 수 있습니다. 만약 진료 중 예민한 고객들이 소리를 지르거나 큰소리를 낼 수 있는 상황이 종종 있다면 가급적 대기실까지 소리가 들리지 않도록 사전 처리까지 신경쓰는 게 좋습니다. 그러한 고객들을 응대하거나 간혹 고객이 저지르는 실수들을 적절하게 조치하는 MOT 역시 갖추어져 있어야 합니다. 의사가 고객을 감정적으로 대하거나 엄하게 꾸짖는 태도는 정말 지양해야 합니다.

진료를 마친 고객에게 후관리에 대해 꼼꼼히 설명하고 고객 편의를 위해 약 처방에 대해 신경쓰고 엘리베이터까지 배웅하는 병원들도 있습니다. 다른 고객들은 그러한 응대를 하는 스태프와 대접을 받는 고객들을 쳐다보기도 하고 나도 이제 저런 응대를 받겠구나 하는 것을 자연스레 알게 되죠. 치과에서 치료 후 스태프가 향후 구강관리 방법을 고객이 구강구조에 맞춰서 시연한다면 고객에게 치과는 단순히 치료를 한 곳에 머물지 않고 구강 주치의로서의 특별한 브랜드 이미지를 형성할 수 있습니다. 이처럼 치료 후의 MOT는 홈페이지에서 최선을 다해 모시겠다는 허망한 이야기보다 훨씬 강한 인상을 남기게 되죠. 참고로 인상적인 배웅을 하는 것도 마케팅에서는 '친견 효과'라고 해서 전략적인 행위로 봅니다. 일본의 전통 료칸에서 전직 원들이 나와 손을 흔들며 떠나가는 손님을 배웅하는 감동적인 인사가 대표적인 친견효과의 사례로 꼽힙니다. 고객은 마지막 인상을 가장 강하게 오래 기억하기 때문에 친견효과의 MOT도 주효한 것이죠.

고객이 내원하기까지, 내원해서 진료상담을 받기 전까지, 상담 후 진료상품 구매를(진료받기) 결정하기까지, 진료과정에서, 진료를 마친 후 귀가 전까지, 크게는 이렇게 구분되는 주요 고객접점별 우리병원 브랜드의 차별적 가치와 신뢰를 공감시키기 위한 MOT를 설계해보세요. 병원브랜딩과 마케팅은 이러한 다양한 고객 접점의 MOT를 통해 비로소 가시화되고 완성된다는 것을 염두에 두고 전략적인 MOT 운영을 전직원이 실행해야 합니다.

MOT의 전략적 기획과 실현을 위한 조직문화

MOT는 병원브랜딩과 마케팅의 기본사항이지만 단순히 직원에게 업무를 명령하듯이 해서 이루어지는 것은 아닙니다. 기계적이고 형식적인 실행은 고객에게도 티가 나고 MOT를 통해 얻고자 하는 고객만족과 병원브랜드에 대한 차별적 가치의 공감이 효과적으로 이루어지지 못합니다. MOT는 병원브랜딩 전략에 의해 설계되고 병원 조직문화에 의해 양성되어 지속적으로 업그레이드되어야 하는 것입니다.

이 책의 맨앞에 병원브랜딩 전략을 이야기하면서 MOT를 언급했던 것 기억하시죠. 이처럼 MOT는 친절서비스와 달리 병원브랜드가 지향해야 하는 브랜딩 방향을 바탕으로 병원마다 적합한 기획을 해야 합니다. 우리가 어떤 병원브랜드로서 이미지와 차별적 가치를 가시화해야 하는지 브랜딩의 미션을 직원 모두 공유하고 주요 접점별로 이를 반영한 구체적인 기획이 이루어져야 합니다. 가령, 우리병원이 의료진의 차별적 시술 노하우를 핵심 가치로 부각시켜야 하는 브랜딩 미션이 있다면 이에 대한 구체적 자료가 고객 동선에 효과적으로 노출되어야 하고 상담에서 고객의 니즈와 매칭해서 공감할 수 있는 어필을 해야 하고 진료과정 별로 이를 자연스럽게 가시화하는 등 브랜딩 방향에서 병원의 MOT를 개발해야 하는 것입니다.

그리고 주요 접점별로 설계된 MOT를 직원 누구라도 어떤 접점에서도 언제라도 일관된 질로 실행하려면 직원들에게 MOT의 내용에 대한 공유뿐 아니라 실행의 이유와 기대효과, 동기도 공유되어야 합니다.

무엇보다 이러한 MOT의 근본 자질인 타인에 대한 존중, 배려, 협동심, 예절, 프로페셔널리티 등을 병원 조직문화에서 양성해야 합니다. 병원 고객이 나 이런 건 좀 불편한데, 이렇게 좀 해주면 좋겠는데 말하지 않아도(다수는 그렇게 침묵합니다.) 예측하고 먼저 살피고 배려하고 실천하는 것이 몸에 배어 있는 직원들이 병원브랜딩의 주체인 것입니다.

병원광고, 마케팅 콘텐츠만으로 병원 매출 성장을 기대하는 것은 우매한 생각입니다. 내부의 브랜딩, MOT가 제대로 되어 있지 않으면 고객은 구매 결정을 잘 하지 않거나 예약을 취소하거나 진료 후 불만을 제기할 가능성이 커집니다. 결국 마케팅 비용은 성과를 내지 못해 낭비되고 병원브랜드에 대한 악성 여론이 생기기 쉽고 누군가 작은 불만을 이야기하면 금세 동조세력이 불어나게 됩니다. 병원브랜드에 대한 고객의 호감도를 높이고 로열티를 강화해나가는 것이 병원 성장에 주효하며 이 받침이 되는 것이 MOT라는 것을 염두에 두고 활성화를 위한 조직 문화와 관련 교육에 대해 대외 마케팅에서처럼 기꺼이 투자해야 합니다.

간혹 권위적인 의료진들은 직원보다 더 MOT 실행에서 취약한 면을 보이곤 하는데요. 가령, 의사의 진료상담 경쟁력과 소통 능력이 떨어짐에도 의사라서 그에 대해 이야기하지 못하거나 페이닥터라서 주체로 바라보지 않는 경우들도 있죠. 그러나 그가 어떤 사람이든 의사는 병원브랜딩의 핵심 인물입니다. 고객에게는 이 병원을 좋은 병원으로 인식하게 되느냐 아니냐의 기준이 되기도 합니다. 그런 만큼 의사의 다양한 고객별 태도와 대응 능력, 상담과 소통에 대한 경쟁력을 육성하는 것 역시 브랜딩과 MOT 측면에서 빠뜨려서는 안됩니다.

크게 보면 진료상담부터가 치료의 시작입니다. 환자가 의사를 믿고 적극적으로 치료에 임하느냐 이탈하느냐 하는 것 역시 진료상담의 만족도가 좌우합니다. 서울대학병원이 3분 진료를 15분 진료로 늘려 주 2회 실험을 한 것 역시 이러한 진료상담의 의의를 중시했기 때문으로 보입니다. 환자 입장에서는 보다 길어진 진료상담에서 질환 상태 체크뿐 아니라 직업, 가족력, 치료경력 등 상세히 물어봐주는 진료상담을 경험함으로써 진료에 대한 만족감이 배가되었습니다.

내친 김에 좀더 덧붙이자면, 메르스 사태 때도 거론되었던 '의료쇼핑'의 문제를 환자의 탓으로만 여길 수는 없습니다. 진료에 대한 소통 부족으로 인해 오해와 불신을 키워온 병원의 진료시스템과 의료진의 진료상담 태도에도 그 책임이 있습니다. 어이없게 검증되지 않은 민간요법을 택하는 환자들에 대해서도, 애초에 그들이 궁금해하는 "왜 꼭 이 진료여야 하는가, 진료에 대해 이런저런 부작용이 있다는데 나한테 괜찮은 건지, 다른 사람들이 이런 방법도 있다고 하는데 그것은 어떤지" 같은 질문에 대해 충실한 답변을 제공해 치료에 적극 임하도록 동기부여를 하지 못한 문제를 들여다봐야 합니다.

MOT 측면에서 의사의 진료상담에 대한 모니터링과 환자 유형별 매뉴얼에 대한 아이데이션을 함께 진행할 필요가 있습니다. 의사 스스로도 권위적이고 소통 불능의 태도를 버리고 스스로의 변화와 협동심, 상호 존중, 전인적 치료관을 생각할 필요가 있습니다.

또한 진료상담의 부족한 시간이나 의사 개인별로 상담에서 취약한 점에 대해 해결하기 위한 방법을 모색할 필요도 있습니다. 환자가 진료 내용을 잘 이해하지 못하거나 진료나 질환에 대한 설명이 어렵게 진행될 것 같으면 진료에 대해 환자용 안내 자료를 제공해 보충할 수도 있습니다. 쉽게 이해되고 휴대가 편리하도록 만들어진 진료안내 자료집을 만들어 제공할 수도 있습니다. 스태프와의 효율적 공조 방식으로 상담의 일부를 분담하게 할 수도 있습니다. 단, 핵심 진료의 가치와 신뢰성이 흔들리지 않는 선에서 말이지요.

의료진 진료상담시 고객의 이해를 돕기에 효과적인 자료나 툴을 활용할 수 있습니다.

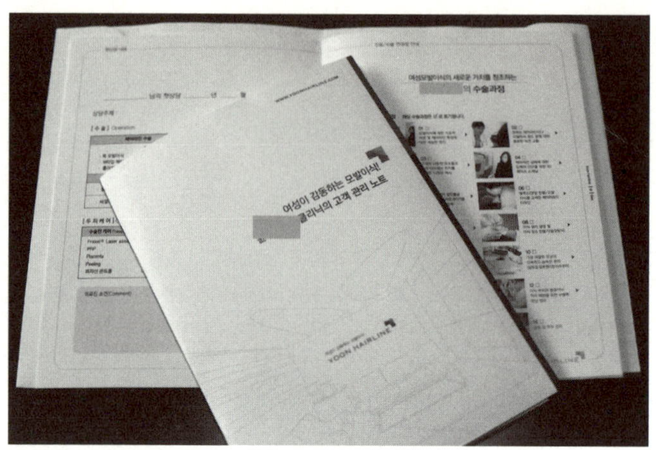

고객 상담시 이해를 돕고 진료에 대한 안내와 주의사항, 사후관리 등 유용한 정보로
구성된 자료집을 개발, 제공한 사례(투비원)

효율적인 MOT 가이드는 그간 병원 내 고객과의 경험도 충분히
반영되어야 합니다. 고객과의 부정적 경험들, 구매결정의 실패 경험
등도 스스럼없이 구체적으로 공유해서 이를 바탕으로 합리적 대안
을 모색하도록 병원 내 소통문화가 자유로울 필요가 있습니다. 직원
이 원장의 눈치를 보는 수준에서는 제대로 대안을 모색하기 어렵습
니다. 실패는 누구나 할 수 있고 그것을 통해 배워나가면 된다는 마
인드가 병원 내에 자리잡아야 합니다. 앞서 MOT를 잘하는 사례로
언급된 병원들은 리더 브랜드거나 꾸준한 성장을 하고 있는 병원들
로서 직원들의 자율적 동기 부여가 상시적으로 활성화되는 조직문화
를 갖고 있습니다.

MOT 실현을 위한 고객 파악하기

MOT는 병원 고객의 입장을 고려하는 것이 기본이기 때문에 다양한 정보 수집을 상시적으로 함으로써 그들에 대해 구체적으로 알고 있어야 합니다. 소비자의 라이프 스타일과 트렌드, 소비 문화, 소비자 다수를 이끄는 리더들의 커뮤니티 등 포괄적인 정보 파악에서부터 우리병원 지역 내 소비자의 특수성, 개인별 성향이나 기호, 심리적 기재 등에 이르기까지 구체적이고 개별적인 것까지 파악하고 이를 기반으로 현실적인 MOT 방향을 잡는 것이 필요합니다.

통계청에 따르면 2012년 우리나라 맞벌이 가정 510만 가구 중 49%인 250만 가구가 조부모에게 육아를 맡기고 있다고 합니다. 이에 따라 황혼 육아를 담당하는 '할마(엄마 같은 할머니의 신조어)' 들이 육아 교육까지 받고 그들을 대상으로 한 교육서비스도 제공된다는 군요. 소아청소년과, 소아치과, 정형외과, 피부과, 성형외과 등 다양한 병원들이 이러한 소비자 트렌드를 고려한다면 적절한 진료상품 개발에서부터 고객 대상 MOT 설계까지 전략적으로 구성할 수도 있습니다.

남성의 화장품 시장이 급성장하고 있는 추세에 발맞춰 병원에서 남성 대상 진료상품 개발과 마케팅을 진행한다면 남성 고객의 성향, 취향, 그들의 불편감 등을 고려한 MOT를 설계할 필요가 있습니다. 남성 고객들과 함께 있는 여성 고객들에 대해서도 마찬가지겠죠.

수능을 본 자녀나 중고생 또는 영유아 자녀를 데리고 온 부모들이 갖고 있는 본능적 불안감과 자녀에게 투사되는 그들의 욕구를 이해하고 자녀에 대해 만족스러운 MOT를 제공하면 부모는 감동하기에 이릅니다. 가령, 아이가 공포심에 울게 되는 치과치료를 치과의사가 인내심을 가지고 아이 입장에서 충분히 설명해주고 만져보게 하며 공포심 해소에 최대한 노력하는 모습을 보이면 설사 아이가 울음을 멈추지 못하더라도 부모는 그 치과 의료진에 대해 감동하고 그 치과 브랜드를 특별하게 인식하게 됩니다.

고령화 사회에서 우리병원이 있는 지역과 우리병원에 올 수 있는 인접지역의 인구 동향에 대해서도 관심을 기울여보세요. 서울 인구 고령화 동향 분석 자료(중앙일보 2015년 10월 28일자 섹션지 게재)에 따르면 서울 평균 연령은 2014년 기준 40.2세, 강북은 중구 42.9세, 종로구 42.5세, 강북구 42.2세 순으로 높았고 강남이 비교적 평균 연령이 젊었지만 서초구는 38.6세, 강남구와 송파구는 38.8세로 차이가 있었습니다. 강남구에서도 압구정동과 수서동은 고령화가 빨랐고 학군과 대형 아파트 단지가 들어선 대치동, 반포동, 잠실2동은 30~40대 학부모들의 이주로 젊은 층이 주를 이루었습니다. 역삼동은 20~30대 젊은 직장인들이 많이 거주한답니다. 65세 이상 고령 인구가 많은 을지로, 종로, 삼청동, 회현동, 남가좌1동 등의 동네는 상권 자체가 한의원, 정형외과, 약국, 출장요양소, 건강원, 노인용 구두 매장, 수선집, 철학관들이 모여 있고 휴대폰 매장도 돋보기안경이나 목토시 같은 노인용 증정품을 제공한답니다.

지역 맘카페나 파워카페를 통해 제휴 마케팅만 생각할 것이 아니라 우리병원에 대한 인지도나 소비자들의 자발적 평, 호감을 갖는 부분과 부정적 여론, 그 이유 등에 대해 정기적으로 체크하고 그에 대한 대책을 모색하는 것도 매우 중요합니다.

가령, 특정 지역의 어느 산부인과에 대해 육아 카페들에서 병원에 대해 평을 묻거나 체험자의 의견을 구할 때(실제로 그런 경우들이 많습니다.) 그 병원의 특정 의료진이나 간호사가 불친절했다는 등의 부정적 체험 의견이 나오면 병원에 대한 부정적 이미지가 쉽게 형성될 뿐 아니라 오래 남게 됩니다. 또 광고를 열심히 집행하는 병원인데 병원 체험에 대해 불신과 불만의 의견들이 검색된다면 병원브랜드의 위기가 형성될 수도 있습니다. 이것이 한둘의 주관적 의견일 뿐이라고 무시하기에는 인터넷 매체의 영향이 매우 큽니다.

고객 불만의 요소를 수시로 모니터링하고 병원 내부에서 그에 대한 해결책을 모색하고 긍정적 여론이 활성화되도록 하기 위해서는 그에 대한 전략적 MOT를 구축해야 합니다.

MOT는 쌍방향입니다. MOT의 실행 결과에 대한 고객의 반응과 그들의 생각을 파악하고 피드백해서 보완하고 업그레이드할 필요가 있습니다. 또한 '내부고객'이라 일컫는 직원들에게도 MOT 실행에 대한 자신들의 느낌과 생각을 공유하고 보람과 자긍심을 느끼게 하고 때로는 독려와 적절한 코칭을 할 필요가 있습니다.

전략적 내부
마케팅 가이드

대외 마케팅을 통해 병원과 진료상품에 대해 관심을 가진 소비자가 내원해서 구매 결정에 이르기까지, 구매 결정에 기여하는 체계적인 마케팅을 병원 내부에서 진행하는 것이 필요합니다.

병원을 방문하면 대체로 복도나 엘리베이터 입구부터 즐비한 엑스배너 형태의 진료상품 광고, 병원 입구의 의료진 경력 현판, 이벤트 안내판, 대기실 테이블에 놓인 사례사진과 후기 모음 파일노트 등 광고성 콘텐츠들이 비슷비슷하게 놓여있는데요. 대체로 가독성조차 고려하지 않고 병원 입장에서 욕심껏 정보를 구성해놓았습니다. 전달력이 떨어지는 경우들이 많고 병원브랜드의 차별적 이미지 형성에도 도움이 되지 못하는 구태의연한 모습들입니다. 장비나 제약품을 공급하는 회사들이 동일하게 제작해 병원에 공급하는 엑스배너나 리플릿, 포스터는 병원브랜딩에는 그닥 효과적이지 못합니다. 경쟁 병원에도 있는 시술상품만 보여줄 뿐이죠.

또 병원 원장의 주관적 취향과 판단으로 병원 곳곳에 설치된 디자인 요소들을 살펴보고 그것이 병원브랜딩에 기여하는지도 점검할 필요가 있습니다. 병원브랜딩에 기여할 내부광고가 너무 없거나 너무 복잡하게 많아도 브랜딩 효과가 잘 나지 않습니다. 또 여러 의료진 중 대표 원장 이미지에 집중되어 있다든가 여러 진료상품 중 특정 진료상품에 집중되어 있다든가 하는 불균형적 브랜드 이미지네이션도 재고할 필요가 있습니다. 병원브랜드에 대한 고객의 인식 왜곡이 일어날 수 있기 때문이죠.

내부마케팅 역시 병원브랜딩 전략을 전제로 해야 합니다. 내원 고객이 궁극적으로 우리병원의 차별적 가치에 대한 인식과 특별한 신뢰를 갖게 하는 것이 내부마케팅의 목적이므로 기존의 유사하고 구태의연한 병원광고물들의 비전략적 비치는 바람직하지 않습니다.

병원브랜딩 전략과 지금 진행중인 통합마케팅 전략에 기초해 내원 고객의 동선, 니즈, 주요 고객 접점, 진료시스템 등을 고려한 내부마케팅 구역과 필요한 마케팅툴을 선정합니다. 그리고 각 마케팅툴의 속성과 고객의 이용행태를 고려해 콘텐츠와 크리에이티브를 기획, 제작합니다. 개발한 내부 마케팅툴과 그 콘텐츠에 대해 내원 고객들의 행태를 관찰하고 때로는 유의미한 수준의 고객 의견들을 수집해 피드백하고 보완, 추가, 교체하며 상태를 관리해나가야 합니다.

원내 외벽이나 설치물의 광고 개발 가이드

내원 고객 입장에서 눈에 띌 만한 곳, 시선이 머물게 되는 외벽에 병원브랜딩을 위한 내부 광고나 포스터를 부착할 수 있습니다. 어떤 내부광고를 어디에 어떤 형식과 내용으로 진행할 것인가는 고객의 동선과 병원브랜딩 전략 외에도 내원 고객별 병원브랜드에 대한 인식의 차이와 그에 따라 필요한 병원브랜딩 미션에 의해 결정될 수 있습니다.

즉, 병원마케팅에 의해 내원한 고객에게는 내원하길 잘했구나 하는 확신을 줄 필요가 있고, 마케팅 콘텐츠를 상세히 보지 못하고 지인이 소개해서 또는 가까워서 또는 간판을 보고 일단 오게 된 고객에게는 병원브랜드에 대한 인식을 명확히 형성해야 합니다. 여러 진료상품에 대해 통합마케팅 전략의 뒷받침 없이 개별 마케팅을 진행한 결과 특정 진료상품 병원으로만 인식하는 등 병원브랜드에 대한 왜곡이 일어난다면 내부마케팅에서 병원브랜드에 대한 정확한 포지셔닝과 진료상품 운영에 대한 안내를 해야 합니다. 환자와 보호자 모두에게 병원브랜드의 진정성이 느껴지는 브랜드 광고를 내부에 노출함으로써 병원브랜드에 대한 로열티 형성을 할 필요도 있습니다.

병원브랜드 포지셔닝을 위한 내부광고 개발사례(투비원)

원장의 학교 마크, 유명인의 방문 사진처럼 홈페이지에도 있는 기본 홍보 내용이나 시의적인 것들의 게시에 머물지 말고 병원브랜드의 특별한 업적, 의료진의 경쟁력이나 진료상품의 차별적 가치, 규모와 시설, 장비의 경쟁력 등을 입증하는 팩트, 브랜드 스토리텔링, 병원브랜드에 대한 감성적 광고 등 보다 병원브랜드의 본질적인 측면을 인지시키는 방향의 병원브랜드 광고나 주요 진료상품에 대한 광고들을 진행하는 것이 좋습니다.

아울러 고객이 미처 알지 못하는 새로운 가치나 진료상품, 프로모션에 대한 효과적인 홍보를 통해 2차 구매나 바이럴 효과를 일으킬 필요가 있습니다. 이때 한꺼번에 많은 정보를 전달하려는 우를 범해서는 안됩니다. 대외 광고와 마찬가지로 주목성과 전달력을 높이기 위해 절제된 카피와 임팩트 있는 크리에이티브가 주효합니다. 자세한 사항은 별도 리플릿을 제공하거나 안내 데스크에 문의하도록 해서 구체적인 상담으로 연결시키는 것이 더 효과적입니다.

병원 내부 외벽에 고객 동선과 빠른 시간 내의 전달력을 고려해 진료상품에 대한 포스터를 개발한 사례(투비원)

환자와 보호자, 병원 방문자에게 병원브랜드의 신뢰도를 높이고 직원들의 자긍심과 프로페셔널리티를 독려하는 효과를 낼 수 있는 직원 직무 홍보 포스터를 생각할 수 있습니다. 가령, 환자를 케어하기 위해 성심을 다하는 간호사, 치위생사, 물리치료사들에 대한 감성적인 내부광고가 치료실이나 간호사 데스크 뒤에 부착될 수도 있겠죠. 직원들을 주인공으로 해서 병원브랜딩을 전달하는 광고나 그들의 활동에 대해 알리는 포스터를 전략적으로 개발하면 이달의 친절직원을 소개하는 내부 공고물보다 더 큰 병원브랜딩 효과를 창출할 수 있습니다.

직원 직무를 소재로 한 브랜드광고를 개발해 병원 내부에 적용한 사례(투비원)

그런데 이러한 다양한 브랜딩 목적의 내부광고물을 외벽에 부착할 때 병원이 우선 고려해야 할 것은 노출이 잘되는 장소와 각 장소별 효과적인 광고 메시지를 결정하는 것입니다.

가령, 병원에 들어서기 전 외벽이나 건물 1층 입구에는 병원브랜드의 아이덴티티와 포지셔닝을 반영한 브랜드 광고가 노출되는 것이 좋습니다. 다양한 경로로 내원하는 고객에게 병원의 존재를 확인시켜줄 뿐 아니라 병원브랜드에 대해 일차적으로 명확한 인지를 형성하게 합니다. 광고의 형태나 사이즈에 따라서도 브랜드에 대한 신뢰도의 차이가 있는 만큼 가급적 협소하지 않게 제작하는 것이 좋습니다.

건물 엘리베이터 안이나 약국 등 건물 내 부대시설 내부에는 건물을 함께 사용하거나 건물 내 다른 곳을 방문한 잠재고객층 대상으로 병원 프로모션에 대한 광고를 진행할 수도 있습니다. 물론 제휴가 필요하면 그것이 선행되어야겠죠.

프로모션 광고는 병원 내 안내 데스크나 음료수 공간, 인터넷 존, 대기 테이블 위처럼 고객 동선에서 가장 많이 애용되는 장소에 노출 효과를 고려한 사이즈와 크리에이티브를 고려해 제작하는 것이 좋습니다. 물론 광고에 대한 고객 문의를 안내 데스크에서 처리하거나 관련 자료를 제공하거나 상담으로 연결하는 등 연계된 MOT가 사전에 마련되어 있어야 합니다.

진료에 대한 신뢰, 의료진의 경쟁력, 고객이 만나게 될 의료진에 대한 소개가 내부 광고를 통해 전달되는 것도 필요합니다. 대기실이나 상담실, 진료실에 고객이 앉아있을 때 눈길이 닿는 외벽이나, 진료실 앞에 대기하는 고객의 눈길이 닿는 진료실 문에 간결한 관련 포스터를 제작해 부착할 수도 있겠죠. 단, 이때도 주절주절 많은 내용을 넣으면 오히려 잘 읽게 되지 않습니다. 핵심 메시지와 의료진의 매력적인 이미지가 더 효과적이죠.

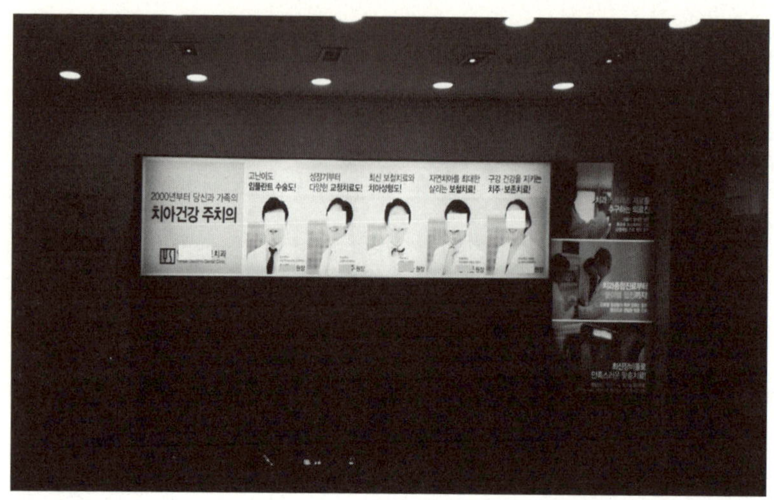

의료진 관련 내부광고 개발 사례(투비원)

　이밖에 병원의 봉사나 스토리텔링이 되는 활동에 대한 브랜드 광
고를 만들어 노출시킬 수도 있고 주요 진료센터별 포지셔닝 광고를
제작해 해당센터와 타센터에 부착할 수도 있습니다. 이러한 병원브
랜딩 광고의 경우 단순히 이런 일을 했다거나 이런 센터가 있다는 식
의 고지형 광고보다 팩트를 소재로 병원브랜드의 차별적 신뢰와 가
치를 전하는 헤드카피를 개발하는 것이 주효합니다. 가령, 건강검진
센터 내부 사진들과 함께 검진센터를 고지하는 포스터보다 장비나
검진 진행 의료진의 경쟁력을 어필하는 헤드카피로 검진센터를 소개
하는 광고가 고객들에게 더 주목을 받을 수 있습니다.

　다양한 클리닉이나 진료상품들에 대한 광고처럼 동일 주제나 카
테고리로 묶일 수 있는 테마의 광고를 할 때는 광고 크리에이티브에
서 일관된 톤 앤 매너와 VI를 구현해 통일감 있는 일련의 포스터 형
태로 제작하고 모아서(그루핑해서) 적용하면 주목률이 더 높아질 수

있습니다.

고객의 편의나 진료 효율성을 높이기 위해 진료과정이나 병원 내 시설 이용 안내에 대한 고지성 포스터를 해당 시설이나 진료실 앞, 또는 복도 벽면에 부착할 수도 있는데 이런 안내 형태 포스터는 인포그래픽이나 도식을 효율적으로 이용해 간결하고 쉽게 내용을 전하는 것이 좋습니다만, 여기서 주의할 것은 인포그래픽 형식을 띠었다고 고객이 쉽게 이해하는 것은 아닐 수 있다는 것입니다. 인포그래픽을 중학생이 보아도 이해될 수준의 내용으로 제대로 개발하는 것이 필요합니다.

병원 내부의 모든 광고와 제작물, 병원 곳곳을 안내하는 사인물과 표식들은 모두 브랜딩 관점에서 HI 매뉴얼을 엄격히 적용함으로써 브랜드 고유의 이미지 형성과 차별적 신뢰 제고를 하는 것이 필요합니다.

특히 개원이나 이전, 리뉴얼을 하는 병원은 일정 기간 내부 브랜딩 광고들이 미비하고 인테리어 공사가 끝난 지 얼마 안되어 어수선하거나 휑한 느낌을 줄 수 있는데 고객 입장에서는 그러한 병원 분위기는 환영받지 못합니다. 내부 광고에서 병원과 의료진에 대한 구체적인 신뢰를 형성할 필요가 있습니다.

그리고 개원 인테리어 공사가 들어가기 전에 병원브랜딩 전략 개발과 이를 반영한 HI 매뉴얼 개발이 완료되어 브랜딩전략과 HI의 인테리어 요소별 적용을 제대로 하고 인테리어 공사 때부터 내부광고물이 부착될 장소와 재질 등이 고려되는 것이 좋습니다.

꼭 전형적인 외벽뿐 아니라 보다 창의적인 공간이나 인테리어 요소를 활용하는 것도 권해드립니다. 저 역시 회사 디자인팀과 함께,

병원 진료실의 햇볕이나 공간을 가리기 위해 사용되는 블라인드, 엘리베이터 문, 검사실 유리 외벽, 창과 창 사이 기둥벽, 화장실 내 LCD 보드, 병원 내 카페의 주문 데스크 앞면, 주차장 문 래핑 등 다양한 곳에 각각 병원브랜딩을 위한 전략적인 내부광고를 개발해 적용해왔는데요. 과하지 않은 선에서 내원고객에게 노출 효과가 있는 곳곳에 눈길을 사로잡는 광고 형태와 전략적 메시지, 크리에이티브를 고민할수록 병원브랜딩 효과는 높아질 것입니다.

병원 인테리어 소품 블라인드에 내부광고를 개발한 사례(투비원)

내원 고객이 보거나 휴대할 마케팅툴 개발 가이드

의외로 병원들이 내원 고객이 관심있게 볼 수 있는 자료나 마케팅 툴에 대한 고민을 잘하지 않습니다. 대외적 마케팅만 중시하는 풍조도 있지만 내부마케팅 하면 원장 경력 포스터나 진료상품 배너광고, 이벤트 고지 외에 브로슈어나 진료상품 리플릿, 사례사진이나 후기 모음집 정도만 알고 있는 경우도 많습니다. 그러나 이러한 마케팅툴은 고객의 손길이 잘 가지 않습니다.

봐도 특별한 정보를 전해주지 못하는 경우가 허다하죠. 디자인은 깔끔하더라도 내용이 일반 진료설명 수준이거나(가령, "임플란트란….여드름의 발생 원인…" 같은 백과사전식이거나 고객의 정보에 대한 니즈를 못따라가는 진부한 진료·질환 정보들) 홈페이지 내용의 중복(사례사진이나 후기글들 역시 그렇죠.)이거나 장비회사나 제약 회사가 제공하는 특장점 위주의 진료정보들 역시 고객의 주목을 끌기에는 많이 부족하죠.

아시다시피 인터넷에 관련 정보들이 다양하게 검색되고 그중에는 구체적이고 새로운 정보들도 많죠. 이러한 고객 정보 수준과 이용 환경을 고려한다면 구태의연한 정보를 지양하고 병원브랜드로서 내원 고객에게 유용하고 새로운 정보를 제공하도록 고민해야 합니다. 내원 고객이 우리병원에 와서 일반 진료정보를 보고 싶을 이유는 없죠. 내원한 병원이 자신이 받아야할 진료를 잘하는지, 자신과 같은 사람들이 진료를 어떻게 받고 어떻게 되었는지, 이 병원 의사들은 괜찮은 이들인지 등 고객의 이익이나 걱정과 관련해 확신을 줄 수 있는 팩트를 효율적으로 제공하는 것이 주효합니다.

가령, '임플란트란, 임플란트의 특징' 같은 것을 정리해서 보여주기보다 우리 치과에서 임플란트 수술을 받은 환자들의 유형별 사례, 다른 곳에서 치료하지 못했거나 진단 결과가 달랐던 환자의 진료사례처럼 특이 케이스의 스토리텔링, 임플란트 부작용에 대한 대처와 사후관리 같이 고객들의 입장에서 궁금해 할 구체적 정보들을 모으고 그것을 어떻게 간결하면서 쉽게 이해시키고 병원브랜드에 대한 신뢰감을 줄 것이지 콘텐츠 기획에 공을 들이는 방향이어야 합니다.

그리고 사전에 제작하는 자료의 목적과 용도를 분명히 하는 것이 바람직합니다. 가령, 진료상품에 대해 어필할 것인지, 병원브랜드 포지셔닝에 중점을 두어 병원브랜드에 대한 구체적 인식을 형성하는 것이 목적인지, 프로모션 참여율을 높이기 위함인지 등의 목적과 효용성, 상담을 받은 고객에게 배포할 것인지, 대기하는 동안 열람하게 할 것인지, 또 시술 상담을 받는 젊은 2030세대를 대상으로 하는지, 건강검진을 받는 중장년층인지, 독감주사를 맞으러 오는 고령자들을 대상으로 제작하는지 등 열람이나 배포 대상과 그 접점 등 관련 요소와 조건들을 구체적으로 정하고 그에 맞는 제작 사양, 볼륨, 콘텐츠의 구성, 서체와 폰트, 디자인, 카피의 톤 앤 매너 등을 고려해 효율적인 제작을 하는 것이 좋습니다.

내용에는 가급적 관련 병원 사진이나, 내용과 밀도 있는 이미지 등 시각자료를 적절히 활용해 콘텐츠의 신뢰도를 높이고 전달 효과를 배가시키도록 합니다.

그런데 잘 만들어 놓은 자료나 정보물도 고객의 눈에 띄지 않으면 소용이 없죠. 어떤 병원은 스태프가 대기실 정리를 너무 잘하는 바람에 오히려 고객이 봐야 할 자료집이나 정보물들이 잘 꽂혀있어 눈에 안띄게 되는 경우도 있습니다. 고객 동선과 눈높이에서 효과적으로 정보물이 노출되도록 창의적인 고민을 하셔야겠죠.

진부한 리플릿이나 브로슈어 스타일 때문에 고객이 아예 외면해버린다면 아이패드나 효과적인 마케팅툴을 활용하고 다른 시각자료 형태로 제작할 수도 있습니다. 눈에 띄는 조형물을 설치하고 그 곁에 리플릿이나 브로슈어 등 정보물들을 비치해서 보다 눈에 띄게 할 수도 있고 이곳에 구미가 당길 이런 진료정보들이 있다는 팝업광고를 만들어 부착할 수도 있죠. 또 마트의 매대에 전략적으로 껌이나 건

전지를 구비해서 계산하면서 다시 추가 구매를 하도록 유도하는 것처럼 접수와 지불을 위해 머무는 안내 데스크에 정보를 비치하고 가져가도록 안내할 수도 있습니다. 또 아예 상담 접점에서 활용하면서 고객에게 배포할 수도 있습니다.

이렇게까지 고민하면서 굳이 비용을 들여 내부 정보집이나 자료를 만들어야 할까 싶지만 그만한 필요성이 있습니다. 사람의 뇌는, 아시겠지만 감각적 노출이 많이 될수록 기억을 잘합니다. 단순히 듣기만 해서는 기억을 하기 어렵고 눈으로 보고 들으면 그만큼 이해도 더 용이하죠. 스태프가 알기 쉽게 메모까지 해서 그 자료를 소지하게 하면 귀가해서도 다시 볼 수 있고 그만큼 병원브랜드에 대한 회상도가 높아집니다. (고객은 병원 문을 나서는 순간 들었던 내용 다수는 잊어버리게 됩니다.) 의료쇼핑을 하는 고객들에게 우리병원에 대한 특별한 신뢰와 인상을 오래 남길 수 있기도 하죠. 단, 정말 잘 기획된 정보물에 한해서 말이죠.

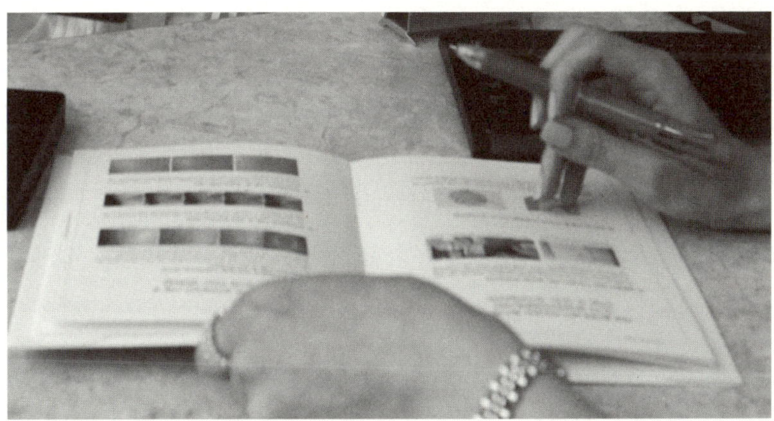

고객 상담용 자료로 활용한 후 고객에게 제공해 병원브랜드와 상담내용에 대한 회상 효과를 낸 자료집 사례(투비원)

리플릿과 달리 병원브랜드 브로슈어는 요즘 그렇게 활발히 만들어지는 않는 추세지만 병원에 따라 또 고객에 따라 필요한 경우들이 있습니다. 가령, 3차 의료기관에서 환자를 소개할 때 환자와 보호자에게 우리병원을 소개하는 브랜드 브로슈어를 제공하면 병원에 대한 신뢰와 기대를 형성해 우리병원으로 원활한 환자 유입이 가능합니다. 병원 입원환자와 보호자 상담시나 제휴마케팅 진행을 위해 담당자와 미팅시 시설이나 병원 진료의 장점, 의료진과 장비의 우수성 등을 구체적인 팩트 중심으로 전달하는 브랜드 브로슈어를 제공해 그들의 병원 선택에 기여할 수 있습니다. 역시 전략적으로 잘 구성된 유용한 병원정보와 스토리텔링, 그리고 세련된 디자인으로 브랜드 신뢰도를 높였을 때 말입니다.

이밖에 진료별 스토리텔링북을 만든다든가 내부 TV 모니터를 통해 브랜드 영상을 보여주는 것 역시 기획이 필요한 전략적 내부마케팅툴입니다. 리플릿이나 브로슈어 안에 다양한 진료상품이나 병원이 운영하는 진료센터를 충실히 담을 수는 없습니다. 그러다가는 보기 불편하고 지루하게 양이 많은 정보책자가 되거나 볼륨을 줄이기 위해 정보의 함량이 떨어지게 됩니다.

특히 현재 통합마케팅을 운영하고 있는 진료상품에 대한 상담을 위해 내원한 고객에게 마케팅에서 보이는 내용보다 구체적이고 신선한 정보들로 구성된 콤팩트한 자료집을 제공해 상담효과를 배가시키는 것도 필요할 수 있습니다. 다른 진료상품으로 내원한 고객에게 새로운 진료상품 정보에 대해 알리는 것도 필요하죠. 이런 경우 역시 고객 입장에서 관심을 가질 신선한 정보들을 엄선하고 이슈화하는 콘텐츠 기획이 주효합니다.

   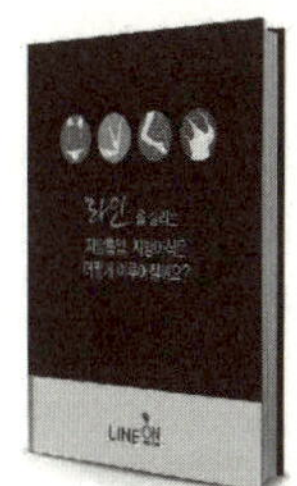

  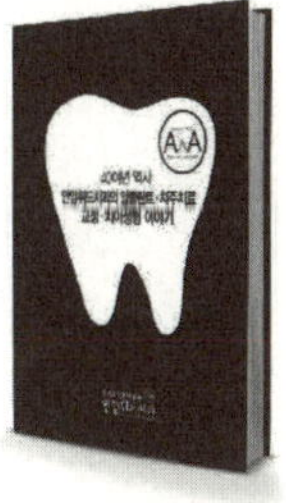 

 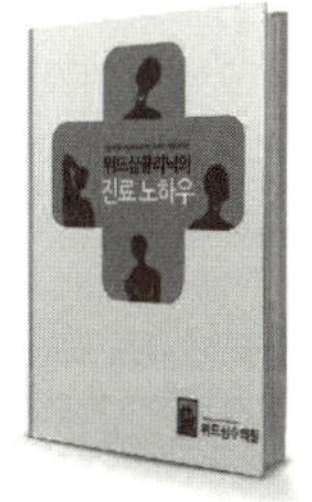  

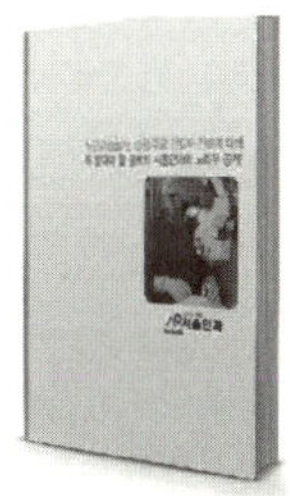   

병원브랜드와 진료상품에 대한 스토리텔링북을 개발한 사례(투비원)

병원브랜드 영상은 진료 상담을 위해 내원한 고객의 입장에서 관심을 가질 정보에 대해 임팩트있게 전달하는 것이 주효합니다. 장황한 병원홍보성 영상은 주목을 받기 어렵습니다. 고객은 자신의 이익과 고민에 관계된 정보에 관심이 있기 때문에 그와 밀접한 관련이 있는 정보들을 짧은 시간에 임팩트있게 전할 수 있도록 스토리보드 구성에서부터 영상 촬영과 편집까지 전략적으로 진행해야 합니다.

가령, 진료과정 라이브 영상, 고객 FAQ를 재미있게 연출한 영상, 의료진의 진료노하우를 감각적으로 전달하는 영상, 유의미한 환자 유형별 치료사례에 대한 스토리텔링 등 관심 소재를 새롭고 콤팩트하게 전개하는 것이 주효합니다. 산부인과를 탐색하는 임산부나 중장기 입원환자, 재활치료 환자들에게는 병원 생활에 대한 미리보기 스토리를 구성한 영상이 효과적이죠. 어떤 목적과 시놉의 영상이든 영상을 오래 쳐다볼 고객을 기대하지 말고 러닝타임을 1분 이내로 짧게 운영하고 상영되는 동안 고객의 시선을 잡을 수 있는 흡입력과 병원브랜드에 대해 차별적 인식 형성이 이루어지도록 해야 합니다. 필요하다면 두세 개 정도의 다른 테마 영상을 이어 상영하는 것도 괜찮습니다만, 영상의 컷마다 전략적으로 HI와 VI를 적용해 병원브랜드의 이미지네이션도 신경쓰세요. 인터넷에 흔히 보이는 의료진의 지루한 인터뷰 스타일의 영상은 집중도가 떨어지므로 지양하시기 바랍니다.

주요 내부마케팅 툴 중 마지막으로 소개할 것은 비용상담북입니다. 고객들과 상담실장이 꼭 나누게 되는 말 중 하나는 진료비용에 대한 것이죠. 고객 다수는 고가 진료일수록 가격 네고를 하려 하고 상담실장이 먼저 메리트를 제시하기도 하는데요. 그러나 진료비용을 이렇게 가변적으로 운영하는 것은 당장 고객을 확보하는 데는 도움이 될 수도 있으나 병원브랜딩의 관점에서는 재고할 필요가 있습니다. 진료의 가치와 나아가서 병원브랜드에 대한 신뢰성이 의심받을 수도 있기 때문입니다.

진료비의 네고도 고객이 이해할 수 있는 수준과 합리적인 명분이 전제되어야 합니다. 가령, 체험담을 제공하는 조건으로 일정액의 할인을 받는다든지 하는 기브 앤 테이크나 어려운 상황의 고객 대상으로 병원이 지원하는 혜택의 형태라든가 특별 행사에 맞춰 한시적으로 진행되는 할인혜택이라는가 하는 식 말입니다.

병원브랜딩 관점에서 합리적인 비용 상담에 도움이 되는 것이 비용상담북입니다. 진료비를 구성하는 요소들의 각 가치와 비용을 공개하고 그로부터 산출되는 진료비를 명시한 자료집으로, 형태나 내용 구성은 다양하겠지만 진료의 가치에 대한 진정성 있는 제시를 통해 병원브랜드와 진료비정책에 대한 차별적 신뢰를 형성하기 위한 진료비용 정보물입니다. 저 역시 회사에서 클라이언트 병원들을 위한 병원브랜드 진료상담북을 개발해 현장에 적용해보니 오히려 가격 네고가 현저히 줄고 고객들의 호응이 있었습니다.

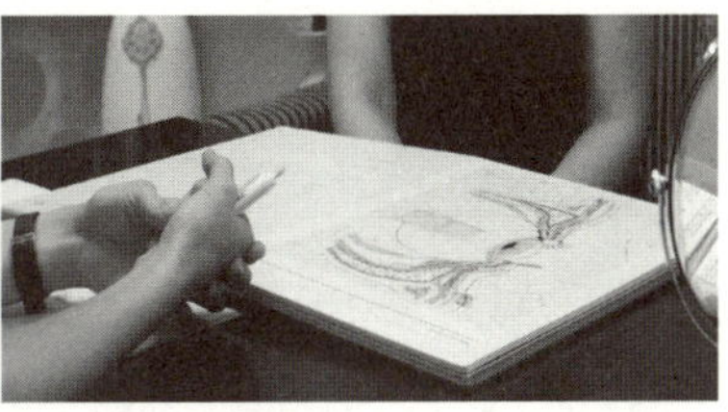

가치의 신뢰성을 바탕으로 한 합리적 진료비용을 공식적으로 제시한 비용상담북 개발 사례(투비원)

병원브랜드 아이덴티티의 일관된 적용 가이드

병원의 브랜드 아이덴티티를 정립하고 그를 반영한 그래픽요소인 HI를 개발할 때 다양한 상황에서의 적용에 대한 매뉴얼까지 갖춘 응용시스템도 개발하는 것이 좋습니다. 그것이 원칙입니다.

그러나 개원할 때 인테리어 회사나 홈페이지 회사 또는 디자이너 지인에게 그저 간단히 만들어 달라고 요청해서 정말 간단한 디자인물로만 HI를 만드는 경우들이 참 많습니다. 이렇게 되면 HI의 다양한 적용상황에서 일관된 형태를 유지하지 못하게 되어 통일된 브랜드 이미지네이션이 이루어지지 못하고 병원브랜드에 대한 변별력과 신뢰를 형성하기 어려워집니다. 병원 성장에 중요한 브랜딩에 역행되는 일입니다.

HI 응용시스템에 의해 엄격히 적용된 병원브랜드 아이덴티티의 감각적 그래픽요소와 브랜드 컬러는 병원 내부 곳곳에 작은 부분이라도 일관되게 적용되어야 합니다. 의사의 가운, 명찰, 스태프의 유니폼, 병원입구에서부터 내부 마케팅의 모든 툴과 사인물들에 이르기까지, 또 고객들이 사용하는 종이컵, 약통, 프로모션용품, 한약 파우치, 병원 쇼핑백, 주차장의 사인물, 고객카드나 메모지 등에도…. 고객의 시선이 머물 수 있는 모든 곳에 일관된 병원로고와 심볼로 구성된 HI, 진료별 또는 센터별 정해진 메인컬러와 서브컬러 등 시각적 디자인 요소를 엄격히 적용하고 지킬수록 브랜드의 세련미와 신뢰감은 제고됩니다. 고급 브랜드일수록 그에 대해 엄격히 적용된 것을 주위에서도 쉽게 볼 수 있죠. 기업이 BI 베이직과 응용시스템을 개발하는 데 수억을 기꺼이 들이는 이유는 타브랜드와 우리브랜드를 구별짓게 하는 브랜딩의 기본이 되기 때문입니다.

또한 제휴마케팅이나 비용상담 답변을 위한 메일링이나 문자, 카톡, 상담게시글의 답변, 다양한 마케팅 콘텐츠들에도 이 HI를 적용하거나 일정한 위치에 병원브랜드 네임과 슬로건 등을 적용하는 등 비주얼 아이덴티티 구현도 신경씀으로써 병원브랜드에 대해 감각적 인식과 신뢰성을 형성할 수 있습니다.

브랜드에 대한 인식은 감각적인 자극과 반복 학습에 의해 이루어진다는 것을 늘 염두에 두고 디테일한 부분까지 신경쓰는 게 바람직합니다. 의료진의 시각에서 별 것 아닌 것 같지만 고객에게는 가랑비에 옷 젖듯이 브랜드에 대한 이미지와 감정들이 스며들게 됩니다. 브랜드는 마케팅 메시지나 콘테츠에 의해서만 고객에게 인식되는 것이 아닙니다. 특히 병원브랜드에 대한 이런저런 체험을 하고 있거나 하고 난 고객에게 자연스럽게 우리병원 브랜드에 대한 감성적 인지가 이루어지는 것이 더 오래 간답니다.

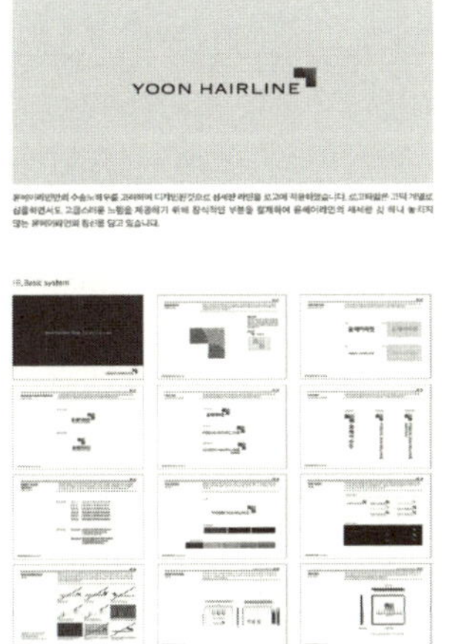

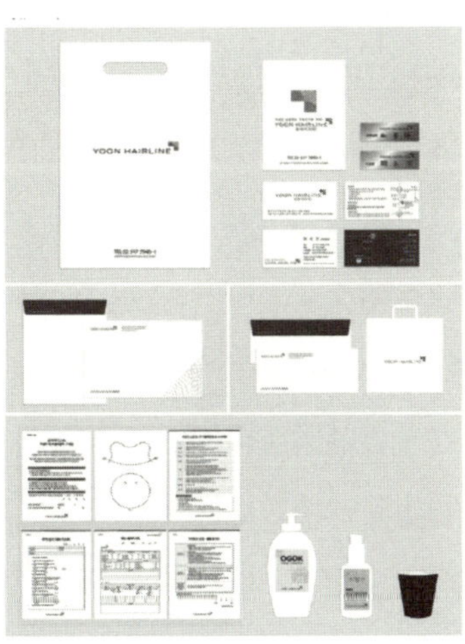

병원브랜드 아이덴티티를 그래픽적으로 개발하는 HI를 다양한 상황에서 일관되게 적용해 브랜드 이미지를 구축하기 위한 매뉴얼(응용시스템) 개발 사례(투비원)

병원브랜딩 차원의 고객 관리 가이드

병원이 CRM을 이용해 고객관리를 하는 경우가 많지만 고객 관계에 대한 운영은 대체로 비슷한 양상입니다. 내원일이나 예약 상황 확인 같은 진료과정 일부에 대한 관리 외에는 이벤트나 검진 정기 공지, VIP 고객 기념일에 선물 챙기기 등 소극적인 운영을 하는 수준입니다. 그래서 그 성과가 그닥 크지 않은 경우들이 적지 않습니다.

병원이 성장하는 데는 신규 고객 영입과 기존 고객을 통한 2차 구매나 입소문 효과 모두 중요한데, 경우에 따라 차이는 있겠지만 기존 고객을 통한 마케팅 효과 창출이 60% 이상의 비중을 차지하는 것이 좋다고 합니다.

병원들에 따라 기존 고객에 대한 관계 유지에 신경을 안 쓰는 이유가 수술 고객의 경우 다시 우리병원에 올 가능성이 희박하기 때문이라고 생각하기도 하는데 이는 근시안적 사고일 뿐입니다. 기획에 따라 재구매 가능성을 높일 수도 있고, 고객의 재구매 가능성이 현실

적으로 낮다 해도 고객에게 병원브랜드에 대한 회상의 기회를 자연
스럽게 제공하는 것이 지인 소개나 주위 입소문을 내거나 병원브랜
드에 대한 긍정적 여론을 형성하는 브랜딩 측면에서 주효합니다.

보다 효과적인 고객 맞춤형 관리의 가이드

　기존 고객을 좀더 디테일하게 분류하고 개별 맞춤형 관계 운영을
통해 2차 구매를 유도할 가능성을 높일 수 있는 전략적 운영이 주
효합니다. 가령, 처진 눈을 성형한 고객에게 팔자주름이나 처진 부위
리프팅 시술을 직질한 시기에 고객 우내 조선으로 제시하는 카복이
나 문자 안내를 그가 회복되는 시기의 적절한 때에 발송할 수도 있
습니다. 단순히 상업적으로 느껴지는 안내보다 회복시의 주의사항이
나 홈케어 등 그 시기에 필요한 안내와 안부인사를 함께 하면서 향
후 필요한 시술에 대해 제시하는 것이 고객의 긍정적 반응 유도에 주
효합니다.

　고객의 가족이나 취미생활, 직장 등까지 파악할 수 있다면 고객의
가족 또는 직장동료, 동호회 회원 등에 필요한 진료상품에 대한 안
내 정보를 제공할 수도 있겠죠. 가령, 고객의 자녀가 성장기 아이라
면 성장기 아이의 교합이나 충치 관리 등을 안내할 수도 있고 한 번
아이의 구강 상태를 점검할 수 있도록 스케줄을 잡아줄 수도 있습니
다. 스포츠 동호회 활동을 한다면 스포츠 재활에 대한 유용한 정보
가 있는 우리병원 블로그나 페이스북에 동호회를 초대하는 문자를
보낼 수 있고 동호회 명단의 사람들에게 우대 진료를 제공할 수 있
겠죠. 야근이나 회식이 잦은 남편을 걱정하는 주부 고객과 이야기를
나누는 상담실장이 후에 남편을 위한 진료상품을 안내하거나 정기적

으로 부부 검진 패키지 상품을 안내할 수도 있습니다.

이러한 고객별 맞춤형 관리는 우선 각 고객별로 구매한 진료상품, 치료 완료 시기, 회복 시기와 회복기의 반응 및 특성, 그 고객의 치료과정에서의 특이행동, 성향, 신체적 특징 등 내원해서 지속 관찰한 유의미한 고객 관련 특징과 사항들을 파악하고 있어야 하고 고객별로 필요한 정보와 진료상품, 안내 멘트를 적절하게 제시하는 기획력이 있어야 합니다. CRM 프로그램에 의존해 기계적으로 획일적인 문자를 일괄 발송하는 것으로 고객의 마음을 잡기는 어렵습니다.

또 위에 언급한 사례에서처럼 고객의 주변까지 병원브랜드에 대한 인지도와 이용률을 제고하기 위해서는 상담실장이나 고객 접점의 스태프들이 고객과 친밀한 대화상황을 이어가면서 고객에 대한 상황을 세심하게 파악하고 리포팅을 하는 것이 필요합니다. 이를 토대로 함께 아이데이션을 할 수 있습니다. 고객의 가족이나 일상적으로 만나는 지인들의 상황과 조건을 고려할 때 적절하게 제시할 정보와 진료상품, 우대 조건 등에 대해 기획하고 적절한 멘트로 적절한 시기에 제시하는 것이 좋습니다.

기존 고객 관계 관리가 병원 성장과 매출 증대에 생산적 효과를 가져다주는 만큼 중요하다는 것을 이해하면 좀더 제대로 운영할 필요성을 느낄 수 있습니다. 운영에 필요한 전략을 짜고 기획을 하는 일 역시 병원 내부에서 자생력을 키워 진행하는 것이 주효합니다. 직원 전체의 협업과 동기 부여를 통한 적극적인 고객 관리는 직원 스스로에게도 병원브랜드에 대한 신뢰와 애정을 키워줍니다.

병원 고객 프로모션을 통한 브랜드 로열티 강화하기

연말 캘린더 제공, 병원 소식지 정기적 제공, VIP 고객 기념일 선물 증정, 치료 후 고객 초청 행사, 개원 기념일 행사, 산부인과의 산모수첩 제공, 예비맘 출산교실, 환우 가족 초청 행사 등 병원에서 고객을 대상으로 이루어지는 다양한 프로모션들이 있죠.

그런데 대체로 이러한 행사들 역시 병원마다 비슷합니다. 담당자나 원장이 다른 경쟁병원들을 벤치마킹해서 기획을 했기 때문일 수도 있는데 근본적으로는 병원이 신규 고객 유치만큼 기존 고객 대상 마케팅에 대해 주의를 기울이지 않기 때문입니다.

병원브랜드가 경쟁군과 다른 특별한 것으로 구별되는 것(이것이 브랜드의 의미지요.)은 브랜드 체험 전의 마케팅에 의해서만 이루어지는 것이 아닙니다. 병원의 이런저런 접점에서 브랜드 체험을 한 고객이 병원브랜드에 대해 특별하게 인식해야만 비로소 병원은 브랜드로 굳건히 성장할 수 있게 됩니다. 브랜드 로열티를 강화하는 브랜딩이 중요한 이유입니다. 그래서 기존 고객 대상 프로모션도 병원브랜드에 대한 로열티가 강화되는 것을 목적으로 기획될 필요가 있습니다. 물론 병원이 아닌 고객의 입장에서 브랜드에 대해 특별한 감동과 인식이 이루어져야 하죠. 이것은 단순히 고객에게 베니핏을 주었다고 형성되는 것은 아닙니다. 연말에 병원 로고가 삽입된 캘린더를 받으면 캘린더가 필요한 고객들에게는 반가운 일이지만 그저 캘린더로만 바라보게 될 뿐 병원브랜드에 대해 각별하게 느껴지지 않을 수 있습니다. 캘린더 자체가 그런 것이 아니라 고객에게 특별함을 전할 줄 모르는 병원이 브랜드 로열티를 형성하지 못하는 것이지요.

병원브랜드 이미지와 스토리텔링을 테마로 하여 액자형, 스티커 꾸미기형 등 독특한 재미를 더해주는 병원브랜드 캘린더 개발사례(투비원)

10년간 인연을 이어가는 클라이언트 산부인과가 있습니다. 잠재 고객들 사이에 출산 비용이 좀 비싸다고 이야기 되지만 늘 예약하려면 적어도 수개월 전부터 대기를 해야 할 정도로 성장해가고 있습니다. 개원 때 고품격 산부인과로 포지셔닝하고 지속적으로 브랜딩을 실현해온 결과죠. 그 산부인과가 10주년을 맞아 고객 초청 행사를 기획하게 되었습니다.

10년간의 고객들은 저마다 수개월은 산부인과를 내원하면서 원장들과 친분을 쌓은 이들로 굉장히 많은 수입니다. 출산 후 아이가 그만큼 자란 고객들도 있고 둘째, 셋째 아이까지 이 산부인과에서 출산한 고객들도 있고 주위에 또 가족에게 소개해 이곳에서 출산하도록 기여한 고객들도 있습니다. 그래서 기념 파티를 4회에 나누어

매월 진행하기로 했습니다. 매회 테마도, 초청 고객층도 다릅니다. 어떤 달은 가족 사진과 동영상을 촬영하고 원장들과 담소를 나누며 식사하는 파티로 진행하고 다음 달은 성대한 디너파티로 진행했습니다. 파티마다 만족 이상의 감동을 주었고 병원 원장들 역시 고객에 대한 감사와 브랜드를 체감한 시간들을 소중히 기억하게 되었습니다. 그 고객들은 영원히 이 산부인과를 기억하고 사랑할 것입니다. 그들이 앞으로도 이 산부인과 브랜드에 대해 충성고객이 되는 것은 명확하죠.

4회 중 마지막 파티 고객은 좀더 특별합니다. 바로 내부 고객, 직원들입니다. 동거동락한 병원가족들이 자축하고 서로를 격려하는 파티로, 요리 경연대회를 테마로 구성되었습니다. 병원브랜드에 대한 자부심과 브랜딩 주체로서의 자긍심, 동료애와 신뢰를 확인하는 뜻 깊은 이 자리 역시 서로에게 소중한 추억이 되었습니다.

이처럼 직원들이 주인공이 되는 개원 기념식은 많은 병원들이 놓치고 있는 소중한 브랜딩의 한 부분입니다. 직원들이 병원브랜드를 사랑하고 서로를 신뢰하고 진심으로 함께 하는 문화를 만들어 가는 일은 말이나 인센티브로써 이루어질 수 없는 소중한 브랜드 가치요소입니다. 감성적인 교류와 그것을 극대화한 모임은 브랜딩 측면에서도 고려할 필요가 있습니다.

클라이언트 병원 중에는 매년 개원 기념일에 고급 호텔이나 함께 가고싶은 장소에 모든 직원과 저처럼 외부 파트너들을 초청해 함께 즐기는 경우들이 있습니다. 브랜드를 함께 만들어가는 사람들에게 서로 감사하고 또 잘해보자고 독려하는 이벤트를 통해 멤버십은 더 고취되고 작은 갈등과 마찰도 가볍게 넘어갈 수 있게 됩니다.

만약 병원이 예산의 한계로 기존 고객 대상 프로모션을 충분히 진행하기 어렵다면 목적과 대상을 고려해 핵심적인 프로모션을 선별해 진행할 필요가 있습니다. 뿐만 아니라 기존 고객 대상 프로모션들에 대해 점검하고 목적성과 효과가 미비한 것들은 과감히 정리하고 우리병원 브랜딩에 적합하면서 창의적인 고객 마케팅을 운영하는 것이 좋습니다.

가령, 소식지 발행같이 병원 입장에서 홍보물을 제공하는 수준이나 고객 반향을 이끌기 어려운 진부한 프로모션물보다 고객이 필요로 하면서도 자연스럽게 병원브랜드를 회상할 수 있는 것들을 아이데이션 하고 병원브랜드와 매칭해서 기획할 필요가 있습니다.

연말 캘린더나 산모수첩 등 고객에게 제공되는 제품 역시 단순히 병원 로고만 삽입해주는 형태는 브랜딩에 크게 기여하기 어렵습니다. 물론 병원 홍보 내용을 잔뜩 넣어 욕심을 부린 것 역시 소비자에게 반갑지 않습니다. 가령, 병원브랜드의 가치와 철학을 바탕으로 고객을 일년내내 위로하거나 희망을 주거나 재미있게 할 수 있는 캘린더를 기획할 수 있어야 합니다. 단순히 출산 관련 주의사항과 초음파 사진 부착 정도를 할 수 있는 일반 산모수첩보다 병원브랜드의 품격과 산모의 감성이 매칭되는 새로운 스타일의 산모수첩을 병원브랜드로 탄생시킬 필요가 있습니다. 제 경험상 이러한 병원브랜드만의 제품 기획이 그만큼 바이럴효과를 내고 마케팅에 기여합니다. 병원브랜드의 로열티 형성은 물론이고 고객 스스로 블로그나 SNS에 자랑하고 공유하고 관심을 불러일으키더라는 것이죠.

고품격 산부인과 브랜드 이미지를 형성한 특별한 산모수첩 개발 사례(투비원)

병원 입원 환자나 보호자, 또는 치료가 종료된 고객들을 위한 행사를 기획하는 병원들이 많진 않지만 있죠. 수술을 받은 환자들을 초청해 의료진과 함께 영화감상을 하거나 등산을 가기도 하고 말이지요. 이탈리아의 한 병원에서는 치료 받은 환자들을 십년 후 다시 초청해 기념식을 갖고 건강해진 고객들의 모습이 언론에 공개된 일이 있었는데요. 이처럼 치료 후의 달라진 고객들을 초청하는 행사는 고객과의 지속적인 관계 유지와 관리가 뒷받침되어야 가능한 것인데 그렇게 된다면 훌륭한 병원브랜드 홍보가 되는 것이죠. 이에 대한 언론매체의 기사를 보면, 마케팅 콘텐츠에서 우리병원이 얼마나 치료를 잘하는지를 전후사례 정도에서나 보여주는 것과 비교가 안될 만큼 큰 파장을 일으킬 수 있을 것입니다.

이처럼 병원브랜드와 고객의 관계에 대한 관리는 브랜딩을 고려한 장기적 안목에서 지속적으로 이루어질 필요가 있습니다. 무엇보다 고객이 감동할 수 있고 자연스럽게 병원브랜드에 대한 로열티가 강화될 수 있는 합목적적인 프로모션을 기획해야 합니다. 또한 허술하지 않게 진행되도록 사전에 디테일한 하나하나를 예측하고 살피면서 최선을 다하는 것이 중요합니다. 그리고 이러한 고객과의 좋은 관계 유지를 하고 있는 브랜드의 모습을 다각적으로 보여주는 것 역시 필요하죠.

2000년부터 기업과 다른 병원을 공부하고 다양한 현장에서 경험하며 병원브랜딩의 필요성을 실감해왔습니다. 그래서 2011년부터 《다시! 알아야 할 병원마케팅》 책을 통해 그에 대해 역설했고 지금까지 네이버 카페와 블로그를 통해서도 병원브랜딩에 대해 소통하고 있습니다. 그 결과 많은 의료진과 병원마케팅 업체들이 브랜드와 브랜딩에 대해 조금씩 관심을 가져주고 있습니다. 반갑고 고마운 일입니다.

그러나 하루하루 어려운 현실 속에서 버티기도 힘들다고, 또 지방의 작은 병원이라고, 보험가 진료 위주의 작은 의원일 뿐이라고 이를 외면하는 분들 역시 적지 않습니다. 당장 눈에 보이는 성과에 조급해하고 그것만 쫓다 보니 '저가 병원'이 되어 회복이 어려워지기도 하고, 지금의 마케팅 효과가 점점 떨어지는 것을 보면서도 손을 놓으면 아예 위기가 닥칠까봐 변화를 시도조차 못하는 경우들도 있습니다.

병원 밖에서 우리병원에 대해 어떤 말들이 오가는지도 모른 채 원장의 주관적 판단으로 병원마케팅이 이루어지고 직원들과 외부 업체들 역시 기계적으로만 움직이다 결과에 따라 계약이 해지되기도 하고 직원이 떠나기도 합니다. 그리고 다시 새로운 담당자를 찾는 악순환이 반복되기도 하죠. 실패의 원인을 찾지 못하고 찾으려는 생각도 안하고 새로운 방법, 더 잘할 것 같은 대행사만 찾아다니는 원장들이 있습니다.

또 마케팅 실행 경험 위주로 이렇게 해야 성공하다고 주장하는 마케터들도 종종 봐왔습니다. 마케팅 방법들이 공식처럼 되어 그대로 하면 언제 어디서든 대한민국 모든 소비자를 끌어올 수 있을 것만 같습니다. 그 방법을 모든 병원이 적용하면 모두 성공해야겠죠. 적어도 그 방법에 한해서는. 그러나 현실은 그렇지 않죠.

개원이나 병원 리뉴얼 상담을 하다 보면 종종 자신의 병원과 같은 진료과를 몇 개 병원이나 했나를 묻는 원장들이 있습니다. 동종의 병원들에 동일하게 적용할 마케팅이 아니라 병원 고유의 상황마다 적합한 전략과 업무들을 설계하는 일은 그런 것과 상관성이 크지 않다는 것을 모르고 동일과의 경험이 많으면 우리병원에 대한 마케팅을 잘할 것이라는 무지함에서 비롯된 것이죠.

이상의 예들은 모두 공식화된 마케팅 실행방법과 패턴화된 마케팅 콘텐츠 생산 방식의 업무 관행이 병원이 성장하는 데 필요한 마케팅의 전부라고 알고 있을 만큼 브랜드의 전략적 마케팅에 대한 지식과 경험이 부족한 의료계 현실을 반영하고 있습니다. '병원마케팅 성공사례' 란 키워드가 네이버 자동완성에 보이는 현상이 시사하는 바처럼 말이죠. 그래서 다수가 잘못 알고 있는 그 마케팅을 할 수 없는 작은 의원은 마케팅을 포기하려 하고 그런 마케팅을 하는 병원은 그

안에서 안도하고 또 그런 마케팅을 더 잘할 사람을 찾는 것뿐이죠.

제가 학교 졸업 후 20년 넘게 이 길을 걸어오면서 알게 된 사실은 '남의 길'을 따라가는 것이 아니라 '나의 길'을 찾아가는 크리에이티브한 영역이 브랜딩이고 마케팅이라는 것입니다. 같은 진료과라도 들여다보면 상황이 다릅니다. 그래서 그 병원에 적용한 전략이 이 병원에는 맞지 않고 그 병원의 타깃 소비자가 이 병원은 타깃이 될 수 없기도 합니다. 우리병원을 성장시키는 브랜딩전략이 정해져 있는 것이 아닙니다. 병원에 대한 자료와 근거를 가지고 창조하는 것입니다.

그런 일은 '백년지대계(百年之大計)'의 마음으로 시간을 요하는 개발입니다. 일정한 시간에 다량의 병원에 대해 할 수 있는 일이 아닙니다. 홈페이지 콘텐츠 개발조차 브랜딩 관점에서 유니크하게 개발하기 위해 많은 시간과 노력을 기울여야 하기에 동일 진료과를 일정기간 내에 다량으로 제작하는 것은, 유능한 직원들이 어마무시하게 존재하는 큰 대행사가 아니라면 미덕이 아닙니다.

병원이 성장하려면 무엇보다 병원 스스로의 경쟁력을 키워야 합니다. 다양한 고객들에게 안정적인 수술과 진료를 하는 노하우가 충분치 않은데 마케팅에 의존해 환자 유입만 신경쓰는 병원은 지속적으로 성장하기 어렵습니다. 소비자는 병원 입장에서 전달하는 마케팅 메시지를 믿는 바보가 아닙니다. 또 그들 곁에는 늘 병원의 불만과 위험요소를 알려주는 이들이 있습니다. 그러한 환경에서 그들 스스로 우리병원을 믿음과 기대를 가지고 바라보게 하는 것이 중요하고 그러려면 우리병원이 진료상품에 대한 경쟁력을 갖추는 근본적인 노력을 상시적으로 해야 합니다.

또한 병원브랜딩을 위해 노력해야 합니다. 수술만 잘해서 좋은 병원이 되기 어렵습니다. 고객의 마음을 움직이고 우리병원을 사랑하게 하는 모든 노력, 즉 브랜딩은 병원 성장의 기본 조건입니다. 규모가 큰 조직도 규모가 작은 조직도, 마케팅 예산이 너무 부족한 의원도 자신의 생각만 믿고 새로운 고민과 노력을 게을리해서는 안됩니다. '작으니 이 정도밖에…' 하는 포기로, '이 정도로 크고 고객들이 많이 찾는데…' 하는 자만으로 성장의 노력을 멈추면 하루하루가 힘들어지는 시간이 찾아오고 어느날 무너져 내리게 되더라는 것입니다. 덩치가 큰 조직은 보다 요란한 소리를 내면서 무너질 뿐이고 작은 조직은 주위 몇몇만 알 뿐이지만 결국 무너지는 이유의 근본은 같습니다. 반대로 고객에게 매일 새로운 만족을 주려고 노력하다보니 변두리 작은 의원이 서울 중심지로 확장 이전을 하고 함께하고 싶다는 사람들과 네트워크 브랜드를 만드는 일도 일어나는 것이죠.

이 브랜딩에 대해서 병원은 스스로 할 수 있는 능력을 갖추어야 합니다. 그렇지 못하면 외부의 변화에 쉽게 흔들리고 외부 의존도가 커지는 만큼 생산성이 떨어지고 조직은 활발히 성장하지 못합니다. 필요하면 전문가의 도움을 받아서 함께 제대로 길을 찾아야 하지만 궁극적으로는 병원이 중심이 되어 해나가야 합니다.

병원 성장과 매출 증대 방법은 정해진 답이 없습니다. 객관적으로 필요한 근거들을 확인하고 현실을 통찰해서 전략을 개발하고 실행하는 것, 실패 가능성이 있더라도 객관성을 담보로 한 확신에 의해 과감히 걸음을 내딛고 그에 대한 결과를 다시 분석하고 업그레이드하는 노력뿐입니다. 합리적인 실패를 두려워해서는 아무것도 이룰 수 없습니다. 확신을 가지고 집행한 마케팅도 다양한 변수들에 의해 실패할 때가 있습니다.(늘 그렇다면 능력을 의심해야겠지만요.) 자연의 이치처럼 당연한 것입니다. 실패를 다시 분석해 새로운 노력을 하면서 더 성장해가는 것입니다. 직원에게 실패의 책임을 묻거나 실패로 인해 스스로를 좌절시키기 전에 이러한 진리에 대해 꼭 염두에 두셨으면 좋겠습니다. 20년 넘게 일을 하고 있는 저 역시 아직도 배우고 업무의 긴장감을 늦출 수가 없습니다.

그래서 마케팅을 단순화시키고 지엽적이고 시의적인 방법으로 한정짓는 태도나 정확하지 않은 이야기로 혹세무민(惑世誣民)하는 것은 경계하고 자중해야 할 일입니다.

— 정혜연 올림

병원브랜딩 · 마케팅 실무

초판발행 | 2016년 2월 4일

지은이 | 정혜연

펴낸곳 | 리즈앤북
펴낸이 | 김제구
인쇄 · 제본 | 한영문화사

출판등록 제22-741호(2002년 11월 15일)
주소   121-842 서울시 마포구 잔다리로 77 대창빌딩 402호
전화   02)332-4037
팩스   02)332-4031
이메일 ries0730@naver.com

ISBN 979-11-86349-46-5 13320